Nederlands c

Nederlands op niveau

Methode NT2 voor hoogopgeleide anderstaligen

Berna de Boer
Birgit Lijmbach

uitgeverij coutinho

bussum 2011

Bij dit boek hoort een website met een docentenhandleiding en extra materiaal. De website is te bereiken via www.coutinho.nl/non.

Eerste druk 2007
Eerste druk, derde oplage 2011

Uitgeverij Coutinho
Postbus 333
1400 AH Bussum
info@coutinho.nl
www.coutinho.nl

Zetwerk: Sjoukje Rienks, Amsterdam
Illustraties: Studio Concreat, Utrecht (figuren + illustratie op p. 219)
Omslag: Studio Pietje Precies | bno, Hilversum

Noot van de uitgever
Wij hebben alle moeite gedaan om rechthebbenden van copyright te achterhalen. Personen of instanties die aanspraak maken op bepaalde rechten, wordt vriendelijk verzocht contact op te nemen met de uitgever.

ISBN 978 90 469 0067 3
NUR 624

Voorwoord

Voor je ligt *Nederlands op niveau*, een methode Nederlands voor hoogopgeleide anderstaligen, die de basisvaardigheden van het Nederlands al beheersen. Dit boek voorziet in uitbreiding van de woordenschat, verfijning van de grammaticale kennis en oefening in het lezen, luisteren, spreken en schrijven. Het beoogde eindniveau van dit boek is (in termen van het Europees Referentiekader) niveau B2. Dit betekent dat de leerder over voldoende kennis en vaardigheden beschikt om met reële kans van slagen het Staatsexamen NT2-II af te leggen.

Dit boek is ontwikkeld in de praktijk, van september 2005 tot mei 2007. We bedanken de leden van de klankbordgroep die in de eerste stadia van het boek met ons hebben meegedacht: Lisette Golüke, Ester Ham, Birgit Kasper-Heuermann, Karin Maassen en Lotty van Minnen. Diverse versies zijn getest en herzien, en dat is alleen mogelijk met de inzet van docenten die proefversies in hun lessen willen gebruiken en van kritisch en constructief commentaar voorzien. Met name Els van Rijssel, Ronald Ohlsen en – opnieuw – Karin Maassen, docenten aan het Talencentrum van de Rijksuniversiteit Groningen, willen we hiervoor hartelijk danken.

Ook van de cursisten van het Talencentrum die met de proefversies werkten, kregen we veel bruikbare op- en aanmerkingen. Uiteraard danken we hen ook daarvoor!

We hebben met veel plezier aan dit boek gewerkt en we hopen dat de gebruikers, zowel docenten als studenten, net zo veel plezier beleven aan het werken ermee.

Berna de Boer & Birgit Lijmbach
Groningen, mei 2007

In deze uitgave is gebruikgemaakt van de volgende pictogrammen:

spreekopdracht

schrijfopdracht

grammatica

vocabulaire

dvd-fragment

leesopdracht

Stex-tekst

Inhoudsopgave

1 Nieuwsgierig???

Loesje — opdracht 1

Ga naar de website www.loesje.nl en kies daar twee andere Loesjes die je leuk vindt.
Bespreek deze in groepjes. Licht je keuze toe.

Vragen staat vrij en weigeren erbij — opdracht 2

Vragen staat vrij, maar alles heeft zijn grenzen!

Interview elkaar. Probeer daarbij de grenzen van de ander te raken. Vraag zover mogelijk door.
De opdracht voor de ander is: bewaak je eigen grenzen en geef aan wanneer een vraag te ver gaat.

Je kunt de volgende frases misschien gebruiken.

openingsvragen:

- Mag ik je vragen: hoe lang je al bent getrouwd?
- Sorry dat ik het vraag, maar ben je gelukkig?
- Als je het niet wilt zeggen is het ook goed hoor, maar hoeveel verdien je nu?
- Heb je al eerder een relatie gehad, als ik vragen mag?

grenzen bewaken:

- Nou, dat vind ik nogal persoonlijk.
- Dat zeg ik liever niet.
- Hier geef ik geen antwoord op.
- Dat houd ik voor mezelf.
- Dat zijn jouw zaken niet.
- Dat gaat je niets aan.
- Hé, nieuwsgierig aagje!

doorvragen:

- Dat mag ik toch wel vragen?
- Het blijft tussen ons, hoor!
- Doe niet zo flauw en vertel het me.
- Dat kun je mij toch best vertellen!
- Ik vertel het echt niet door, hoor!

Taalbiografie opdracht 3

Beschrijf jouw relatie met taal. Heb je plezier in taal (of er een hekel aan), leer je makkelijk een nieuwe taal? Vertel over je moedertaal, welke andere talen je spreekt (en hoe goed), over wat je leuk / moeilijk / grappig / vervelend vindt aan taal, en in het bijzonder: wat je vindt van het Nederlands (welke onderdelen zijn lastig / leuk).

Een voorbeeld:

Mijn naam is Hannah Wells. Ik kom uit Groot-Brittannië. Ik spreek natuurlijk Engels, dat is mijn moedertaal. Ik heb op school twee jaar Frans gehad, maar ik ben het meeste vergeten! Ik vond Frans erg moeilijk, dat weet ik nog, vooral de grammatica. Dat was ook de eerste keer

dat ik nadacht over grammatica. Ik heb op mijn reizen een beetje Spaans geleerd, maar eigenlijk zijn dat alleen maar wat woorden die je op vakantie nodig hebt. Ik kan een beetje Spaans begrijpen als mensen rustig spreken (en als ze er veel gebaren bij gebruiken).
Ik ben in september begonnen met Nederlands omdat ik hier nu woon.
Ik heb geen grote problemen met lezen. Ik kan de woorden opzoeken in een woordenboek. Luisteren en spreken vind ik heel moeilijk. Ik heb problemen met de volgorde van de woorden, en met de tijden van het werkwoord. En natuurlijk ken ik nog niet genoeg woorden om precies te zeggen wat ik denk.
Schrijven vind ik niet zo moeilijk omdat ik dan rustig kan denken.
In het begin vond ik Nederlands alleen maar heel erg moeilijk. Ik verstond het ook niet. Die rare GGGGG! Nu klinkt het steeds beter voor mij, ik wen aan de taal. Ik vind het nu leuk om een liedje te horen en te merken dat je emoties kunt uitdrukken in deze taal.

Waarom? — opdracht 4

Er zijn veel wonderlijke dingen in onze wereld. Kun je een antwoord bedenken op onderstaande vragen?

- Waarom bestellen mensen een dubbele cheeseburger en een grote friet, en daarbij een cola light?
- Waarom kunnen vrouwen geen mascara aanbrengen met gesloten mond?
- Waarom moet je om Windows af te sluiten op de startknop drukken?
- Waarom bevat een flesje citroensap kunstmatige smaakstoffen en is het product voor de afwasmachine gemaakt met echte citroenen?
- Waarom drukken we harder op de toetsen van de afstandbediening als de batterijen bijna leeg zijn?
- Waarom wassen we onze badhanddoeken? Zijn we niet schoon als we ons ermee afdrogen?
- Waarom krimpen schapen niet als het regent?

Bedenk zelf ook iets waarvan jij je afvraagt waarom dat zo is.
Stel jouw vraag aan de anderen, en probeer elkaars vragen te beantwoorden.

Varieer in je vraagsoorten:

- Waarom ...?
- Hoe zou het toch komen dat ...?
- Weet jij of ...?
- Weet jij waarom ....?
- Heb jij enig idee ....?
- Ik vind het zo gek dat .... Hoe zou dat komen?

Top vijf opdracht 5

Nieuwsgierig naar de favorieten van een ander?
Werk in groepjes van drie of vier personen en stel een gemeenschappelijke top vijf samen. Je mag het onderwerp zelf bepalen. Je kunt denken aan een top vijf van steden, auteurs, zangers, websites, schilders, televisieprogramma's.

Presenteer jullie top vijf aan de groep.

Grammatica

Werk in groepjes van drie. Vertel aan elkaar wat je weet over:
- de woordvolgorde in een zin als: *Ik geef geen antwoord op die vraag.*
- de woordvolgorde in een zin als: *Als je het niet wilt zeggen, is het ook goed.*
- de woordvolgorde in een zin als: *Daarom wil ik het graag weten.*

opdracht 6

Werk in tweetallen. Beantwoord de volgende vragen en begin zoals aangegeven.

1 Waarom doe je deze cursus? Omdat ...
2 Kom je volgende week naar de les? Nee, want ...

3 Wanneer poets je je tanden? Voordat ...
4 Vind je het leuk om naar de film te gaan? Ja, maar ...
5 Wanneer kun je aan een cursus Nederlands meedoen? Nadat ...
6 Wanneer stel je je docent een vraag? Als ...
7 Wanneer mag je autorijden? Zodra ...
8 Mag je hier roken? Ik heb geen idee of ...
9 Wanneer luister je naar muziek? Ik luister meestal naar muziek terwijl ...
10 Welke problemen heb jij met Nederlands? Ik denk dat ...

opdracht 7

Maak de zinnen compleet. Let op de betekenis van het voegwoord en op het soort voegwoord (krijg je een hoofd- of een bijzin?).

1 Als je wil weten hoe laat de trein vertrekt, ___________________________

2 De studenten gingen naar een café, nadat ___________________________

3 Als ___________________________, ga ik deze zomer op vakantie naar Amerika.

4 Ik schrok me wild toen ___________________________

5 Ik moet goed Nederlands leren voordat ___________________________

6 Omdat ___________________________, is het feest uitgesteld.

7 Je kunt in dit huis wonen totdat ___________________________

8 Hij heeft geen geld, maar ___________________________

9 Hoewel ___________________________, komen er niet veel mensen in dit museum.

10 In deze wijk wil iedereen graag wonen omdat ___________________________

11 Als ik boodschappen doe, ___________________________

12 Toen ___________________________, dacht ik dat Nederlanders onder water woonden.

Uitbreiding grammatica

Andere voegwoorden zijn:
doordat / sinds / wanneer / nu / zolang / alsof / naarmate / indien / mits / tenzij / ofschoon / opdat

doordat

Je kunt niet meer stoppen met die spelletjes, **doordat** er in je hersenen een soort stofje is ontstaan dat vraagt naar meer spelletjes. Zo werkt verslaving.
Doordat kinderen bijzonder nieuwsgierig zijn, gaan ze op onderzoek uit.

sinds

Hij heeft al met diverse politici gesproken **sinds** hij als journalist werkt.
Sinds ik deze shampoo gebruik, voelt mijn haar zacht en soepel aan.

wanneer

Je bent echt gezond **wanneer** lichaam en geest in balans zijn.
Wanneer je benieuwd bent naar de betekenis van jouw dromen, kom dan aanstaande zaterdag naar de Droombeurs.

nu

Mijn waardering voor deze cabaretier is alleen maar toegenomen, **nu** ik hem in het echt heb gezien.
Nu ik weet wat er gebeurd is, begrijp ik je beslissing.

zolang

Kinderen kunnen een nieuwe taal vrijwel accentloos leren spreken **zolang** hun moedertaal nog in ontwikkeling is.
Zolang zij zich kon herinneren, woonden haar grootouders in het huis aan de markt.

alsof

Het leek **alsof** iedereen elkaar al jaren kende.
Hij bewoog zich op het toneel **alsof** hij nog nooit voor een publiek had opgetreden.

naarmate

Een mens vergeet meer **naarmate** hij meer weet.
Naarmate de dag van vertrek naderbij kwam, werd ze stiller en reageerde geprikkeld.

indien (schrijftaal)
In deze folder staat stap voor stap beschreven wat u moet doen **indien** u in het buitenland slachtoffer bent van diefstal of beroving.
Indien u geen prijs meer stelt op het ontvangen van deze nieuwsbrief, kunt u een mail sturen naar het onderstaande adres.

mits (schrijftaal)
Je mag in je tekst een stuk van een andere auteur overnemen, **mits** je duidelijk aangeeft dat het hier om een citaat gaat.
U profiteert van deze aanbieding, **mits** u voor 15 juni een reis boekt.

tenzij (schrijftaal)
Alle boeken kosten vandaag 1 euro, **tenzij** ze anders geprijsd zijn.
Deze actie geldt voor u als nieuw lid, **tenzij** u in het afgelopen jaar lid bent geweest.

ofschoon (schrijftaal, erg formeel)
Het rechercheteam besloot dit spoor nogmaals na te gaan, **ofschoon** eerdere onderzoeken op niets waren uitgelopen.
Ofschoon een meerderheid van de ondervraagden aangaf geen belangstelling te hebben, zette het reclamebureau zijn acties voort.

opdat (schrijftaal, erg formeel)
Wij achten het van belang dat elke gemeente dergelijke monumenten huisvest en goed verzorgt, **opdat** ook de volgende generatie niet vergeet welke ramp Zeeland trof in 1953.
Opdat voldaan kan worden aan de toegenomen vraag naar huurwoningen, bouwt de coöperatie de komende jaren 130 gezinswoningen in deze wijk.

opdracht 8

Combineer deze zinnen met behulp van een van de gegeven voegwoorden. Let op de betekenis van het voegwoord (en van de zinnen) en op de woordvolgorde.

1 **doordat / sinds / zolang**
Ik ontdekte dat Andreas het feest in het geheim voorbereidde.
Ik hoorde hem bellen met een cateringbedrijf.

2 sinds / wanneer / zolang
Ik schrijf me niet in voor een studie.
Ik weet niet precies of ik financiering kan krijgen.

3 nu / alsof / tenzij
Ik vind het leuk om naar Nederlandse liedjes te luisteren.
Ik begrijp de grapjes in die liedjes.

4 alsof / mits / tenzij
Die plaats is moeilijk te bereiken.
Je beschikt over een auto.

5 doordat / sinds / alsof
Het was ontzettend druk in het winkelcentrum.
Alles was vandaag gratis.

6 sinds / naarmate / opdat
Ik heb Diana niet meer gezien.
Ze is verhuisd naar het zuiden.

7 alsof / naarmate / tenzij
De lucht wordt ijler.
Je komt hoger in de bergen.

8 wanneer / zolang / alsof
U moet de printer terugsturen naar de fabriek.
De printer kan niet door onze reparatiedienst gerepareerd worden.

9 sinds / zolang / naarmate
Je hebt recht op een kaart voor de universiteitsbibliotheek.
Je bent ingeschreven als student.

10 doordat / alsof / mits
U kunt zich inschrijven voor deze cursus.
U hebt een diploma van de voorgaande cursus.

opdracht 9

Werk in tweetallen. Beantwoord de vragen en gebruik het gegeven voegwoord.
Je mag in een complete zin antwoorden, maar in gesproken taal is een antwoord met alleen een bijzin ook meestal voldoende.

Voorbeeld:
Hoe lang kun je in Rolands huis blijven wonen? (zolang)
Zolang hij voor zijn werk in Londen zit.

1 Hoe ontdekten jullie dat de gasleidingen niet in orde waren? (doordat)
2 Ben je al lang bezig met Nederlands leren? (sinds)
3 Starten jullie binnenkort met de verbouwing van het huis? (wanneer)
4 Vind je het leuk om naar Nederlandse liedjes te luisteren? (nu)
5 Ik zat bij jou in die werkgroep! Weet je dat niet meer? (nu)
6 Zorg jij voor de dieren van je buren? De hele zomer? (zolang)
7 Hoe gedroeg hij zich? (alsof)
8 Raak je al gewend in deze groep? (naarmate)
9 Wanneer zijn jullie naar huis gegaan? (nadat)
10 Wanneer heb jij leren lezen en schrijven? (toen)
11 Waarom gaat Leo in Engeland studeren? (omdat)
12 Wanneer baal je? (als)
13 Bel je me als je nieuws hebt? (zodra)
14 Wanneer hebben jullie elkaar leren kennen? (toen)

Grammatica

Let op het verschil in gebruik tussen

omdat	en	daarom
doordat	en	daardoor
voordat	en	daarvoor
nadat	en	daarna

De woorden uit de linkerrij zijn voegwoorden die de bijzin met de hoofdzin verbinden. De woorden uit de rechterrij zijn geen voegwoorden, maar verwijzingen naar de zin daarvoor, of een deel daarvan.

Ik ga pedagogiek studeren. De reden: ik wil graag met kinderen werken.

- Ik ga pedagogiek studeren **omdat** ik graag met kinderen wil werken.
- Ik wil graag met kinderen werken. Ik ga **daarom** pedagogiek studeren.
  of: **Daarom** ga ik pedagogiek studeren.

Overal ontstonden files. Oorzaak: het begon onverwacht te sneeuwen.

- Overal ontstonden files **doordat** het onverwacht begon te sneeuwen.
- Het begon onverwacht te sneeuwen. Overal ontstonden **daardoor** files.
  of: **Daardoor** ontstonden overal files.

Eerste handeling: je controleert je naam en examennummer. Tweede handeling: je levert je antwoordblad in.

- Je controleert je naam en examennummer **voordat** je het antwoordblad inlevert.
- Je levert het antwoordblad in. **Daarvoor** heb je je naam en examennummer gecontroleerd.
  of: Je hebt **daarvoor** je naam en examennummer gecontroleerd.

Eerste handeling: je hoort het goede nieuws. Tweede handeling: je belt je vriendin.

- Ik belde meteen mijn vriendin, **nadat** ik het goede nieuws gehoord had.
- Ik hoorde het goede nieuws. Ik belde **daarna** meteen mijn vriendin.
  of: **Daarna** belde ik meteen mijn vriendin.

opdracht 10

Vul in:
omdat / **daarom** / **doordat** / **daardoor** / **voordat** / **daarvoor** / **nadat** / **daarna**
Let op de betekenis en de vorm.

1 Steeds meer mensen laten de computer constant aanstaan __________ ze een adsl-verbinding hebben.
2 __________ Niek gepest werd op school, plaste hij in bed.
3 Het downloaden wordt afgebroken __________ het bestand opgenomen is. Wat doe ik fout?
4 Deze hond werd gered __________ hij levend begraven was.

5 Tijdens mijn tweede studiejaar leerde ik Erik kennen. Al die jaren __________ interesseerde ik me helemaal niet voor planten en bomen.

6 De hond van een blinde studente werd geweigerd bij een pizzeria. Ze is __________ een proces tegen dit restaurant begonnen.

7 __________ u gaat verhuizen, maakt u een lijst van te versturen adreswijzigingen.

8 __________ ze gestoken hebben, gaan deze bijen dood.

9 __________ ik hem nog maar net in huis heb, heb ik de camera nog niet geprobeerd.

10 U hebt nu de nieuwe versie geïnstalleerd. Controleer dat nogmaals. __________ kunt u de oude versie verwijderen.

11 Deze stoffen bevatten dus dezelfde chemische elementen __________ ze ontstaan zijn uit dezelfde wolk gas en stof.

12 Deze homepage wordt soms bijgewerkt en __________ kunnen er gegevens veranderen.

opdracht 11

Je ziet steeds twee zinnen. Maak een verbinding tussen die zinnen, door er of één zin van te maken met **omdat** / **doordat** / **voordat** / **nadat**, of door in de tweede zin **daarom** / **daardoor** / **daarna** / **daarvoor** te gebruiken.

1 Ze aten gezamenlijk.
Chris vertrok voor een bespreking met het bestuur.

2 Deze stoel is geheel vervaardigd uit synthetisch materiaal.
De stoel is eenvoudig te reinigen.

3 Nu kunnen mensen makkelijker een periode met verlof gaan.
Ze kunnen werk en privé beter combineren.

4 Elisa woonde in Londen.
Ze was getrouwd.

5 De overvallers verdwenen in een klaarstaande auto.
Ze bonden de bewoners vast aan de tafel.

6 Boeren vernietigden de oogst.
Ze hadden ontdekt dat er insecten in zaten.

7 Ze hadden zich al jaren zorgen gemaakt over hun buren.
Ze schakelden maatschappelijk werk in.

8 Ik vind *Sneeuw voor de laatste keer* het mooiste boek.
Dat gaat over de dood van mijn vader.

9 Dit type auto produceert minder CO_2-uitstoot.
Er is sprake van beperking van broeikaseffecten en klimaatverandering.

10 De meeste kinderen doen hun huiswerk.
Dat wordt van hen verwacht.

Onderwijsnieuws

a Lees de titels van de diverse stukjes. Welke drie titels wekken je belangstelling?

b Kies vijf stukjes uit die je gaat lezen. Lees die stukjes en beschrijf de inhoud van elk stukje in één zin (liefst zonder bijzinnen).

1 ______________________________

2 ______________________________

3 ______________________________

4 ______________________________

5 ______________________________

c Vorm groepjes van drie of vier personen. Bespreek welke teksten je gelezen hebt, waar die teksten over gaan. Bespreek ook welke tekst je heel bijzonder (positief of negatief) vindt of vreemd of verrassend.

Onderwijsnieuws

De ontwikkelingen in het onderwijs staan niet stil. *J/M* houdt u op de hoogte van het onderwijsnieuws op school, in de politiek en in de media.

School kan pestgedrag verminderen

Anti-pestbeleid op de basisschool werkt, maar heeft voortdurend aandacht nodig voor een blijvend resultaat. Dit blijkt uit onderzoek van TNO Kwaliteit van Leven. 15 scholen met een anti-pestbeleid werden vergeleken met scholen die niet actief proberen pesten te voorkomen. Op de 15 'actieve' scholen bleek na invoering van anti-pestbeleid 30% minder kinderen gepest te worden. Anti-pestbeleid bestaat uit afspraken met leerlingen, toezicht op het schoolplein, informatie aan ouders en training van leerkrachten. Onderzoekers constateerden na een jaar dat er geen verschillen meer waren tussen scholen met en zonder anti-pestbeleid. Volgens de scholen kan de focus niet elk jaar op pesten liggen: ook zaken als voorkomen van overgewicht staan centraal. (*Trouw*, 29 juni 2005)

Eén ministerie voor Educatie

De Algemene Onderwijsbond pleit ter gelegenheid van de twintigste verjaardag van het basisonderwijs voor één ministerie van Educatie dat alles rondom jeugd en jongeren beheert. Nu is dat over meerdere ministeries versnipperd. Verder vindt de AOB ook dat er fors geïnvesteerd moet worden in huisvesting, ict en onderwijsmethoden en in het personeelsbeleid op scholen. (www.aob.nl)

Oud lesmateriaal op scholen

Bijna een miljoen kinderen krijgen les met sterk verouderde methoden. Zo leren 400.000 kinderen aardrijkskunde uit boeken waarin de Sovjet-Unie en de DDR nog steeds bestaan. En hoewel de meeste scholen bij de invoering van de euro overgegaan zijn op nieuwe rekenmethoden, rekenen 80.000 leerlingen nog met de gulden. In totaal werken ruim 3000 scholen met lesmateriaal tussen de 11 en 13 jaar oud en zo'n 1000 met nog oudere methoden, blijkt uit een onderzoek van TNS Nipo. (Persbericht TNS Nipo, juni 2005)

Ontucht op de basisschool

Enige tijd geleden kwam een leerkracht op een basisschool in Almere in opspraak vanwege vermeende ontucht met leerlingen. Volgens de Inspectie van het Onderwijs zijn dergelijke schandalen moeilijk te voorkomen omdat leraren meestal niet gescreend worden. Wel vragen de meeste schooldirecteuren een bewijs van goed gedrag, maar dat vermeldt alleen een eventueel strafblad. Of er al eerder klachten zijn ingediend of dat de leerkracht ooit betrokken is geweest bij een strafonderzoek blijft onder tafel. Vertrouwensinspecteur D. van Rhee raadt scholen dan ook aan een antecedentenonderzoek te doen. (*Algemeen Dagblad*, 12 mei 2005)

De Vrolijke School

Om leerlingen enthousiast te maken voor wetenschap en om het voortgezet onderwijs te verrijken, werken het Amsterdamse St. Ignatiusgymnasium en de Vrije Universiteit de komende drie jaar samen in 'De Vrolijke School'. Leerlingen nemen als partners deel aan wetenschappelijk onderzoek en ervaren dat samen kennis ontwikkelen heel wat meer is dan in je eentje op je kamer achter de boeken zitten. 'De Vrolijke School' is al dit jaar begonnen met drie projecten over de kwaliteit van het oppervlaktewater in Amsterdam, de verbinding tussen enzymen en bacteriën in de darmwand, en de kenmerken van chattaal van eerste-, derde- en vijfdeklas leerlingen. (www.devrolijkeschool.nl)

Wapens op school

Vijf procent van de leerlingen in het middelbaar beroepsonderwijs loopt 'incidenteel of geregeld' met een wapen of een voorwerp dat als wapen kan dienen, zoals een mes. Onderzoekers vroegen 25.000 leerlingen in het vorige schooljaar naar wapenbezit. Jongens lopen veel vaker met een wapen dan meisjes. Bij technische opleidingen loopt 10 procent met een wapen, bij scholen voor zorg en welzijn is dat 2 procent. De bveraad, de koepel voor het beroepsonderwijs, wil agressie én wapenbezit op school gaan bestrijden. (ANP)

Rekenles voor de juf

In het (huidige) juninummer schrijft *J/M* over de puinhoop op de pabo's. Als reactie op de toenemende kritiek dat leerkrachten onvoldoende kunnen spellen en rekenen, heeft onderwijsminister Van der Hoeven met de pabo's afgesproken dat studenten van de pabo af moeten als ze aan het eind van het eerste jaar een onvoldoende halen voor hun verplichte reken- en taaltoets. Uiteindelijk moeten ze net zo goed kunnen rekenen en spellen als een achtstegroeper, vindt Van der Hoeven. In het *J/M*-artikel vertellen diverse deskundigen waarom dat geen goed idee is.

Weer beven voor de schooltandarts?

Een Kamermeerderheid van CDA en PvdA wil de schooltandarts terug. Zo hoopt men de tandheelkundige zorg voor vooral kleine kinderen te verbeteren. Op dit moment gaat slechts tien procent van de vijfjarigen (regelmatig) naar de tandarts. Met hun gebitten is het dan ook niet erg best gesteld. Minister Hoogervorst van Volksgezondheid denkt na over de plannen.

Expert in de klas

Samen met de klas via internet kijken én horen hoe een echte wetenschapper een vogel opzet en hem daarover het hemd van het lijf vragen. Dat kunnen leerlingen van groep 7 van basisschool de Morskring in Leiden via het project 'Expert in de klas' van museum Naturalis. Op deze manier probeert Naturalis scholen te bereiken die niet naar het museum kunnen komen. Als het experiment bevalt, kunnen ook andere scholen erop inschrijven.

Lesgeld 16- en 17-jarigen afgeschaft

Het lesgeld voor 16- en 17-jarige scholieren, dit schooljaar 936 euro, verdwijnt per 1 september dit jaar. Met deze maatregel wil de Kamer vooral de middeninkomens in de huidige weinig rooskleurige economische tijden tegemoet te komen. Het onderwijs en ouderorganisaties zijn blij met de afschaffing van het lesgeld. Veel organisaties wezen er steeds op dat Nederland een van de weinige landen is waar de overheid lesgeld vraagt. Meer informatie via de IB-groep. (*de Volkskrant*)

Beeld en Brein

In het najaar organiseert het Instituut Kind in Beeld een tweetal studiedagen waarin brugklassers en andere middelbare scholieren leren plannen, effectief studeren en werken aan een goede werkhouding en zelfbeeld. Bijzonder is dat ze informatie krijgen hoe ze met behulp van beelden kunnen leren. Dat gaat tien keer zo snel als 'gewoon' met woorden, zegt de organisator, en 'iedereen kan het'. De dag (van 9.30 tot 16.00 uur in Utrecht) kost € 145,- (inclusief eten en cursusmap). Aanmelden via www.beeldenbrein.nl of via 0223 660950.

Zwakke leerling langer op school

De Rotterdamse wethouder Leonard Geluk (CDA, onderwijs) wil dat leerlingen met een taalachterstand langer naar de basisschool gaan. Hij vindt dat daarvoor de Wet op het primair onderwijs moet worden gewijzigd. (*NRC Handelsblad*)

Onderwijsorganisaties protesteren

Werkgevers- en werknemersorganisaties in het onderwijs maken zich ernstig ongerust over de plannen van minister Maria Van der Hoeven (onderwijs) voor een andere verdeling van de extra gelden voor basisscholen. Voortaan worden die niet meer toegekend op basis van etniciteit, maar op basis van het opleidingsniveau van de ouders. Zo komen niet alleen allochtone, maar ook autochtone achterstandskinderen ervoor in aanmerking. Dat is op zich een goede zaak, maar de organisaties vrezen grote onrust, een toename van de bureaucratische rompslomp en een enorme verslechtering van het onderwijs op veel zwarte scholen die het nu opeens met minder geld moeten doen. (www.aob.nl)

Meer Muziek in de Klas!

Muziek is vaak het stiefkind in het (basis)onderwijs. De Nederlandse conservatoria proberen dit nu te veranderen. Met subsidie van de overheid hebben zij PROPOSO (PROjecten Primair Onderwijs en Speciaal Onderwijs) opgezet: de ontwikkeling van 11 nieuwe lesprogramma's die vanaf juni dit jaar beschikbaar worden gesteld aan alle relevante HBO-opleidingen, muziekscholen en basisscholen. Componeren met behulp van ICT, het maken van muziektheatrale producties en zingen met de hele klas op een eigentijdse manier maken deel uit van de programma's.

Overgaan of zittenblijven: wie beslist?

Ouders zijn vaak onvoldoende geïnformeerd over de gang van zaken rondom overgaan of zittenblijven. Wie heeft het laatste woord bij de overgang? En mag de school zelf de overgangsnormen vaststellen? Ouders weten niet altijd of zij inspraak hebben en zo onstaat er makkelijk wrevel tussen school en ouders in de laatste weken van het schooljaar. 5010 stelt van 20 juni t/m 15 juli haar telefoon- en e-maillijn beschikbaar voor vragen over overgaan en zittenblijven. Ouders kunnen gratis bellen met 0800-5010 of een e-mail sturen via www.50tien.nl.

Scheppingsverhaal in de biologieles

De Tweede Kamer wil het scheppingsverhaal uit de biologielessen van het voortgezet onderwijs halen. Het Nederlands Instituut voor Biologie (NIBI), de beroepsvereniging waarbij de meeste biologieleraren zijn aangesloten, is het daar mee eens. De scheppingsleer zou beter thuishoren in godsdienstonderwijs of maatschappijleer. Op havo en vwo zijn biologieleraren nu verplicht om naast de evolutietheorie ook alternatieve opvattingen te behandelen. Minister van der Hoeven (OCW) benadrukte in een Kamerdebat dat de diverse ontstaanstheorieën over het leven wat haar betreft onderdeel blijven van het vak biologie (*de Volkskrant*).

Gymles afschaffen of verplicht stellen

Onlangs besloot minister Maria van der Hoeven (OCW) samen met het NOC*NSF dat er meer gesport moet worden op school. Sport verbroedert, stimuleert sociale cohesie en integratie en is natuurlijk een wapen tegen gezondheidsproblemen als overgewicht. Daartoe stellen zij 7 miljoen euro ter beschikking. In 2010 wil de minister op negen van de tien scholen een sportaanbod hebben.

Zwarte en witte scholen

Gemeenten en scholen moeten plannen maken om 'zwart' en 'wit' beter te mengen in het basisonderwijs. Dat vindt de Onderwijsraad in haar advies 'Bakens voor spreiding en integratie' (mei 2005). Onderwijsbonden zijn het ermee eens, maar vinden dat spreiding niet afgedwongen mag worden. Zie ook www.onderwijsraad.nl.

Toekomstplannen van eindexamenkandidaten

De meeste eindexamenkandidaten van 2005 weten wat ze willen gaan doen. De meesten (90% van de havo/vwo-leerlingen en 69% van de vmbo-ers) willen direct verder studeren, de rest gaat eerst nog een jaartje op reis, direct werken of weet het nog niet. Overigens maakte 42 procent pas in hun laatste schooljaar een keuze voor een vervolgstudie.

Straf voor agressieve ouders

Onderwijsbond CNV wil boetes opleggen aan ouders die zich op school zo hebben misdragen dat hun kind van school wordt gestuurd. 'Laat de ouders het maar betalen als hun kind van school wordt gestuurd omdat ze het geen sociaal gedrag bijbrengen of omdat zij zelf agressief tegen docenten zijn,' zegt voorzitter Marleen Barth. In de grote steden wordt jaarlijks meer dan de helft van de basisschoolleerkrachten uitgescholden en zes procent krijgt rake klappen. Landelijk liggen die percentages op 14 en 1 procent.

Een site voor een spreekbeurt

Op www.spreekbeurtensite.nl staan tips, interessante weetjes en leuke links om een goede spreekbeurt te kunnen houden. Uitgangspunt is dat de kinderen zelf hun spreekbeurt samenstellen: er worden dus geen kant-en-klare praatjes aangeboden. Favoriete onderwerpen zijn dieren en sport, maar ook serieuze thema's als scheiding en discriminatie worden behandeld.

J/M, juli 2005, www.jmouders.nl

Roddelpers verliest lezers

Gossip televisie rooft nieuwtjes van 'de bladen'

DOOR TOM ROODUIJN

De liefhebbers van sappige nieuwtjes kijken liever gossip-rubrieken op tv dan dat ze een roddelblad lezen.

AMSTERDAM, 24 JAN. – Ooit was roddeljournalistiek iets om de neus voor op te halen, maar die tijden zijn voorbij. Serieuze dag-, week- en maandbladen bevatten roddelrubrieken, terwijl twee commerciële zenders dagelijks een roddelprogramma uitzenden: RTL Boulevard en SBS Shownieuws. Op de dag dat 'de bladen' uitkomen, worden de onthullingen breed uitgemeten op tv. Volgens Marc van der Linden, hoofdredacteur van Weekend, hebben de roddelbladen hun dalende oplages aan zichzelf te danken: 'We kwamen te lang weg met het verkopen van knollen voor citroenen. Daarvoor straft het publiek je af. Eind jaren negentig was de concurrentie zo fel, dat een slap gerucht al als pittig nieuws op de voorpagina werd gebracht. Dat kan niet meer. Met name Story had een serie missers. Dat is voor de hele sector vervelend.'

Vlak voor zijn aantreden als hoofdredacteur publiceerde Weekend een verhaal over de mogelijke onvruchtbaarheid van Willem-Alexander. Helaas maakte de kroonprins precies op de dag van verschijning de eerste zwangerschap van Máxima bekend. Maar

Van der Linden streeft er wel naar dat alles in zijn blad klopt: 'Er is niks zo mooi als de waarheid.'

'Er moet een kern van waarheid in zitten', zegt Petra Bakker Schut, hoofdredacteur van Story. 'Maar het is ook gewoon amusement, ontspanning.' Toen Story in 1974 als eerste Nederlandse roddelblad verscheen, zegt Bakker Schut, was het nog volstrekt ongebruikelijk om over persoonlijke zaken te publiceren. Tegenwoordig is gossip overal. Gossip is leuk en sexy, maar het gossipblad is niet meer uniek. Het is ook niet meer te vergelijken met dat van tien, vijftien jaar geleden. Scoops of primeurs worden snel weggegeven, dus moeten wij het ook hebben van de meerwaarde. Bij het bericht dat Ron Brandsteder longkanker heeft, brengen wij gesprekken met deskundigen over die ziekte.'

De bladen hebben zich wellicht niet voldoende aangepast aan de alomtegenwoordigheid van roddelverhalen, denkt Bakker Schut. 'Story zit nu middenin een restyling. Uiterlijk zowel als inhoudelijk. We willen actief inspelen op de nieuwe situatie en zoeken naar een manier om gossip te schrijven, zonder te zeer afhankelijk te zijn van primeurs.'

Ondertussen verkent de maker van het gossipblad voortdurend de grenzen van het toelaatbare: wat schendt wel of niet de privacy, wat levert een eis tot rectificatie op en wat geldt als smaad? Bakker Schut is sinds haar aantreden bij Story in maart vorig jaar niet aangeklaagd. 'Ik ben geen voorstander van zinloze provocaties. Het is niet goed voor je naam om voor de rechtbank smadelijk te verliezen. Dat is wat de geschreven roddeljournalistiek ook riskanter maakt dan die op de tv. Als wij zouden schrijven wat daarin soms aan valsheid wordt uitgesproken, hadden wij al menig proces gehad.'

Volgens Evert Santegoeds, hoofdredacteur van het grootste roddelblad Privé, is de doelgroep voor zijn soort weekbladen smaller geworden: 'Vrouwen zitten niet meer met ons blad bij de thee op de kinderen te wachten. Vrouwen werken nu, komen vaak nog later thuis dan de kinderen. En dan die roddelprogramma's op tv... Als Linda de Mol zwanger zou zijn, zet je dat op je cover en zie je dat woensdagavond in die programma's. Dan lig je daarna een week lang met een oud nummer in de winkel. Dat is zuur.'

Ook Van der Linden (Weekend) hekelt de wijze waarop gossiprubrieken op tv elke week de bladen 'plunderen' en primeurs als hun eigen verdienste brengen. Dat weerhoudt hem er niet van zelf geregeld als royaltydeskundige in RTL Boulevard op te treden. Door de sterk toegenomen concurrentie van andere media zijn de roddelbladen verplicht 'zichzelf opnieuw uit te vinden', vindt de Weekend-hoofdredacteur. Hij gelooft in een 'meer journalistieke aanpak', maar de tijden dat een vrouw in de winkel alledrie de roddelbladen kocht, zijn naar zijn overtuiging voorbij. Van der Linden zoekt het in een blad dat is gebaseerd op gossip, royalty en entertainment, aangevuld met kook-, mode- en medische rubrieken. Daarnaast hecht hij aan human interest, maar journalisten die daarover kunnen schrijven zijn schaars: 'Iemand die iets verschrikkelijks heeft meegemaakt moet je anders benaderen dan een artiest die een cd wil promoten.'

Ook valt er volgens Santegoeds met fotografie in dit genre nog wel wat te verdienen: 'Exclusieve foto's uit koninklijke paleizen, dat doet je aanzien goed.' Van de drie roddelbladen leeft Privé het meest op gespannen voet met het koninklijk huis. Het blad is niet welkom op de officiële fotosessies, omdat het zich niet neerlegt bij de 'mediacode' om in ruil daarvoor geen heimelijk gemaakte vakantiefoto's van Nederlandse royalty te plaatsen. Santegoeds is inmiddels een juridische procedure begonnen om de koninklijke mediacode aan te vechten.

Over het genre maakt Santegoeds zich uiteindelijk geen zorgen. 'Roddelen scoort. Deze vorm van journalistiek maakt dezelfde inhaalslag door als de sportjournalistiek. Daar zaten vroeger de sufferds. Nu heb je er hooggekwalificeerde mensen voor nodig. Roddelen is lekker, je kan je met de sterren identificeren. En het is geaccepteerd, niet alleen bij mensen waar vroeger thuis De Telegraaf werd gelezen.'

De toekomst van de roddelbladen ligt in de 'meerwaarde' die een tijdschrift biedt, meent Santegoeds. 'Bij Boulevard duren de items twee, drie minuten. Wij hebben die beperking niet en kunnen een onderwerp uitdiepen. Wij kunnen nog altijd scoren met goede, lange interviews.' Toch begint de Privé-hoofdredacteur in februari met een dagelijkse gossip-rubriek op Talpa. Waar haalt hij daarvoor de tijd vandaan? 'Ach', zegt Santegoeds, 'het is net als de bakker die er ook nog wat pakken melk bij verkoopt; dat gaat in één moeite door.'

NRC Handelsblad, 24 januari 2006

Kloppen deze uitspraken volgens de tekst?

1 Roddelbladen lezen was vroeger iets om je voor te schamen, nu niet meer.
2 De tv-roddelprogramma's stelen veel nieuws van de roddelbladen.

3 Voor roddelbladen is het nu belangrijk dat ze nog sneller zijn met nieuwtjes dan de tv.
4 Roddelbladen vinden het niet erg als er een proces tegen hen wordt aangespannen (wanneer ze gelogen zouden hebben).
5 Roddelbladen moeten hun inhoud verbreden, volgens Van der Linden (van *Weekend*).
6 Santegoeds (van *Privé*) denkt dat officiële foto's van koninklijke families meer waard zijn dan foto's die stiekem gemaakt zijn.
7 Volgens Santegoeds kan een sportjournalist goed werken in de roddeljournalistiek.

↔ opdracht 12

Zoek in de tekst hoe wordt gezegd:

In regel 1-30:
- Dat is iets minderwaardigs, iets waar je op neerkijkt.
- Dit wordt tot in details gepresenteerd.
- We konden te lang onze gang gaan zonder dat iemand ingreep.
- bedriegen, dingen zeggen die niet kloppen
- een onbelangrijk nieuwtje
- belangrijk, schokkend nieuws
- mislukkingen

In regel 31-62:
- Iets moet er waar aan zijn.
- absoluut ongewoon

In regel 63-107:
- We willen meedoen met en gebruik maken van de nieuwe omstandigheden.
- heel erg beschamend verliezen

In regel 108-136:
- kwaad spreken over iets
- Zulke journalisten zijn er niet veel.

In regel 137-183:

- in een slechte relatie
- is goed, trekt publiek
- maakt hetzelfde mee
- iemand die niet erg intelligent is

↔ opdracht 13

Welk vervolg past het beste?

1 Hij wil wel een bijbaantje, maar niet als afwasser in een restaurant.
  a Voor zo'n baantje haalt hij zijn neus op.
  b Zulke baantjes zijn schaars.
  c Zulke baantjes zijn missers.

2 Ik denk dat het een rare theorie is, en dat veel delen ervan gefantaseerd zijn. Maar toch denk ik dat
  a deze theorie een slap gerucht is.
  b er een kern van waarheid in zit.
  c je er een inhaalslag mee moet maken.

3 Omdat hij altijd zo agressief reageert,
  a is hij breed uitgemeten.
  b is hij volstrekt ongebruikelijk.
  c leeft hij op gespannen voet met de buurt.

4 Er moeten ook andere soorten woningen gebouwd worden, want
  a we moeten inspelen op de veranderde woonwensen.
  b de mensen komen al te lang weg met veranderde woonwensen.
  c met veranderde woonwensen kunnen we scoren.

VOCABULAIRE

Je krijgt per leestekst twee groepen woorden aangeboden: Stervocabulaire en vocabulaire.

Stervocabulaire

Dit zijn woorden die je moet kunnen gebruiken in verschillende situaties. Je ziet met elk van deze woorden een voorbeeldzin. Door die zin krijg je informatie over de betekenis en het gebruik van dat woord.

Kijk daarna in je woordenboek voor meer informatie over het woord, zoals:

- zijn er meer betekenissen?
- met welke andere woorden combineert het?
- zit het in vaste woordgroepen?
- zit het in uitdrukkingen?
- zijn er woorden die er vaak mee geassocieerd worden?
- hoort het woord bij een bepaalde groep?

Grammaticale kenmerken:

- de / het?
- werkwoord: regelmatig / onregelmatig? scheidbaar / onscheidbaar?
- ontstaat er door het woord een bepaalde zinsstructuur?

Vocabulaire

Dit zijn woorden die in de tekst voorkomen en waarop we je aandacht willen vestigen. De voorbeeldzin is soms een zin uit de tekst, soms een andere. Als je deze woorden niet kent, moet je zelf in het woordenboek kijken. De woorden moet je ook kunnen gebruiken, maar je hoeft er minder informatie over op te zoeken dan over het Stervocabulaire.

Stervocabulaire

afkeuren	Het is niet leuk als vrienden en familie je relatie afkeuren.
ijverig	Paul heeft niet veel gevoel voor talen, maar hij is heel ijverig. Hij besteedt veel tijd en energie aan het leren van de taal.
matig	Ik vond het boek mooi, maar de film vond ik matig. Ik heb er geen spijt van dat ik ernaartoe gegaan ben, maar ik hoef hem geen tweede keer te zien.

nauwkeurig — Wil je deze gegevens nauwkeurig controleren? Als er iets niet klopt, loopt het computerprogramma vast.

opnemen — Het aantal pagina's is beperkt. We kunnen daarom geen lange teksten opnemen.

overdrijven — Het is goed om op je gewicht te letten, maar je overdrijft als je je drie keer per dag weegt.

slordig — Je moet je haar even kammen. Het zit heel slordig, alsof je het vandaag nog niet gekamd hebt.

vermijden — Ik heb last van mijn luchtwegen. Daarom vermijd ik plaatsen waar veel gerookt wordt.

Vocabulaire

benaderen — Iemand die iets verschrikkelijks heeft meegemaakt moet je anders benaderen dan iemand die een cd wil promoten.

danken — De mensen kopen steeds minder roddelbladen. Dat hebben die bladen aan zichzelf te danken.

doormaken — De roddelpers maakt hetzelfde proces door als vroeger de sportpers: eerst kijkt iedereen neer op die journalisten, maar langzamerhand wordt het beeld dat men van dat beroep heeft positiever.

hechten — Hij hecht aan goede interviews, maar hij kan daar moeilijk goede journalisten voor vinden.

de kern — Je mag best een beetje fantaseren, maar er moet een kern van waarheid in zitten.

neerleggen — Dit blad legt zich niet neer bij de regels die gesteld zijn voor het fotograferen van de koninklijke familie. Die foto's publiceren ze wel.

streven — De hoofdredacteur streeft ernaar dat alles in zijn blad wel klopt.

volstrekt	Het was in die tijd volstrekt ongebruikelijk om negatief over het koningshuis te schrijven.
weerhouden	Hij houdt niet van zulke programma's, zegt hij, maar dat weerhoudt hem er niet van regelmatig te gast te zijn in die programma's.
wellicht	De bladen hebben zich wellicht niet voldoende aangepast aan de komst van roddelprogramma's op televisie, denkt de hoofdredacteur.

↔ opdracht 14

Welk woord past het beste in de zin? Je hebt steeds de keuze uit drie woorden.

1 Ik denk niet dat we mooi weer hebben op ons tuinfeest. Daar moeten we ons maar bij afkeuren / doormaken / neerleggen.

2 Waarom wil je geen lid worden van deze vereniging? Is er iets wat je overdrijft / weerhoudt / benadert?

3 Je moet deze grafieken nauwkeurig / slordig / matig bekijken. Ze geven veel informatie over de belangstelling voor Nederlandse kranten en tijdschriften.

4 Wegens hartproblemen is hij gisteravond opgenomen / benaderd / neergelegd in het ziekenhuis.

5 Je moet de woorden duidelijk uitspreken, maar je moet het niet opnemen / afkeuren / overdrijven. Dan klinkt het ook niet natuurlijk.

6 Hij dankt / overdrijft / hecht zijn beroemdheid aan zijn optreden voor de koningin.

7 Mirjams werkstuk werd weerhouden / afgekeurd / neergelegd omdat de vraagstelling niet duidelijk was.

8 Tom wil niet bij een baas werken. Hij werkt liever voor zichzelf, want hij streeft / hecht / dankt erg aan zijn zelfstandigheid.

9 Er is de laatste tijd veel geschreven over deze actie, dus u weet er matig / ijverig / wellicht al iets van.

10 We willen graag dat onze club groter wordt. In ons jaarplan staat dat we doormaken / neerleggen / streven naar een groei van 10 tot 15%.

11 Bij brand mag je de lift niet gebruiken. Dat is nauwkeurig / wellicht / volstrekt verboden.

12 Een poes die pas jongen heeft gekregen, moet je voorzichtig benaderen / weerhouden / hechten. Ze kan namelijk heel agressief worden.

13 Toen de docent de klas in kwam, lachte hij tevreden: de studenten zaten al ijverig / slordig / matig te werken.

14 Ik vond het een leuk plan, maar de andere deelnemers waren er maar slordig / matig / nauwkeurig enthousiast over.

15 Als je zo slordig / ijverig / volstrekt schrijft, kan ik het niet lezen.

16 Hij heeft een heel nare periode gestreefd / opgenomen / doorgemaakt, maar nu gaat het gelukkig weer beter.

opdracht 15

Reageer op deze vragen en zinnen. Gebruik in je reactie een van de woorden van dit blok vocabulaire. De woorden kunnen ook in een andere betekenis gebruikt worden. Noteer welke woorden je al gebruikt hebt. Probeer ze allemaal minimaal één keer te gebruiken.

1 Hoe komt het dat dit tijdschrift zo populair is?
2 Wat ziet Janny er somber uit! Is er iets?
3 Waarom wil je niet in Parijs werken?
4 Wat een ingewikkeld apparaat zeg! Heb je er een gebruiksaanwijzing bij?
5 Wie heb je liever als docent, een man of een vrouw?

6 Heb je Karin nou al gebeld?
7 Wil je je studie in vier jaar doen?
8 Hoe was het weer tijdens je vakantie?
9 Wat denk je, zou deze oplossing goed zijn?
10 Hoe ben je aan deze baan gekomen?
11 Nu ben ik mijn sleutels weer kwijt! Dat is al de derde keer deze week!
12 Hoe woon je liever, alleen of in een studentenhuis?
13 Ik heb zo'n dorst! Ik kan wel een liter thee op!
14 Ik denk dat je in een vreemde taal altijd een accent houdt.
15 Wat een asociaal gedrag! Wat vind jij daar nou van?
16 Maakt Susan haar huiswerk altijd?
17 Dus ze zijn verliefd op elkaar, maar ze mogen niet met elkaar trouwen omdat hun families ruzie hebben met elkaar.

Roddelen — opdracht 16

Bedenk nu zelf een roddel over een persoon die de hele groep kent. Houd het veilig en kies een zanger, iemand van de televisie of van de koninklijke familie.

Je kunt deze zinnen gebruiken:

- Wist je al dat ...
- Ze zeggen dat ...
- Er wordt gezegd dat ...
- Ik heb het ook maar van horen zeggen hoor, maar wist je dat ...
- ... zou ...

Fluister een roddel in het oor van je buurman/vrouw. Deze vertelt de roddel verder. De laatste in de rij vertelt wat hij heeft gehoord. Vergelijk de beginroddel en de eindroddel.

Hoe? Zo! — track 1

Hoe? Zo! is een televisieprogramma over wetenschap. Het heeft de vorm van een quiz.
In dit fragment zie je twee quizvragen.
Probeer zelf de vragen te beantwoorden, en kijk dan naar de oplossing en de uitleg.

Onderwerp 1 – Auto's op zonne-energie

1 Waardoor was de luchtweerstand van de Nuna laag?
a Door speciale zonnecellen.
b Door het gewicht.
c Door de vorm.

2 De quizvraag is: Wat was de gemiddelde snelheid die de Nuna haalde tijdens die race in Australië?
a 80,75 km/u
b 102,75 km/u
c 20,75 km/u

Onderwerp 2 – Pijlinktvis

3 Welke bewering klopt niet?
a Pijlinktvissen gebruiken hun armen als voelsprieten.
b Pijlinktvissen zijn de grootste ongewervelde dieren.
c Een pijlinktvis is gemiddeld even lang als een harmonicabus.

4 De quizvraag is: Hoe groot zijn de ogen van de reuzenpijlinktvis?
a Zo groot als een voetbal.
b Zo groot als een handbal.
c Zo groot als een softbal.

Nieuwsgierig naar meer kennis? Hoe? Zo! Kijk voor meer uitzendingen op: www.teleac.nl/hoezo
Er is ook een radioprogramma. Je kunt fragmenten beluisteren via deze site: www.teleac.nl/radio/index

+ Olifant herkent zijn spiegelbeeld

Olifanten komen in een selecte gezelschap van mensen, mensapen en dolfijnen. Ze herkennen namelijk allemaal hun spiegelbeeld.

Dit blijkt uit een onderzoek dat is gepubliceerd in het Amerikaanse tijdschrift *Proceedings of the National Academy of Sciences.* Olifanten hebben net als mensen, mensapen en dolfijnen 'een complex sociaal leven' en 'empathie ten opzichte van soortgenoten'. Dit duidt volgens de onderzoekers op zelfbewustzijn.

Slurf

Drie Aziatische olifantenvrouwen in de Bronx Zoo in New York kregen in hun verblijf een tweeënhalve meter hoge spiegel tot hun beschikking. Hun reacties waren vergelijkbaar met die van apen. Ze gingen hun spiegelbeeld bestuderen, brachten voedsel naar de spiegel en aten het daar op. Verder bewogen ze heen en weer voor de spiegel en maakten bewegingen die ze normaal niet maken, zoals het met de slurf heen en weer bewegen van een oor.

Een van de olifantenvrouwtjes doorstond de 'spiegelproef'. Ze liep namelijk direct naar de spiegel toen een wit kruis op haar voorhoofd was aangebracht. Dit teken kon ze alleen zien door in de spiegel te kijken, waar ze het teken meerdere malen met haar slurf aanraakte om het te onderzoeken. Dat slechts één van de drie olifanten dit deed, vinden de onderzoekers niet vreemd. Ook bij chimpansees passeert slechts de helft deze proef.

Herkennen

Dieren die zichzelf in de spiegel herkennen gaan door vier stadia. Eerst komen sociale reacties, dan lichamelijke inspectie (zoals achter de spiegel kijken) en het testen of de bewegingen die ze maken overeenkomen met die van het spiegelbeeld. De laatste fase is als ze hun spiegelbeeld uiteindelijk herkennen.

Nog niet zo lang geleden werd gedacht dat enkel mensen en mensapen zichzelf konden herkennen. In 2001 kwamen daar dolfijnen bij. Diana Reiss van de Columbia University in New York toonde aan dat dolfijnen zichzelf in een spiegel bekijken om markeringen op hun lijf te zien die anders niet zichtbaar zouden zijn. Aangezien dolfijnen en olifanten allebei sociale dieren zijn, besloot ze de spiegelproef ook bij olifanten uit te voeren.

www.elsevier.nl, 31 oktober 2006

Beantwoord de volgende vragen.

1 Waarom dachten de onderzoekers dat ook de olifanten (net als mensen, apen en dolfijnen) zelfbewustzijn zouden hebben?
   a Omdat olifanten ook sociale dieren zijn.
   b Omdat olifanten in een select gezelschap leven.
   c Omdat olifanten ook soortgenoten herkennen.

2 Wat houdt de spiegelproef in?
   a Een test of een dier onderzoekt wat een spiegel is (door erachter te kijken).
   b Een test of een dier bewust naar zijn eigen spiegelbeeld kijkt.
   c Een test of een dier zijn eigen bewegingen herkent in een spiegel.

3 Bij welke dieren is herkenning van spiegelbeeld het eerst onderzocht?
a Onderzoek bij dolfijnen.
b Onderzoek bij olifanten.
c Onderzoek bij apen.

4 Het zichzelf herkennen in een spiegel doorloopt een aantal stadia. In welk stadium testen dieren of de gemaakte bewegingen hetzelfde zijn als die in de spiegel?
a Het tweede stadium.
b Het derde stadium.
c Het vierde stadium.

+ Wat houdt een bloedafname in?

Beantwoord de volgende vragen bij onderstaande tekst. Lees eerst de vragen goed door. Zoek daarna zo snel mogelijk de antwoorden op. Je hoeft niet alle delen van de tekst nauwkeurig te lezen.

1 Krijgt een bloeddonor geld als hij bloed geeft?
2 Wordt een donor bij iedere donatie gekeurd door een arts?
3 Je meldt je voor het eerst als donor en je wordt gekeurd. Kun je direct na de keuring bloed geven?
4 Hoe lang ben je op de bloedbank als je bloed komt geven?
5 Worden alle bloeddonors even vaak uitgenodigd om bloed te komen geven?

Wat houdt een bloedafname in?

De bloedbank

In Nederland is Sanquin verantwoordelijk voor de bloedvoorziening. Bloeddonors kunnen bij Sanquin Bloedbank terecht om bloed te geven. Veel mensen in Nederland zijn afhankelijk van vrijwillige, belangeloze, onbetaalde bloeddonaties. Leukemie- en hemofiliepatiënten hebben meestal dagelijks bloedproducten nodig. Daarnaast is bloed dat door donors wordt gegeven uiteraard ook nodig voor bijvoorbeeld operatiepatiënten. Ruim 450.000 bloeddonors in Nederland zorgen ervoor dat deze mensen kunnen worden geholpen. Bloeddonor zijn betekent verantwoordelijkheid nemen. De patiënten die bloed ontvangen, zijn meestal verzwakt waardoor een kleine infectie in het donorbloed grote gevolgen kan hebben voor hun gezondheid. Daarom is oprechtheid van de donor bij de beantwoording van de vragen van groot belang. Een donor wordt verzocht zich tevens voor iedere donatie te legitimeren.

De keuring

Voordat men bloed kan geven

Een aantal criteria waaraan een donor moet voldoen is gebaseerd op richtlijnen van de Europese Unie. Elke keer voordat een donor bloed geeft, wordt hij/zij medisch gekeurd. De donor vult dan een vragenlijst in met vragen over leefwijze, gezondheid, risicofactoren en bloedoverdraagbare (besmettelijke) ziekten. De donorassistent(e) neemt deze lijst samen met de donor door en daarna ondertekenen beiden de vragenlijst. Als een donor voor de eerste keer bij de bloedbank komt, volgt na het invullen van de vragenlijst een gesprek met de keuringsarts.

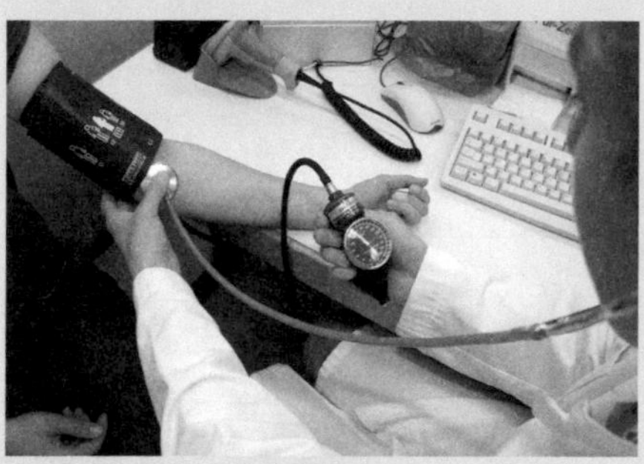

Bloeddrukmeting

Met behulp van de vragenlijst en het gesprek kan de keuringsarts nagaan of het geven van bloed niet schadelijk is voor de gezondheid van de donor of voor de gezondheid van de ontvanger van zijn/haar bloed. Tijdens elke keuring wordt ook de bloeddruk gemeten en het hemoglobinegehalte in het bloed van de donor bepaald. Daarnaast wordt een paar buisjes bloed afgenomen voor tests en, voor bloedgroepbepaling.

Vingerprik voor Hb-meting

Het testen van bloed

De infectieziekten waarop donorbloed wordt getest zijn:

- HIV (aids-virus)
- Hepatitis (geelzucht)
- HTLV (Human T-cell Lymphotropic Virus; leukemievirus)
- Syfilis (geslachtsziekte)

De bloedbank test op deze infecties, omdat deze in het bloed aanwezig kunnen zijn zonder dat de donor het merkt.

Verantwoordelijkheid van de donor

Het is mogelijk dat de genoemde infecties tijdens de test niet in het bloed van de donor gevonden worden, terwijl hij/zij wel één van deze infecties onder de leden heeft. Het is dan alleen nog niet aantoonbaar in het laboratorium. Dit betekent dat de ontvanger toch besmet kan raken. Om dit risico zo ver mogelijk terug te dringen, is het belangrijk dat de leefwijze van de donor geen mogelijk grotere kans op infecties geeft.

Het is daarom belangrijk dat de donor de vragenlijst goed en naar waarheid invult. Ook is het belangrijk dat hij/zij de vragen van de keuringsarts eerlijk beantwoordt. De keuringsarts kan alleen naar aanleiding van de antwoorden die een donor geeft bepalen of hij/zij mogelijk nog andere infecties heeft en of hij/zij geschikt is om donor te worden.

De donatie

De aspirant-donor wordt opgeroepen voor een eerste bloedafname

Tussen de eerste keuring en de eerste bloeddonatie kan een aantal weken verlopen. Het bloed van de donor wordt getest en alle gegevens worden door Sanquin verwerkt in hun computersysteem. Op het moment dat de aspirant-donor om enige reden afgekeurd wordt voor het bloeddonorschap, neemt de bloedbank persoonlijk contact met hem/haar op. De donor mag dan geen bloed geven. Wanneer de aspirant-donor is goedgekeurd, ontvangt hij/zij automatisch een uitnodiging voor een eerste bloedafname.

De inschrijfbalie

Bij binnenkomst worden zijn/haar gegevens bij de inschrijfbalie in de computer opgezocht. De aspirant-donor dient een geldig legitimatiebewijs bij zich te hebben. Vervolgens worden zijn/haar gegevens afgedrukt op een aantal formulieren en etiketten.

Het afnemen van bloed

Bij het eerste bezoek aan de bloedbank vindt de keuring plaats en wordt een paar buisjes bloed afgenomen voor bloedgroepbepaling. Afhankelijk van de bloedgroep van de donor, kan hij/zij enkele weken tot enkele maanden na de keuring worden opgeroepen om bloed te geven. De donor wordt gevraagd een keurings- en afnameformulier in te vullen iedere keer dat hij/zij bloed komt geven. De vragenlijst wordt ingevuld en besproken met de donorassistent(e) en/of de arts. Daarna wordt in een gemeenschappelijke ruimte met behulp van een steriele naald ongeveer een halve liter bloed afgenomen. Het afnemen van bloed duurt ongeveer tien minuten.

Als een donor bloed komt geven, is het verstandig dat hij/zij fit en uitgerust is en wat gegeten en gedronken heeft. Hij/zij zal dan weinig van de bloedgift merken. Na het bloed geven wordt de donor aangeraden om even te blijven liggen om het lichaam de gelegenheid te geven zich aan te passen. Ook wordt de donor aangeraden om na het bloed geven minstens een kwartier op het donorcentrum te blijven en iets te drinken. Na de bloedgift heeft de bloedsomloop enige tijd nodig om zich aan te passen en het vochtverlies aan te vullen.

De donor ontvangt van Sanquin weer een oproepkaart voor een volgende bloedafname met de post.

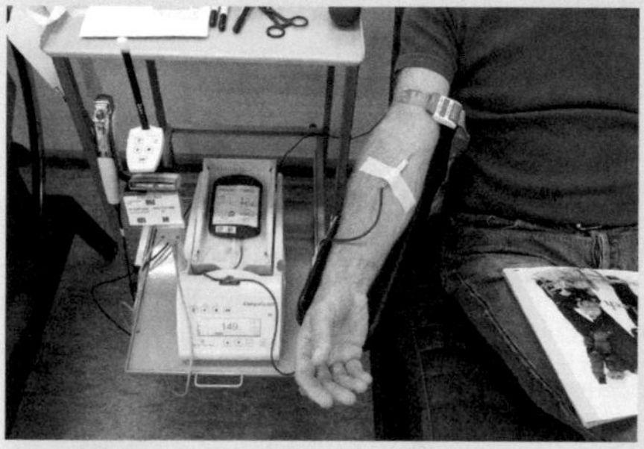

Bloedafname

Hoe vaak mag een donor bloed geven?
Mannen mogen maximaal vijf keer per jaar en vrouwen drie keer per jaar bloed geven. Deze frequentie is gekozen om de donor te beschermen. Het lichaam moet zich elke keer herstellen van de bloeddonatie. De frequentie waarmee een donor wordt opgeroepen om bloed te geven hangt onder andere af van de vraag naar bloedproducten met zijn/haar bloedgroep. Niet iedere bloedgroep komt even veel voor. Zo komen bloedgroepen A-positief en 0-positief in Nederland het meest voor, waardoor de vraag naar bloed van deze bloedgroepen zeer groot is. Donors met een vaker voorkomende bloedgroep worden ook vaker uitgenodigd om bloed te geven. Donors met bloedgroep 0-negatief worden relatief nog vaker uitgenodigd om bloed te geven. Bloedgroep 0-negatief kan namelijk aan iedereen worden toegediend in geval van spoed wanneer er geen tijd is om de bloedgroep van een patiënt te bepalen, bijvoorbeeld bij ongelukken.

Bloedgroepen B en AB komen het minst voor in Nederland. Rode bloedcellen met deze bloedgroepen kunnen alleen aan patiënten met dezelfde bloedgroep gegeven worden. Donors met deze bloedgroepen worden daarom relatief minder vaak opgeroepen. Plasma van bloedgroep AB kan echter aan iedere patiënt gegeven worden, omdat het geen anti-A en anti-B bevat. Donors met deze bloedgroep worden dan ook vaak gevraagd om plasmadonor te worden.

Wat gebeurt er met het bloed van de donor?
Naast het gebruik van bloed bij operaties gaat een deel van het bloed naar onder andere hemofilie- en leukemiepatiënten. Soms wordt een deel van de bloeddonatie gebruikt voor onderzoek met als doel de bloedtransfusie en de behandeling van ziekten te verbeteren. Soms wil de bloedbank een hele bloeddonatie voor onderzoek gebruiken. In dat geval vraagt de bloedbank apart schriftelijke toestemming van de donor.

Stichting Sanquin Bloedvoorziening
www.bloedbank.nl

EXTRA

opdracht 17

Geef antwoord op de vragen. Wanneer gebruik je de constructie (om) te + infinitief en wanneer niet?

1 Wat vind je leuk om te doen?
2 Wat wil je vanavond graag doen?
3 Wat vind je mooi om naar te kijken?
4 Wat vergeet je vaak?
5 Wat vind je vervelend om te vragen?
6 Wat weiger je te doen?
7 Wat mag een conducteur doen?
8 Wat vind je stom om te doen?
9 Wat vind je moeilijk om te zeggen?
10 Wat verbiedt de Kerk?
11 Wat vind je saai om te lezen?
12 Waarom lees je de krant?
13 Wat kunnen vissen goed?
14 Waarom ga je naar de kantine?
15 Wat heb je nog nooit geprobeerd?
16 Waarom leer je Nederlands?
17 Waar gebruik je je computer voor?
18 Wat durf je niet te vragen?
19 Wat is het doel van deze oefening?
20 Wat hoopt iedereen die aan een wedstrijd meedoet?

Soms móet je om **gebruiken, soms mág het.**

Om **moet:**

- als je een doel beschrijft: *Ik wilde arts worden om mensen te kunnen helpen.*
- na te + adjectief: *Dat is te lastig om in een middag te leren.*
- na adjectief + genoeg: *Deze broek is nog goed genoeg om thuis te dragen.*
- bij meer informatie over een substantief: *Er was geen geld om mijn studie te betalen.*

In de overige situaties **mag** je om gebruiken.

De zinnen zonder om zijn wat formeler. Je ziet ze vooral in schrijftaal.

Hij weigerde zijn adres op te geven.
Hij weigerde om zijn adres op te geven.

Het lijkt me zinvol hierover eens uitgebreid te praten.
Het lijkt me zinvol om hierover eens uitgebreid te praten.

opdracht 18

Maak van de informatie één zin. Gebruik de constructie met (om) – te + infinitief.

Voorbeeld:
Hij doet mee aan de televisiequiz. Hij wil op deze manier meer bekendheid geven aan zijn actie voor War Child.
Hij doet mee aan de televisiequiz om meer bekendheid te geven aan zijn actie voor War Child.

1 Blijkbaar vinden we het prettig. We lezen alles over het privéleven van bekende Nederlanders.
2 Dat gebouw leek de gemeente oud en bijzonder genoeg. Het kwam op de monumentenlijst.
3 Die mensen vinden het gewoon leuk. Ze komen elke week op tv.
4 Er is een werkgroep ingesteld. Deze werkgroep onderzoekt de juridische mogelijkheden.
5 Het idee is een beetje naïef. Het idee is: we hangen de hele stad vol met posters.
6 Het is belangrijk. We moeten deze kwestie in detail bespreken.
7 Het Rode Kruis heeft helikopters ingezet. Zo bereiken ze ook de mensen in de bergdorpen.
8 Hij heeft allerlei bijbaantjes. Zo kan hij zelf zijn studie betalen.
9 Ieder mens vindt het aangenaam. Hij krijgt positieve aandacht.
10 Je hoeft alleen maar de link hieronder aan te klikken. Zo word je abonnee van onze nieuwsbrief.
11 Je moet je naam goed spellen. Op die manier voorkom je veel problemen.
12 Jullie krijgen eerst een toets. Met deze toets meten we jullie actieve woordenschat.

LITERATUURFRAGMENT

Dit boek begint met een beschrijving van het bestaan in een nieuwbouwwijk bij een klein dorp, vanuit het perspectief van een van de kinderen. De thuisblijvende moeders hebben niet veel meer te doen dan met elkaar kletsen (en roddelen). Zo vredig als het hier is, blijft het beslist niet verder in het verhaal!

Als onze moeders klaar waren met hun inkopen, ontmoetten ze elkaar in het gemeenteplantsoen op het dorpsplein tegenover de voormalige pastorie. Op geruite plaids lagen wij tegen hun heupen te doezelen. Hun bruine, witte of gespikkelde gezichten glommen in de zon, ze betten hun hals, hun stemmen schetterden. Zelfs in onze halfslaap werden we er onrustig van, we kregen jeuk, we begonnen om niets te drenzen in een poging hen af te leiden. Hun paniek was wel te begrijpen. Iemand van net twintig te zijn, ver van de stad verbannen naar een nieuwbouwwijk in een onbeduidend dorp, waar je er elke dag in het wilde westen van het woonerf helemaal alleen voor stond terwijl je man in de file zat, maar opnieuw vermanden ze zich, ze omvatten hun geverfde teennagels en hun gebleekte haarpunten en ze trokken en ze trokken uit alle macht, en ze lachten, op van de zenuwen, toch alweer gierend. Er was immers altijd wel een nieuwtje om over te roddelen. Er was altijd wel een schandalig verhaal dat je rustig kon vertellen in de aanwezigheid van zuigelingen. En er was ook altijd iets lekkers, dat saamhorig werd gedeeld.

In de zomer waarin wij onze stomverbaasde ogen voor het eerst openden, bestond de traktatie dikwijls uit aardbeien; het was een machtig aardbeienjaar, ze waren zo groot als eendeneieren, de hele wereld geurde naar het zoete, zwoele aroma. Met spitse vingers plukten onze moeders het kroontje van de vruchten, ze beten ze doormidden en duwden de stukken zachtjes tussen onze pruttelende lippen. Het sap liep over onze kin en lekte onze truitjes in.

'Kijk uit voor de wespen,' waarschuwde de moeder van Loes. In de zee van moederlichamen was zij de enige die je blindelings kon onderscheiden. Dat kwam doordat zij naar patchoeli rook, en onze moeders allemaal naar Paris van Yves Saint Laurent. Onze moeders hadden immers onze papa's, zij hadden een man die wel een parfummetje kon betalen dat in Avenue werd aangeprezen, en een kast vol sexy zomerjurken bovendien. ▸

De moeder van Loes, in haar zelfgemaakte, altijd zwarte, sluike gewaden en met haar al even zwarte en sluike haar, was in meer dan één opzicht een uitzondering, want zij woonde als enige midden in het oude dorp. Nog niet zo lang, antwoordde ze desgevraagd, en ze lachte. Al kwamen die van ons lang niet zo veel over haar te weten als ze zouden willen, toch waren ze dol op haar. Zij was de vrolijkste van allemaal en had altijd een oplossing voor ieder probleem.

Uit: Renate Dorrestein (2004) *Het duister dat ons scheidt*. Amsterdam: Contact, pp. 17-18.

EINDVRAAG

Waar ben jij nieuwsgierig naar? Wat zou jij nou eens graag willen weten? Misschien is er iemand in de groep die jouw vraag kan beantwoorden!

REFLECTIE

- Wat heb je in dit hoofdstuk geleerd?
- Wat beheers je nu voldoende?
- Wat beheers je nog niet voldoende? Op welke manier kun je eraan werken om dat wel te beheersen?

- Welke woorden ken je nu rond het thema 'nieuwsgierig'?
- Maak in tweetallen een woordweb rond dit woord.

2 Verrassend!

Druif

Het is onze gewoonte om op zaterdag altijd even gezellig over de markt te lopen. Ik zie bij de groenteboer wel erg mooie druiven liggen. Om er zeker van te zijn dat ze er niet alleen mooi uitzien, maar ook lekker smaken, vraag ik de groenteboer of ik er één mag proeven.
'Natuurlijk!' is zijn antwoord. Ik stop een druif in mijn mond en op dat moment vraagt een vrouw van Marokkaanse afkomst die naast me staat aan mij: 'Zijn ze lekker? Ik mag niet proeven.' Net voordat ik de groenteboer op zijn discriminerend gedrag wil aanspreken, realiseer ik me: het is ramadan.

Hans de Bijl

NRC Handelsblad, IK@NRC.nl, 11 oktober 2005

Anekdote — opdracht 1

Vertel een anekdote of iets wat je hebt meegemaakt en dat voor jou verrassend was.

Koffiebekertjes — opdracht 2

In sommige kantines worden voor de koffie kartonnen bekertjes gebruikt waar teksten op zijn afgedrukt. Deze teksten gaan over koffie, even pauze, lekker genieten, nieuwe energie, enzovoort.

Hier zie je een paar voorbeelden:

Heb ik alles?
Koffertje, krantje ...
Koffie!

Koffie ...
het geluk van
alledag gevangen in
een kopje

De wereld lacht
mij toe met een
kopje koffie

Als je roert
maakt je koffie een
vreugdedansje
in je kop

Vijf minuten
even niets doen.
Met koffie voelt
even als een uur.

Koffiepraat ...
zonder woorden,
maar met hart en ziel.

Vandaag doe ik
precies wat ik zelf wil.
Een kop koffie, even
niet gestoord worden.

Even helemaal alleen ...
een heerlijk gevoel
met een kop koffie

Bedenk zelf, of samen met je buurman of buurvrouw, een nieuwe tekst voor op een koffiebekertje.

opdracht 3

Bespreek met elkaar hoe je een passieve zin herkent:
- grammaticaal: wat voor soort woorden, tijden, vormen?
- inhoudelijk: welke informatie in de zin is belangrijk?

Lees onderstaande zinnen door en geef aan welke zinnen passieve zinnen zijn.

1 Dit programma wordt herhaald op zaterdagochtend.
2 Er werd veel reclame gemaakt voor die nieuwe soep.
3 De gemiddelde bewoner van dat gebied eet drie keer per dag rijst.
4 Misschien worden wij uitgenodigd voor een bezoekje aan de studio.
5 De folders waren bij de ingang neergelegd.
6 Dat gezin was gedwongen binnen een maand te verhuizen.
7 Er zijn veel uitvindingen gedaan op dit gebied.
8 Die plant is wel heel snel gegroeid, zeg!
9 Volgens haar had het kind chloor gedronken.
10 Deze cd is opgenomen tijdens een liveconcert.

11 Deze jasjes zijn ontworpen voor een Brits warenhuis.
12 Er is gerookt in deze kamer.
13 Dit huis heb ik via via gevonden.
14 Over een week wordt bekendgemaakt wie de winnaar is.
15 Er werden duizenden bezoekers verwacht.
16 Hij ontwierp ook de bibliotheek van Amersfoort.
17 Toen hij professor werd in Dublin, verhuisde hij.
18 Deze formules worden uitgesproken tijdens het ritueel.
19 Er was ons hierover niets verteld.
20 Ze hadden het goud in de tuin begraven.

opdracht 4

Bedenk samen welke vraag bij welk antwoord hoort.

1	1	Waar lag het goud?	a	Ze hadden het goud in de tuin begraven.
	2	Wat hadden ze met het goud gedaan?	b	Het goud was in de tuin begraven.
2	1	Wat drinken ze meestal?	a	Er wordt vooral koffie gedronken.
	2	Wat doen ze in de kantine?	b	Ze drinken koffie.
3	1	Wat gebeurt er als er een doelpunt valt?	a	Ze zingen veel en hard.
	2	Hoe laten de fans zich horen?	b	Er wordt gezongen.
4	1	Wat heb jij intussen gedaan?	a	Ik heb de glazen afgewassen.
	2	Zijn deze glazen nog vies?	b	Ze zijn al afgewassen.
5	1	Waarom ben je boos op de redactie?	a	Mijn brief was niet geplaatst.
	2	Stond je brief in de krant?	b	Ze hebben mijn brief niet geplaatst.
6	1	Wat doen ze bij ziekte?	a	Dan worden de docenten vervangen.
	2	Geeft hij nog wel eens les?	b	Bij ziekte vervangt hij de taaldocenten.

Schaif staait laif

Botox, facelifts, tv-programma's zoals Make Me Beautiful en Extreme Makeover en steeds meer kinderen met beugels. Lopen er over honderd jaar alleen nog maar mensen met perfecte, strakke gezichten over straat? Weinig kans, zegt plastisch chirurg Jean-Phillippe Nicolai. Want een beetje scheef gezicht is juist veel aantrekkelijker. Schaif staait laif, zoals de Groninger zegt.

DOOR AREND VAN WIJNGAARDEN

Met de mode van esthetische chirurgie in het gezicht valt het in Nederland nog erg mee.

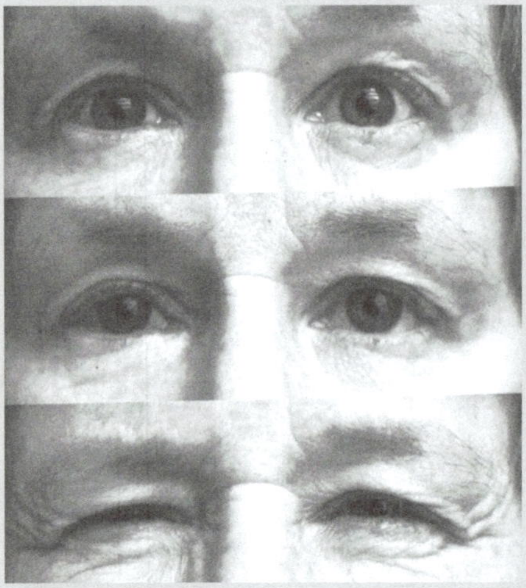

Schaif staat laif

Een perfect, symmetrisch gezicht is misschien een symbool van volmaaktheid, maar wij vinden het eigenlijk helemaal niet zo aantrekkelijk. Integendeel, een beetje verschil tussen de linker- en rechterhelft van het gezicht maakt een persoon juist extra interessant, weet professor dr. Jean-Phillippe Nicolai, plastisch chirurg in het Universitair Medisch Centrum Groningen.

'Neem het gezicht van Maartje van Wegen. Dat is zo asymmetrisch als wat, maar daardoor wordt het juist extra boeiend om naar haar te kijken.' Diverse onderzoeken naar wat mensen aantrekkelijk vinden, wijzen het ook uit. Een beetje een scheve smoel wordt in het algemeen beter gewaardeerd dan een vrijwel symmetrisch gezicht. Nicolai: 'De Venus van Milo heeft bijvoorbeeld een uitgesproken asymmetrisch gezicht. Dat heeft de kunstenaar expres gedaan. Die asymmetrie levert een interessante schoonheid op. Je hebt dan tenminste iets om naar te kijken. Op een perfect symmetrisch gezicht ben je sneller uitgekeken.'

Met de mode van esthetische chirurgie in het gezicht valt het in Nederland nog erg mee, weet Nicolai ook. 'Sowieso is maar een kleine minderheid van onze behandelingen alleen bedoeld om mensen mooier te maken. Wij zien hier bijvoorbeeld eigenlijk nooit vrouwen met gewone borsten die ze groter willen hebben. Als ze hier in het ziekenhuis komen, gaat het meestal om vrouwen die zo plat als een jongetje zijn en die daar ernstig onder lijden. Alleen wordt dat onderscheid niet gemaakt door de zorgverzekeraars. Borstvergrotingen moeten altijd zelf betaald worden.

Net als bijvoorbeeld ooglidcorrecties. Terwijl het vaak gaat om mensen die 's avonds echt hun oogleden met hun vingers op moeten tillen om nog te kunnen lezen.'

Die verzekeringsproblemen zijn er ook bij de scheve neus. 'Wie bepaalt er wanneer een neus zo scheef is dat ie geopereerd moet worden? Mijn ervaring is dat alleen de patiënt zelf dat kan bepalen. Nu moeten we toestemming vragen aan de zorgverzekeraar. We moeten dan zelf foto's opsturen om aan te tonen dat het echt moet. Maar vaak komt het erop neer dat mensen het zelf betalen.'

Toch is er onmiskenbaar een trend van steeds meer ingrepen in het gezicht. Eind vorige maand is zelfs de eerste gezichtstransplantatie uitgevoerd. Een 38-jarige Française was door een hondenbeet haar neus, kin en lippen kwijtgeraakt en kreeg in een Noord-Frans ziekenhuis een deel van het gezicht van een overleden donor. 'Zo'n verminking is zo ernstig dat ik voorstander ben van een dergelijke operatie.' Voor een soort handel in gezichten en bijvoorbeeld een mode om bekende mooie gezichten te nemen, hoeven we volgens Nicolai niet bang te zijn. 'Als je het gezicht van Michel Jackson transplanteert, ga je er echt niet zo uitzien. De vorm van een gezicht wordt namelijk bepaald door het onderliggende skelet.'

Een mode om alle schuine monden en scheven neuzen recht te zetten zal er ook niet snel komen. Want, zoals gezegd, een beetje verschil tussen links en rechts is juist wel mooi. Waarom anders was een 'mouche' vroeger in de mode, zo'n pukkel zoals Marilyn Monroe had. 'Er is een tijd geweest dat vrouwen zo'n mouche met make-up aanbrachten', zegt Nicolai. 'Zo is er ook een operatie bekend om een kuiltje in een wang te maken. Die asymmetrie wordt blijkbaar mooi gevonden.'

Dagblad van het Noorden,
17 december 2005

Wat betekent de titel in correct Nederlands?
Wat weet je van de kenmerken van de verschillende dialecten in Nederland en Vlaanderen?

Beantwoord de volgende vragen volgens de tekst.
Probeer met een passieve zin te reageren.

1 Wat vindt men mooier: een symmetrisch of asymmetrisch gezicht?
2 Vergoeden de zorgverzekeraars borstoperaties?
3 Kijken zorgverzekeraars bij het vergoeden van een borstvergroting ook of vrouwen dat laten doen om esthetische of om psychische redenen?

4 Welke verzekeringsproblemen zijn er bij bijvoorbeeld een scheve neus?
5 Wanneer heeft de eerste gezichtstransplantatie plaatsgevonden?
6 Wat bepaalt de vorm van een gezicht?
7 Waarom laat iemand een kuiltje in zijn wang maken?

Stervocabulaire

aanbevelen	Voor een oogoperatie kan ik je deze specialist **aanbevelen**. Mijn zus is door hem geopereerd en zij was erg tevreden over zijn behandeling.
expres	Ik heb dat papier **expres** bij mijn jas gelegd. Dan vergeet ik het niet mee te nemen.
indelen	Bij aanmelding worden alle aanvragen **ingedeeld** in een van deze drie groepen: noodzakelijk en urgent, noodzakelijk maar niet urgent, niet noodzakelijk en niet urgent.
juist	Vind jij Justine niet mooi? Ik vind haar **juist** ontzettend knap!
het misverstand	Veel mensen denken dat plastische chirurgie meestal gedaan wordt om mensen mooier te maken. Dat is een **misverstand**: slechts 15 procent van de operaties is om cosmetische redenen, de rest is echt noodzakelijk.
namelijk	Mevrouw Heymans zal voorlopig nog niet kunnen werken. Ze is **namelijk** net geopereerd aan haar knie.
neerkomen	Soms betaalt de verzekering een deel, maar vaak **komt** het erop **neer** dat mensen het zelf betalen.
sowieso	Ik vind het eng om naar een operatie te kijken op televisie. Ik houd **sowieso** niet van medische programma's.
de tendens	Er is sprake van een **tendens** om wat gemakkelijker te denken over cosmetische chirurgie. Er wordt niet meer zo lacherig over gedaan als vroeger.

de toestemming	Als je nog geen zestien jaar bent, mag je een tatoeage alleen laten aanbrengen als je ouders je daarvoor toestemming hebben gegeven.

Vocabulaire

de beugel	Er is te veel ruimte tussen de tanden van mijn dochter. Zo kunnen haar tanden niet in de goede richting groeien. Ik denk dat ze een beugel nodig heeft.
scheef	Wie bepaalt er wanneer een neus zo scheef is dat hij geopereerd moet worden?

↔ opdracht 5

Vul een van de woorden uit de lijst in.

1 De directeur laat iedereen zijn mening geven en dan beslist hij uiteindelijk zelf. Daar zal het wel weer op ____________________

2 Ik dacht dat wij een afspraak hadden voor vandaag, maar dat bleek een ____________________ te zijn. We zouden alleen maar bellen om een afspraak te maken.

3 Erika heeft ____________________ moeite met talen, maar het Nederlands vindt ze echt enorm lastig.

4 Nu laten we een pukkel in ons gezicht weghalen, en honderd jaar geleden lieten ze ____________________ zo'n pukkel op hun gezicht aanbrengen. Wat zijn mensen toch rare wezens!

5 Welke wijn smaakt hier goed bij? Wat kunt u ____________________?

6 Ik kom je graag helpen met schilderen. Dat vind ik helemaal niet erg, dat vind ik ____________________ leuk.

7 Om hier te mogen parkeren moet je ____________________ vragen bij de receptie.

8 Bij studenten zie je een __________________ om de eerste studiejaren bij de ouders te blijven wonen.

9 Ik heb mijn cd's __________________ naar muzieksoorten. Dat vond ik handiger dan alfabetisch.

10 Ulrike wilde liever een taxi bellen. Ze had __________________ alcohol gehad en dan rijdt ze niet.

11 Toen we in de achtbaan gingen, werden we stevig vastgezet met een __________________ voor onze buik.

12 Doordat ze zo'n last van haar heupen had, ging Paula helemaal __________________ lopen. En daardoor werd het natuurlijk nog erger!

↔ opdracht 6

Reageer op deze vragen en zinnen. Gebruik in je reactie een van de woorden van dit blok vocabulaire. De woorden kunnen ook in een andere betekenis gebruikt worden. Noteer welk woorden je al gebruikt hebt. Probeer ze allemaal minimaal één keer te gebruiken.

1 Ik wil een extra verdieping op mijn huis laten bouwen. Kan dat, denk je?
2 Kun jij donderdagavond werken in plaats van vrijdagochtend?
3 De verzekering betaalt toch alles als er dingen van je gestolen worden?
4 Wat heb je je haar donker geverfd! Was dat de bedoeling?
5 Wat voor mensen zitten er eigenlijk in jullie taalcursus? Alleen studenten?
6 O, wat was die toets moeilijk, zeg!
7 Het blijkt dat de meeste bezoekers helemaal niet meer van die grote discotheken houden.
8 Volgens mij hangt dat schilderij niet recht.
9 We gaan zondag een lange strandwandeling maken. Ga je mee?
10 Ik zoek een gezellig restaurantje waar ik met een groep van twintig personen kan eten. Weet jij iets?
11 Wat zei de studieadviseur? Mag je bepaalde toetsen overslaan?
12 Wat heb jij mooie rechte tanden!
13 Volgens mij is het antwoord: 312 kilometer.

Stellingen opdracht 7

Reageer op de volgende stellingen:

- Lelijkheid is je eigen schuld.
- Plastische chirurgie lost de problemen niet op.
- Programma's als *Extreme Makeover* en *Make Me Beautiful* brengen mensen op ideeën. (Dit zijn tv-programma's waarin mensen met behulp van plastische chirurgie compleet andere mensen worden.)

Uitbreiding grammatica

1 Een passieve zin kan ook modale werkwoorden bevatten.

De uitslag zal via internet *bekendgemaakt worden / worden bekendgemaakt.*
De kinderen kunnen vanaf half acht naar de crèche *gebracht worden / worden gebracht.*
De brief moet voor 21 augustus *verstuurd zijn / zijn verstuurd.*
Het formulier moet volledig *ingevuld zijn / zijn ingevuld.*
Hij mocht absoluut niet *worden gestoord / gestoord worden.*
Hij vertelde dat hij niet meer wilde *worden behandeld / behandeld* wilde *worden.*
Er stond dat er vanaf 20 maart weer in het buitenbad kon *worden gezwommen / gezwommen* kon *worden.*

2 Bepaling met door

Soms is het belangrijk om te vertellen wie de handeling uitvoert.
Deze persoon kun je in de zin brengen met door ....

Mijn zoon *is geopereerd* door dokter Van der Schaaf.
Deze verklaring *moest* door alle deelnemers *ondertekend worden.*
Ik *ben* naar u *verwezen* door de studieadviseur van mijn opleiding.
Deze ruimte *kan* alleen *gereserveerd worden* door docenten en ander personeel.

opdracht 8

Maak van deze actieve zinnen passieve zinnen. Bepaal of **door** ... erbij moet of niet.

1. Iedereen kan deze boeken bestellen via onze website.
2. Ze konden deze tekst niet helemaal opnemen.
3. De redactie had dat besloten.
4. Je moet de nota betalen voor het begin van de cursus.
5. Je moet de instructies nauwkeurig volgen.
6. Wellicht vergoedt de werkgever de cursuskosten.
7. Je moet deze vergoeding voor half maart aangevraagd hebben.
8. De eigenaar hoeft deze subsidie niet aan te vragen.
9. De huurder kan deze subsidie zelf aanvragen.
10. De commissie heeft de aanvraag afgekeurd.
11. Voor studenten die later aankomen, zullen we een extra introductiemiddag organiseren.
12. De personeelsafdeling zou dat regelen!
13. Ze hadden me benaderd om deze middag te leiden.
14. We zullen de precieze datum op de website zetten.
15. De studenten moeten deze test afleggen voor het begin van het tweede semester.
16. Alle studenten die minder dan 75 procent scoorden, moeten deze test afleggen.
17. We kunnen dergelijke gevallen vermijden.
18. Degene die officieel op dit adres woont, moet dat regelen.
19. Hebben ze jou ingeschreven bij de gemeente?
20. Als het druk was, konden ze een assistent roepen.

Huisregels

opdracht 9

Werk in een groep van drie of vier personen. Jullie moeten gezamenlijk regels opstellen voor een van de volgende situaties:

- het samenwonen in een studentenhuis
- omgangsregels op het werk, in een kantoor
- de dagelijkse dingen binnen een sportclub
- een uitstapje met je werk, studie of sportclub

Probeer in je regels passieve constructies te gebruiken. Je krijgt dan zinnen als:

> Er mag tussen 01.00 en 8.00 uur geen harde muziek gedraaid worden.
> De fietsen kunnen in de fietsenstalling gezet worden.
> Er mag niet langer dan 10 minuten gedoucht worden.
> Er mag niet gerookt worden in de bus.

Elke groep krijgt van de docent een blad met meer informatie.

'Ik hoop op een debat met wij-gevoel'

DOOR ONZE REDACTEUR MICHÈLE DE WAARD

Docent nieuwe imamopleiding

Arslan Karagül is een Turks-Nederlandse imam in een pak en zonder baard. Onzin dat je met een baard kunt bewijzen dat je een goede theoloog bent, vindt hij.

Amsterdam, 4 okt. Arslan Karagül weet zijn landgenoten in Nederland telkens weer te verrassen. 'Toen ik op de universiteit aan een decaan werd voorgesteld, reageerde deze spontaan: "Ach, ik dacht iemand met een baard en een tulband te ontmoeten, maar u ziet er heel gewoon uit".'

Karagül is een Turks-Nederlandse imam in een pak, liever noemt hij zich een islamitisch geestelijk verzorger. Een gesoigneerde, slanke man, 52 jaar oud, met een brilletje en een snor. Hij is Nederlander, afkomstig uit Turkije, en is twintig jaar geleden naar Breda verhuisd. 'Opstandig was ik niet in Turkije', lacht Karagül. 'Wel kritisch.' Een baard vond hij onzin als je daarmee moest bewijzen dat je een goede theoloog was. 'Waar hecht je nu waarde aan: aan de binnenkant of de buitenkant, aan de letter of de geest van de koran?'

Sinds september is Karagül verbonden aan het Centrum voor Islamitische theologie (de imamopleiding) aan de Vrije Universiteit van Amsterdam. De eerste officiële studie in Nederland en een van de weinige islamitische opleidingen in Europa waarmee iemand imam kan worden. Alleen Oostenrijk kent al langer een soortgelijke opleiding, in het Duitse Noordrijn-Westfalen is er sinds vorig jaar een en in Parijs en Straatsburg worden studies opgezet.

De masteropleiding 'islamitische geestelijke verzorging' bereidt studenten voor op een baan als geestelijk verzorger (imam) in ziekenhuizen, gevangenissen, het leger of de moskee.

Karagül is in zijn element. Hij is net enkele weken bezig als een van de drie docenten aan de opleiding en heeft al ruim veertig studenten in de bachelor- en masteropleiding. De aantallen zullen verder groeien, verwacht hij. Arslan Karagül studeerde theologie in Samsun en Istanbul en in Amsterdam. Daarnaast werkt hij als islamitisch geestelijk verzorger in het Academisch Medisch Centrum in Utrecht en het VU-ziekenhuis in Amsterdam. Op tafel ligt een scriptie over 'Moslimvrouwen, reinheid en religieuze status'en een boek van de Franse islamkenner Olivier Roy, *La Laïcité face à l'islam*.

'De Franse opstelling tegenover moslims is radicaler dan in Nederland', zegt Karagül. Zelf is hij gesteld op de Nederlandse openheid en het pluralisme. 'In Frankrijk wordt niet gediscusieerd over de opleiding van moslimmeisjes, maar uitsluitend nog om de hoofddoek die ze in publieke functies of op school niet mogen dragen.' Daarom ook spreekt Karagül niet graag van een 'Europese islam', want de islam wordt overal anders gepraktiseerd.

Karagül, die imam was in Breda en Tilburg, ziet enkele opvallende verschillen tussen de islamitische theologische opleiding in Nederland en die in Turkije. In beide landen krijgen studenten de koran uitgelegd. Ze krijgen filosofie, godsdienstgeschiedenis en exegese. 'Maar bij de VU krijgt de student extra bagage zoals communicatie, geestelijke verzorging en aandacht voor het joden- en christendom. Vooral communicatie is essentieel om de dialoog tussen culturen te kunnen voeren.' Een imam speelt als geestelijk verzorger een heel andere rol dan een imam die als prediker vijf keer in de moskee het gebed leidt.

Ook wordt het debat volgens de docent op een andere manier gevoerd. 'In Turkije wordt veel gedebatteerd over de islam, er zijn niet veel gevoeligheden. In Nederland zijn er zoveel gevoeligheden dat het debat tussen moslims en autochtonen over de islam geen kans krijgt.'

Het lijkt, zegt Karagül, alsof er in Nederland apartheid bestaat: wij en zij. 'Natuurlijk moeten moslims ook kritisch naar zichzelf kijken en vooral communiceren.'

Als hij íets hoopt is het dat in Nederland ook een debat gaat ontstaan met een 'wij-gevoel'. Dat we samen in gesprek gaan over belangrijke thema's als opvoeding, straf, onderwijs en werk, waarbij we elkaar accepteren, niet uitsluiten.

NRC Handelsblad, 4 oktober 2005

Stervocabulaire

bevorderen	Door gespreksgroepen te organiseren, probeert het sociaal-cultureel werk de contacten in de wijk te bevorderen.
gesteld zijn op	Hij is gesteld op de Nederlandse openheid en pluralisme. Dat zijn bijzondere kenmerken die je niet bij ieder volk vindt.
de neiging	Ik heb altijd de neiging om Engels of Frans met hem te spreken. Maar dat is helemaal niet nodig want hij spreekt prima Nederlands.
de stage	Ik vond de studie nogal theoretisch, maar door de stage ontdekte ik dat ik het werken met deze studie wel erg leuk vond.
uitsluiten	Als je geen Engels spreekt, mag je je niet inschrijven voor deze opleiding. Dat is uitgesloten.
de welvaart	Als je in welvaart bent opgegroeid, heb je geen idee hoe het is om honger te hebben.
(de) zonde	Geldt het als een zonde als je een keer een joint rookt?

Vocabulaire

kritisch	Natuurlijk moeten ook moslims kritisch naar zichzelf kijken.
soortgelijk	De opleiding is (bijna) uniek in Europa. Alleen Oostenrijk kent al langer een soortgelijke opleiding.
waarde hechten aan	Ik weet dat dit beeldje een goedkoop nagemaakt ding is, maar ik hecht er toch waarde aan, want ik heb het van mijn oma gekregen toen ik tien werd.

opdracht 10

Welk vervolg past het beste?

1 Ik heb het niet zo naar mijn zin in deze baan, dus
   a ik sluit niet uit dat ik binnen een jaar ergens anders ga werken.
   b ik zoek een soortgelijke baan.

2 Ik voel me erg onzeker over dit plan, dus
   a ik wil dat je er kritisch naar kijkt.
   b het is zonde om weg te gooien.

3 Getrouwde vrouwen in Nederland waren huisvrouw (zonder baan) want
   a ze bevorderden de economische groei.
   b dat werd gezien als een teken van welvaart.

4 Ik ga liever niet met een groepsreis op vakantie want
   a dat sluit ik niet uit.
   b ik ben gesteld op mijn privacy.

5 Ik vond die opleiding te theoretisch dus
   a ik ga nu een soortgelijke opleiding doen, maar dan met meer praktijk.
   b ik ben niet zo kritisch.

6 Het ergert me als ik zie hoe onhandig je dat aanpakt en dan
   a krijg ik de neiging om het werk in jouw plaats te gaan doen.
   b hecht ik er geen waarde aan.

7 Hij is nog zeker een jaar bezig met zijn studie want
   a hij moet ook nog stage lopen.
   b hij is er erg op gesteld.

8 Als kind leren schaken heeft een voordeel, want
   a dat bevordert je vermogen om logisch te denken.
   b je hebt daardoor de neiging om logisch te denken.

9 Ik eet liever thuis. In een restaurant eten vind ik
   a een stageplaats.
   b zonde van het geld.

10 Het kan me niets schelen hoe hij over mijn rapport denkt. Daar
- a hecht ik geen waarde aan.
- b wordt mijn welvaart niet groter of kleiner van.

opdracht 11

Reageer op deze vragen en zinnen. Gebruik in je reactie een van de woorden van dit blok vocabulaire. Ze kunnen ook in een andere betekenis gebruikt worden. Noteer welk woorden je al gebruikt hebt. Probeer ze allemaal minimaal één keer te gebruiken.

1. Hoe vind je deze brief over de burgemeester? Zullen we die naar de krant sturen?
2. Die broek is wel erg oud. Waarom gooi je hem niet weg?
3. Werk jij bij die notaris? Ik dacht dat jij nog bezig was met je studie.
4. Wat gebeurt er als je expres schopt naar een tegenstander in een voetbalwedstrijd?
5. Bij die bocht in de weg ga je bijna automatisch linksaf.
6. Dat gezeur over geld en mooie spullen! Wat een onzin is dat eigenlijk!
7. Heb jij nog steeds die oude camera? Waarom koop je geen nieuwe?
8. Fred wil verhuizen, heb ik gehoord. Hij heeft toch een leuk huis? Wat voor huis wil hij?
9. Gooi je die brieven van vroeger allemaal weg? Vind je dat niet jammer?
10. Als je last van je maag hebt, moet je veel thee drinken.

Presentatie — opdracht 12

Presenteer Arslan Karagül aan een medecursist aan de hand van de volgende vragen:

- Waar komt hij vandaan?
- Hoe ziet hij eruit?
- Waar werkt hij?
- Waar en wat heeft hij gestudeerd?
- Wat zijn volgens hem de verschillen tussen de islamitische theologische opleiding in Nederland en in Turkije?
- Waar hoopt hij op?

Hoe denk je dat mensen leren? opdracht 13

Hoe denk je dat mensen leren?

Plaats onderstaande vormen in rangorde en geef bij elke vorm een percentage tussen 0 en 100 procent aan. Het totale percentage vormt geen 100 procent.

We leren

____ procent van wat we zien (Hoeveel procent van wat we zien blijft opgeslagen?)

____ procent van wat we persoonlijk ervaren

____ procent van wat we lezen

____ procent van waarover we hebben gediscussieerd met anderen

____ procent van wat we horen

____ procent van wat we uitleggen aan anderen

____ procent van wat we zien en horen

David A. Souza (2001) *How the brain learns.* Thousand Oaks: Corwin Press.

Electriek track 2

Je gaat naar een korte film kijken genaamd Electriek.

Bekijk de film en schrijf na afloop waar de film over gaat en wat je ervan vond. De lengte van de tekst moet in ieder geval 100-150 woorden zijn.

Het uiterlijk
opdracht 14

Het uiterlijk speelt een belangrijke rol in onze maatschappij.

Schrijf een tekst van 100-150 woorden waarin je aangeeft met welke van de meningen hieronder je het eens bent en waarom.

Uiterlijk is belangrijk, want mensen die er goed uitzien, hebben meer kansen, bijvoorbeeld op het werk en in relaties.	Uiterlijk is niet belangrijk, want de echte mens zit niet aan de buitenkant maar aan de binnenkant.

eens / oneens zijn
- Ik ben het eens met .... Ik ben het er niet mee eens dat ...
- Het klopt wel dat ... Het klopt niet dat ...
- In grote lijnen klopt dit, maar ....
- Tot op zekere hoogte ben ik het ermee eens dat ...

tegenstelling
- aan de ene kant ...., aan de andere kant ...
- enerzijds ..., anderzijds ...
- echter
- ondanks (dat) ...

samenvatting
- kortom
- samengevat

Wat zeg je in de volgende situaties?
opdracht 15

1 Je bent in een stad op 200 kilometer van je eigen woonplaats. Je komt daar iemand tegen met wie je vroeger op school hebt gezeten. Je had vroeger veel contact met die persoon, maar nu niet meer. Hoe reageer je?

2 Je hebt een leuk iemand ontmoet. Je weet echter niet of die persoon wel of niet een partner heeft. Je bent daar nieuwsgierig naar. Wat vraag je?

3 Naast je woont een stel met twee kinderen. Ze hebben het, zo te zien, erg leuk met elkaar. Je merkt nooit dat ze problemen hebben. Op een avond komt de buurman bij je langs en hij vertelt dat ze gaan scheiden. Wat zeg je?
4 Je studentenvereniging heeft een excursie georganiseerd. Het programma is geheim. Je kent iemand die in de organisatiecommissie zit. Je probeert er achter te komen, wat het programma is. Wat vraag je?
5 Een goede vriend van je is jarig. Je wilt hem op een originele manier verrassen. Wat doe je en wat zeg je tegen hem?
6 Op 20 juni heb je een tentamen, tenminste dat dacht je. Op 15 juni hoor je toevallig van een medestudent dat het tentamen verschoven is naar 18 juni. Je bent onaangenaam verrast door deze wijziging. Wat zeg je tegen je medestudent?

Je neus achterna

track 3

Je ziet in dit fragment een verslag van een onderzoek.

1 Kijk naar dit fragment. Je mag aantekeningen maken. Je moet later een samenvatting maken van dit fragment.

2 Bedenk, samen met een andere cursist, welke punten er in de samenvatting moeten komen. Noteer die punten.

3 Kijk nog een keer. Controleer of er nog andere punten zijn die belangrijk genoeg zijn voor een samenvatting. Luister ook naar extra informatie bij de punten die jullie genoteerd hebben.

4 Maak samen een structuur voor jullie samenvatting.

5 Nu ga je individueel werken: schrijf de samenvatting.

Chinees rekent met ander deel van het brein dan westerling

Engelstaligen maken bij het verwerken van getallen meer gebruik van taalcentra in de hersenen dan Chinezen. Die maken juist meer gebruik van het visueel-motorische hersensysteem. Chinese en Amerikaanse onderzoekers publiceren het resultaat vandaag in de Amerikaanse Proceedings of the National Academy of Sciences (Early Edition). De ontdekking toont aan dat het universele gebruik van Arabische cijfersymbolen – ook in China – een ideale mogelijkheid biedt om cultuurverschillen te onderzoeken.

De onderzoekers lieten twaalf Chinese studenten aan de medische universiteit in Dalian (Noordoost-China) en evenzoveel buitenlandse Engelstalige taalleraren uit Dalian in een fMRI-hersenscanner naar cijfers kijken en eenvoudige getaltaakjes verrichten. Ze vermoeden dat het verschil in breinactiviteit niet alleen te verklaren is uit het taalverschil – Chinese telwoorden zijn korter dan de Engelse en dat zou kunnen leiden tot een snellere verwerking en andere verschillen. Een ander, waarschijnlijk belangrijker cultureel verschil is het karakterschrift van de Chinezen. Op de lagere school zijn jonge Chinezen intensief bezig met het tekenen van karakters: de verschillende penstreken en streekconfiguraties van karakters. In tegenstelling tot gebruikers van het Latijnse schrift bestaat er bij Chinezen ook een nauwe samenhang tussen leesvermogen en schrijfvermogen. Lezen, ook van getallen, is dus bij Chinezen sowieso een veel sterker visueel-motorische ervaring dan bij westerlingen. Een andere culturele invloed is waarschijnlijk te vinden in het vrij algemene gebruik van de abacus in China, ook op scholen. Zo'n telraam creëert voor cijfers waarschijnlijk een veel sterker mentaal visueel beeld, en misschien zelfs een gevoel van beweging, dan de pen-en-papier-rekenmethodes en het hoofdrekenen in het Westen.

NRC Handelsblad, 27 juni 2006

Kloppen deze uitspraken volgens de tekst, of niet?

1 Met dit onderzoek wilde men uitzoeken welke rekenmethode sneller is, de Chinese of de westerse.
2 Het onderzoek vond plaats in China en gelijktijdig in Engeland.
3 Chinese en westerse manieren van rekenen konden goed vergeleken worden doordat iedereen dezelfde cijfersymbolen gebruikt.
4 In de Chinese rekenmethode wordt meer gebruik gemaakt van het visuele aspect dan in de westerse wereld.
5 Met het gebruik van een telraam leren kinderen sneller rekenen.

vindplaatsen in een tekst

- de tekst
- de titel
- De tekst gaat over ...
- Het is een tekst over ...
- **vetgedrukt** / *cursief gedrukt* / onderstreept / (tussen haakjes)
- de tussenkop / het kopje
- Dat staat onder het kopje xxxx
- de bladzijde
- de kolom
- de alinea
- de regel
- de regel wit
- de opsomming
- het eerste punt van de opsomming
- een lijst puntjes
- in de eerste / tweede / derde / vierde regel
- de tweede regel van onder
- de zin (grammaticaal)
- in de derde alinea, de tweede regel van onder
- het woord

in een brief

- de aanhef
- het kenmerk
- de datum / de datering
- de geadresseerde
- de afzender
- de ondertekening
- de handtekening / de paraaf
- de bijlage

LITERATUURFRAGMENT

Joe Speedboot is de beste vriend van de gehandicapte hoofdpersoon, die zich ontwikkeld heeft tot kampioen armdrukken. Samen beleven ze allerlei avonturen en zoeken zo hun plaats in de volwassen wereld. Dit fragment beschrijft hun reactie als ze gehoord hebben dat hun schoolvriend Engel Eleveld is gestorven. Ze gaan direct op bezoek bij Engels vader.

– Maar hoe is het gebeurd, vroeg Joe schor, weet u dat?
Eleveld schudde zijn hoofd.
– Mijn talen zijn niet zo best... zoals ik het begrepen heb heeft Engel een hond op zijn hoofd gehad. Van het balkon van een flat. Een hond.
Het leek er niet op dat Eleveld bevatte wat hij zojuist had gezegd: dat zijn zoon een hond op zijn hoofd had gekregen in Parijs. Het was zo surreëel dat zich heel even een hoopvol perspectief opende: wat als het niet waar was, dat Engel leefde en ons de stuipen op het lijf joeg met kúnst? Maar als je naar de oude Eleveld keek, wist je dat dat het niet waar kon zijn; om onze reactie had Engel kunnen lachen, zijn vader zou hij zoiets niet aandoen. Over twee dagen zou hij worden thuisgebracht, de verzekeringsmaatschappij had een rouwtransporteur ingeschakeld die hem ophaalde uit een koelhuis langs de Seine.
We verlieten Eleveld in de ochtendschemering, in Lomark sloeg de klok vijf uur, overal was vogelgezang.
– Engel heeft de zwaartekracht ontdekt, mompelde Joe toen hij me inlaadde.
Maar hij had dezelfde twijfel als ik, want toen hij me thuis afzette zei hij: 'Ik geloof het pas als ik hem zie'.
Dat gebeurde op dinsdagmorgen. Engel lag opgebaard in de rouwkamer van Griffioen, ik ging erheen met Joe en Christof. Een medewerker sloot de deur zacht achter ons, we waren alleen in de koele, geluiddichte ruimte met de kist in het midden. Er stonden vier grote kaarsen omheen.
– 't Is 'm ook nog, zei Joe zacht.
Ik kwam omhoog en steunde op de rugleuning voordat ik hem zag, onder een frame van kaasdoek dat over het einde van de kist was

gespannen. Onder zijn kin zat een beugel die de onderkaak op zijn plaats hield, hij had kleurloze lippen en ingevallen wangen. Zijn jukbeenderen staken op een heilige manier uit. Dit was Engel, mijn eerste dode.

Uit: Tommy Wieringa (2005) *Joe Speedboot*. Amsterdam: De Bezige Bij, pp. 225-226.

EINDVRAAG

Vertel

- hoe jij ooit iemand hebt verrast.
- hoe jij ooit bent verrast.

REFLECTIE

- Wat heb je in dit hoofdstuk geleerd?
- Wat beheers je nu voldoende?
- Wat beheers je nog niet voldoende? Op welke manier kun je eraan werken om dat wel te beheersen?

- Welke woorden ken je nu rond het thema 'verrassend'?
- Maak in tweetallen een woordweb rond dit woord.

3 Positief

David van Brakel (28) deelt geld uit op de Amsterdamse Albert Cuypmarkt. Hij zwaait met briefjes van 50 euro; camera's en schrijfblokjes volgen in zijn kielzog. Sommige voorbijgangers vertrouwen het voor geen cent. 'Dat kan nooit', zegt een Surinaamse vrouw en loopt resoluut door.

Toch is het waar. Van Brakel deelt geld uit, en het enige wat de ontvangers hoeven te doen, is antwoord geven op de vraag hoe ze die 50 euro zo besteden dat ze er én zelf van genieten én dat de wereld er een stukje beter van wordt.

De actie van David van Brakel is bedoeld als publiciteitsstunt voor de deze week gelanceerde website www.gubba.nl. Gubba, Syrisch voor waterput, moet 'het internetplatform voor duurzame producten' worden.

de Volkskrant, 10 juni 2006

Wat zou jij doen? — opdracht 1

Waaraan zou jij die 50 euro besteden? Ook voor jouw antwoord geldt dat je er zelf van moet genieten en dat de wereld er beter van wordt.

Positieve eigenschappen — opdracht 2

Werk in tweetallen.
Schrijf twee positieve eigenschappen van jezelf op.
Schrijf twee positieve eigenschappen op die je graag zou willen hebben.
Schrijf twee positieve eigenschappen van je buurman/buurvrouw op.

Bespreek de eigenschappen met je buurman of buurvrouw en licht ze toe.

Wereldreizende gezinnen

Vraag vooraf:
Wat zijn, denk je, voor een gezin dat regelmatig naar een ander land verhuist de positieve en negatieve kanten daarvan?

Lees nu de tekst. Noteer de positieve en negatieve punten die in de tekst worden genoemd.

Wereldreizende gezinnen

De consequenties voor een expat-familie die vaak verhuist

DOOR VANESSA DEIJ

De meeste mensen kunnen het aantal landen waar ze hebben gewoond op één hand tellen. De familieleden van sommige expats kunnen dat niet. Vanwege het werk van één van de ouders, verhuist het gezin keer op keer van land tot land.

Thomas Swaak is in zijn jeugd vaak verhuisd. Vóór zijn twintigste woonde hij al in Duitsland, Engeland, Italië, Amerika en Nederland. 'Pas later ontdekte ik dat je door het vaak verhuizen niet ankert', vertelt hij. 'Iemand die bijvoorbeeld in Nederland is opgegroeid heeft boezemvrienden. Probeer maar eens een hartsvriend te maken als je iedere drie à vier jaar naar een ander land gaat.' Maar dit is slechts de negatieve kant van het meervoudig verhuizen.

Snel contacten leggen

'De positieve kant is dat je leert hoe je jezelf heel vlug inwerkt in de samenleving en hoe je snel contacten legt. En als je expat bent, zijn die contacten heel intensief. Je bent al gauw op persoonlijk niveau ontzettend leuk met elkaar bezig. Maar je weet dat zo'n vriendschap maar één of twee jaar gaat duren en dat je afscheid moet gaan nemen. Dat is soms best wel eens moeilijk.'

In je bloed

Ondanks het vaak wisselen van contacten heeft Thomas Swaak voor een baan gekozen waarbij hij geregeld moet reizen. Hij werkt voor een Amerikaans bedrijf en heeft met zijn gezin in Oezbekistan en Aruba gewoond. 'Als het eenmaal in je bloed zit, dat reizen, dan gaat dat er niet meer uit', concludeert hij. 'Mijn vrouw heeft iets minder de drang om vaak te verhuizen, maar vindt het niet erg als wij tijdelijk naar het buitenland gaan. Mijn achtjarige tweeling vond het leuk om even weg te zijn uit Nederland. De jongens zijn wel blij om weer terug te zijn, want Nederland is voor hen vertrouwd.'

Roots

Maar wat gebeurt er met de 'roots' van kinderen die in hun jeugd vaak verhuizen? Volgens Els de Jong, trainer en consultent van het Koninklijk Instituut voor de Tropen (KIT), hangt het er onder meer van af of een kind in Nederland is geboren of niet. 'Als een kind tot minimaal zijn zesde à tiende levensjaar in Nederland heeft gewoond, zal het daar een band mee hebben. Je zou kunnen zeggen dat deze kinderen zich Nederlands voelen, maar daarnaast ook wereldburgers zijn. Kinderen die in het buitenland zijn geboren en vaak verhuizen behoren overal en nergens. Ze kunnen redelijk snel aarden in een nieuw land. Soms krijgen ze pas echt een band met Nederland als ze er op latere leeftijd gaan wonen. Toch is het vaak zo dat deze kinderen Nederland beleven als een nieuw soort buitenland.'

Band opbouwen

Expat Adriaan van den Berge heeft vijf kinderen in het buitenland grootgebracht, van wie de eerste drie in Nederland zijn geboren. 'De jongste kinderen hadden de meeste moeite om in Nederland te aarden.' De familie Van den Berge heeft in Thailand, Duitsland, Oostenrijk, Zwitserland en België gewoond. Nu woont Adriaan van den Berge samen met zijn vrouw in Rusland. Zijn kinderen zijn één voor één voor hun studie naar Nederland verhuisd. 'We hebben er bewust voor gekozen om onze kinderen in Nederland te laten studeren. Ze zijn moderne nomaden, maar mijn vrouw en ik vonden het belangrijk dat ze hun 'roots' goed leerden kennen.'

Identificatie

Het hebben van 'geografische wortels' is volgens Els de Jong niet cruciaal. 'Maar een mens heeft wel een anker nodig', zegt ze. 'Mensen hebben iets nodig waarmee zij zich kunnen identificeren; of dat nu een nationaliteit is, een land of een vorm van leven. Een bewegende basis kan voor onrust zorgen. Ouders kunnen rust voor hun kinderen creëren door zoveel mogelijk zaken hetzelfde te houden; bijvoorbeeld door thuis altijd dezelfde taal te spreken, onafhankelijk van de woonplaats.'

Een jaar alleen

Het belang van de kinderen staat voor veel expats voorop, als het gaat om het accepteren van een overplaatsing. Zo is de vrouw van Adriaan van den Berge een jaar langer in België gebleven zodat één van haar dochters de middelbare school zonder onderbreking kon afmaken. Intussen was Adriaan van den Berge al werkzaam in Rusland. 'Mijn vrouw bleef achter voor zowel mijn dochter als voor mij. Door haar keuze hoefde ik de promotie niet te weigeren.'

Buffer

De expat-partner fungeert vaak als buffer, vertelt KIT-medewerkster Els de Jong. 'Zij (of hij) is klankbord voor de werkende partner en zorgt ervoor dat de verhuizing gladjes verloopt. Zij zorgt dat de familie weer zo snel mogelijk kan functioneren. Een ervaren expat-partner heeft niet alleen binnen een maand de belangrijkste winkels gevonden en het nieuwe huis ingericht, maar ze zorgt ook dat het gezin weer zijn eigen regelmaat zo snel mogelijk terug vindt.' Adriaan van den Berge denkt dat de verhuizingen moeilijker zijn voor zijn vrouw dan voor hemzelf. 'Zij moet in ieder land opnieuw integreren en een nieuw netwerk opbouwen, terwijl ik voor hetzelfde bedrijf blijf werken.'

Schuldgevoel

Het aantal keren dat een expat-gezin verhuist en waar het naartoe verhuist hangt volledig af van de baan van de expat. En dat is volgens De Jong niet zonder gevolgen. 'De werkende partner kan een schuldgevoel krijgen als zijn (of haar) gezin niet goed functioneert in het buitenland. Vaak zijn expats die geregeld verhuizen daarom ook extra gemotiveerd om hun werk goed te doen. Alles in het gezin draait om zijn baan: woonplaats, financiën en sociale status. Daarom wil hij dat zijn nieuwe opdracht slaagt. Met iedere verhuizing wacht hem een nieuwe baan en dus weer een nieuwe uitdaging.'

Uitgangspunt

De vele verhuizingen hebben voor alle leden van een familie voor- en nadelen. De ouders nemen beslissingen waarvan ze denken dat alle gezinsleden tot hun recht komen. Bij aankomst in een vreemd land hebben de gezinsleden in eerste instantie nog geen contacten buiten de deur. Daardoor wordt het gezin heel hecht. De Jong: 'Iedere verhuizing eindigt en begint namelijk met hetzelfde: elkaar.'

Stervocabulaire

desnoods	Maak je niet bezorgd over de betaling van je huur. **Desnoods** betaal ik het nu voor je, en betaal je me later terug.
fungeren	Deze kamer is te klein om als slaapkamer te gebruiken. Hij **fungeert** daarom als een soort kast.
opgroeien	We hadden een familiebedrijf. Ik ben **opgegroeid** met het idee dat ook ik later in ons bedrijf een baan zou krijgen.
opzeggen	Je moet je abonnement **opzeggen** voor de eerste van de volgende maand, anders loopt het weer een jaar door.

Vocabulaire

aarden	Het blijkt dat het belangrijk is dat er een plek op de wereld is waar je kunt **aarden**, waar je je helemaal goed voelt.
een band hebben met	Zijn zoon vond het niet erg om van school te veranderen, want hij **had** geen **band met** de onderwijzer en ook niet met de andere kinderen.
in je bloed zitten	Ik weet niet hoe het komt dat ik steeds wil verhuizen. Misschien **zit** het wel **in mijn bloed**, want mijn ouders woonden ook nooit ergens langer dan een paar jaar.
op één hand te tellen zijn	Ik heb je zo vaak gemaild! Dat is niet **op één hand te tellen**. En ik kreeg steeds geen reactie, dat vond ik zo raar!
de uitdaging	Je kunt een verhuizing naar een ander land zien als iets vervelends, maar je kunt het ook zien als een kans om nieuwe ervaringen op te doen, als een **uitdaging**.
vanwege	Ze wilde heel graag terug naar de Antillen, **vanwege** het klimaat. Ze wilde niet langer in een regenachtig land wonen.
vertrouwd	Voor kinderen is het belangrijk dat hun directe omgeving **vertrouwd** is.

opdracht 3

Welk vervolg past bij het begin?

1 We konden niet met de trein naar Amsterdam
a vanwege de staking van het spoorwegpersoneel.
b want de treinen fungeerden niet.

2 We hebben geen logeerkamer, maar
a desnoods ga ik zelf in de woonkamer slapen.
b het is een vertrouwde ruimte.

3 De vrienden die ik nog heb van de basisschool
a zitten in mijn bloed.
b zijn op één hand te tellen.

4 Ik wil op 1 mei verhuizen, dus
a ik heb de huur al op 15 maart opgezegd.
b ik kan hier niet aarden.

5 Als ik muziek hoor, moet ik dansen,
a vanwege mijn uitgebreide muziekcollectie.
b want dat zit me gewoon in het bloed.

6 Ze zijn aan het reorganiseren op onze school, dus
a dat is een echte uitdaging.
b de sportzaal fungeert nu als kantine.

7 Ik was snel gewend aan de nieuwe taal
a want alles klonk heel vertrouwd.
b want alles was op één hand te tellen.

8 Hij heeft behoefte aan rust en ruimte want
a dat heeft hij nooit opgezegd.
b hij is opgegroeid op het platteland van Canada.

9 Na een paar jaar zijn we toch weer verhuisd, want
a onze oudste zoon is daar opgegroeid.
b onze oudste zoon kon daar niet aarden.

10 Ik herken het nummer van mijn mobiel maar
   a ik kan het niet zo opzeggen.
   b ik heb er geen band mee.

11 Nederlanders in het buitenland vieren vaak nog Sinterklaas omdat
   a ze een band willen houden met hun eigen cultuur.
   b ze op deze manier desnoods elkaar kunnen helpen.

12 Sommige mensen zien er tegenop om van baan te veranderen, maar
   a ik kan mijn baan niet opzeggen.
   b ik zie dat eerder als een uitdaging.

opdracht 4

Herschrijf deze zinnen. Gebruik in elke zin een van de woorden uit de lijst.

1. Als hij ergens een paar jaar woont, wil hij weer weg. Die neiging te veranderen, dat hoort bij hem, dat lijkt wel aangeboren.
2. De cultuurverschillen waren te groot voor haar, ze kon zich daar echt niet thuis voelen.
3. Deze groep gebruikten we als experimentgroep.
4. Deze nieuwe functie is voor mij iets heel spannends en leuks om aan te beginnen.
5. Hij bracht zijn jeugd door in Amersfoort.
6. Ik had een abonnement op *Dutch for you*, maar ik ben ermee gestopt.
7. Paul reist niet veel voor zijn werk. Het aantal reizen per jaar is heel klein.
8. Ik zal je altijd helpen. Als het nodig is, mag je me ook 's nachts bellen.
9. Kun jij het alfabet van achter naar voor uitspreken, uit je hoofd?
10. Ook al heb je jaren niet gefietst, het voelt meteen weer heel bekend als je op een fiets stapt.
11. We zien elkaar misschien één keer in de vijf jaar, maar toch hebben we een goede relatie.
12. De groep kreeg 15 minuten extra voor de toets omdat het zo'n lawaai was op de gang.

Grammatica

In de tekst en het introductietekstje staan de volgende zinnen:

1 De meeste mensen kunnen het aantal landen **waar** ze hebben gewoond op één hand tellen.
2 Iemand **die** bijvoorbeeld in Nederland is opgegroeid, heeft boezemvrienden.
3 Ondanks het vaak wisselen van contacten heeft Thomas Swaak voor een baan gekozen **waarbij** hij geregeld moet reizen.
4 Wat gebeurt er met de roots van kinderen **die** in hun jeugd vaak verhuizen?
5 Expat Adriaan van den Berge heeft vijf kinderen in het buitenland grootgebracht, **van wie** de eerste drie in Nederland zijn geboren.
6 Mensen hebben iets nodig **waarmee** zij zich kunnen identificeren.
7 Bij het beginnen van een vriendschap denk je ook al aan het afscheid **dat** binnen twee of drie jaar komt.
8 Hij gaf zomaar 50 euro weg, **wat** de voorbijgangers zeer verbaasde.

In het vorige hoofdstuk heb je geleerd dat je het meeste leert door dingen uit te leggen. Dus: kun je op basis van deze zinnen uitleggen wat de regels voor het relatief pronomen zijn? Werk in groepjes.

opdracht 5

Vul in: **die** / **dat** / **wat** / **prepositie + wie** / **waar (+ prepositie)**

Je hebt een nieuwe baan. Op je eerste werkdag word je rondgeleid door een collega. Hij laat je het gebouw zien en stelt je voor aan allerlei mensen. Maar of je een positieve indruk krijgt?

We beginnen hier, met het gebouw ________ we nu zijn. Dit gebouw, ________ 'het hart' genoemd wordt, is het centrale deel van het bedrijf. Hier zitten de mensen ________ voor het management werken, en elk besluit ________ genomen wordt, komt hiervandaan. En natuurlijk zit hier ook onze directeur, ________ je al kennisgemaakt hebt in je eerste gesprek. Als er zaken zijn ________ je het niet eens bent, moet je hier zijn: de juridische afdeling. In de kamer daarnaast zit de afdeling personeelszaken. Daar zitten mensen ________ je terechtkunt met vragen over je contract, vakantiedagen, salaris en dergelijke. Zij hebben ook mensen in dienst ________ bemiddelen bij serieuze conflicten, ________ helaas steeds vaker voorkomen.

Het gebouw ________ hier tegenover staat, is het gebouw ________ de andere afdelingen gevestigd zijn. In dat gebouw is ook de grote kantine ________ je 's middags een warme maaltijd kunt krijgen, ________ heel handig is voor mensen die 's avonds nog moeten werken. Zij hoeven dan 's avonds laat niet meer voor hun eten te zorgen. Overwerken is iets ________ hier regelmatig voorkomt, maar ________ nooit iets wordt gezegd in de sollicitatiegesprekken. In de kantine gelden ongeschreven regels ________ iedereen zich houdt: de tafel ________ je gaat zitten, de groep ________ je eet, de gesprekken ________ je hebt tijdens het eten. Dat zijn dingen ________ je zelf moet ervaren, ik kan je die regels niet uitleggen.

Hier in deze gang is een ruimte ________ gerookt mag worden, voor de mensen ________ het echt niet kunnen laten. Het is een ruimte ________ veel discussie is geweest. Het was namelijk de ruimte ________ gereserveerd was voor vrouwen ________ hun baby daar borstvoeding konden geven. Nu moeten die vrouwen daarvoor zelf maar een plek zoeken op hun eigen afdeling, ________ altijd weer veel problemen oplevert.

Bij de ingang zitten de mensen van de receptie, ________ werkelijk iedereen kennen ________ hier werkt. De receptie is een afdeling ________ een belangrijke rol vervult in ons bedrijf. Er is iets belangrijks ________ ik je moet waarschuwen: ruzie maken met de receptionisten is het stomste ________ je kunt doen. Ze verspreiden dan roddels over je, ________ natuurlijk niet waar zijn maar ________ anderen graag geloven en doorvertellen.

Dan gaan we nu naar de afdeling ________ jij gaat werken, althans de eerste weken. Ik zal je voorstellen aan de mensen ________ je te maken hebt, en de collega's ________ je een kamer deelt.
Dit is Hans, ________ het bureau bij het raam heeft. Degene ________ bij de deur zit, heet Nico. Zij zullen je introduceren in het werk ________ je bent aangenomen. Naast Nico zit Marjanne, ________ drie maanden stage loopt bij ons.

Hans, Nico, Marjanne, mag ik jullie voorstellen aan jullie nieuwe collega, ________ jullie komt helpen bij jullie zware taken? Dit is ... eh, sorry. Hoe heet je eigenlijk?

opdracht 6

Reageer op de volgende vragen en maak gebruik van de woorden tussen haakjes. Denk om het juiste relatief pronomen.

Voorbeeld:
Wie is dit? (Maarten – samenwerken met)
Dit is Maarten met wie ik veel samenwerk.

1 Wie is dit? (Paul – een cursus Chinees volgen)
2 Wie zijn die mensen? (vrienden – uit eten gaan met)
3 Welk boek is het beste? (het boek – gebruiken in de vorige cursus)
4 Wat is een fototoestel? (een apparaat – foto's maken met)
5 Wie heb je aan de telefoon? (een medecursist – een boek krijgen van)
6 Wie is dit? (mijn vriendin – samenwonen met)
7 Wie zijn dat? (mensen – werken hier)
8 Welk schilderij vind je mooi? (het schilderij – daar hangen)
9 Wat zijn dat? (haakjes – jas hangen aan)
10 Welke sporten vind je leuk? (sporten – een bal gebruiken bij)
11 Wie heeft die e-mail geschreven? (Mieke – fiets uitlenen aan)
12 Wie wonen hier? (studenten – zes maanden in Nederland blijven)
13 Wat is een nieuwsgierig aagje? (iemand – alles willen weten)
14 Kent Denise Parijs goed? (de stad – komen uit)

Pak nu een tijdschrift en blader dat door. Zeg bij elke foto iets over die foto en maak daarbij gebruik van bijzinnen.
Bijvoorbeeld: Dit is een vrouw die groente verkoopt en die er oud uitziet.

opdracht 7

Geef extra informatie over de groengedrukte woorden.
Maak er een bijzin bij, die begint met die / dat / prepositie + wie / waar (+ prepositie)

Voorbeeld:
Er staat een artikel in de krant over het onderzoek.
Er staat een artikel in de krant over het onderzoek waaraan Anna meegewerkt heeft. / waar Anna aan meegewerkt heeft.

Voorbeeld:
Het onderzoek werd uitgevoerd in samenwerking met de TU.
Het onderzoek dat veel nieuwe inzichten heeft opgeleverd, werd uitgevoerd in samenwerking met de TU.

1 In het café wordt vaak gevochten.
2 Ik zoek een baantje.
3 Mijn collega is al drie maanden ziek.
4 Een paspoort kun je het beste naar het politiebureau brengen.
5 Als er problemen zijn, hoor ik dat graag.
6 Ik ben op zoek naar een tweedehands computer.
7 Zo'n apparaat heet een kurkentrekker.
8 In het artikel ontbreekt de conclusie.
9 De studie viel me tegen.
10 Mijn neef Richard is vorige week getrouwd.
11 Die film werd een groot succes.
12 Herinner je je de naam nog van de persoon?
13 De studenten kwamen allemaal te laat.
14 De cursus start in februari.
15 Hoe noem je zo'n ding?

Welkom in mijn land — opdracht 8

Iemand wordt naar jouw land uitgezonden. Jij moet die persoon informeren over jouw land. Je kunt daarbij denken aan:

- aantal inwoners
- klimaat
- ligging
- taal
- cultuur
- gewoonten
- verschillen met Nederland

Maak gebruik van relatieve bijzinnen. Bijvoorbeeld: **Het aantal inwoners dat ... / De stad die ... / De streek waar ...**

Je krijgt een paar minuten de tijd om deze opdracht voor te bereiden. Houd een korte presentatie van 2 minuten.

Op weg naar het Lagerhuis — track 4 + 5

Op weg naar het Lagerhuis is een televisieprogramma waarin scholieren in teamverband (per school) tegen/met elkaar debatteren.

De structuur van het programma is: de presentator geeft een stelling, een van de scholieren opent het debat met een uitgebreide reactie op de stelling, daarna mogen de anderen meediscussiëren. Wie iets wil zeggen, gaat staan. De presentator zegt wie het woord krijgt.

Je ziet fragmenten uit dit programma, rond twee stellingen.
De stellingen zijn:

- Scholieren moeten verplicht hun dag beginnen met een kwartiertje bewegen.
- Internet moet een vrijplaats blijven zonder van bovenaf opgelegde regels.

Je ziet beide fragmenten twee keer.

De eerste keer kijk je naar de fragmenten om naar de verschillende meningen te luisteren.
Er zijn mensen voor de stelling en er zijn mensen tegen. Ze gaan in op elkaars argumenten.

Vraag 1
Welk argument sprak je het meest aan? Welk argument vond je het sterkst?

Je ziet het fragment nog een keer. Let nu op het taalgebruik in het debat.
Je ziet hier steeds paren zinnen, die ongeveer hetzelfde betekenen.

Vraag 2
Welke zin werd gebruikt in het fragment? De paren staan in volgorde van het fragment.

Stelling 1
Scholieren moeten verplicht hun dag beginnen met een kwartiertje bewegen.

1 a ..., zoals Menno net al zei, ...
b ..., dat zei Menno ook, ...

2 a Volgens mij moeten we hier wat aan doen.
b Het lijkt me duidelijk dat we hier wat aan moeten doen.

3 a een samenspel namelijk van te weinig beweging en slecht voedsel.
b want het is een samenspel van te weinig beweging en slecht voedsel.

4 a Ik ben het helemaal met je eens.
b Je hebt helemaal gelijk.

5 a Een goede mogelijkheid is ...
b Wat we kunnen doen is ...

6 a Ik denk dat het wel degelijk werkt.
b Ik ben er zeker van dat het werkt.

7 a ... vanwege twee punten.
b ... om twee redenen.

8 a in de eerste plaats... , in de tweede plaats ...
b ten eerste ..., ten tweede ...

9 a Als we ervan uitgaan dat dat kwartiertje wel helpt.
b Stel nou dat dat kwartiertje wel helpt.

10 a Volgens mij kan het prima.
b Ik denk dat het prima kan.

11 a Bovendien wordt endorfine aangemaakt.
b Daarbij wordt endorfine aangemaakt.

12 a Het is niet zo dat je dingen los van elkaar kunt zien.
b Je kunt die dingen niet los van elkaar zien.

Stelling 2
Internet moet een vrijplaats blijven zonder van bovenaf opgelegde regels.

1 a Op deze manier houden wij een vrije markt in stand.
b Zo houden wij een vrije markt in stand.

2 a Daarom, dynamisch beleid is hetgene dat bij internet past.
b Dus dynamisch beleid is hetgene dat bij internet past.

3 a Ten eerste wil ik even zeggen, ...
b Om te beginnen wil ik zeggen ...

4 a Dus jij vindt dat ...
b Dus volgens jou ...

5 a En dat vind ik prima.
b En daar ben ik vóór.

6 a Waar ik bang voor ben ...
b Wat mij afschuwelijk lijkt ...

7 a Ik wil nog eens terugkomen op ...
b Ik wil nog iets toevoegen aan ...

8 a Het punt is dat ...
b Het probleem is dat ...

Vraag 3
Wat vind je positief aan het programma *Lagerhuis*?

meerdere argumenten

Als je meer argumenten aanvoert om een standpunt te verdedigen of aan te vallen, dan is dat een sterkere argumentatie. Om de verschillende argumenten te onderscheiden, kun je de volgende woorden gebruiken:

- Ten eerste, ten tweede, tot slot.
- Een ander argument is dat ...
- Zelfs als dit niet opgaat, dan nog ...
- Overigens ...
- Trouwens ...
- Behalve dat ...
- Daarbij komt ...
- Bovendien ...
- Daarnaast ...
- ... een reden temeer om ...
- ... vooral ook omdat ...
- Wat nog belangrijker is ...

Voorbeelden:
Het werk van Guus Meeuwis is veranderd in de loop der jaren. Ten eerste is zijn stem niet meer geschikt voor harde meezingers. Ten tweede heeft hij zin om zich van een andere kant te laten zien aan het publiek. Ten slotte is zijn leven zo anders dan tien jaar geleden, dat hij nu wel andere teksten moet zingen.
Hij speelt het liefst in kleine theaters, die sfeer maakt hem ontspannen. Een ander argument is dat hij daar direct kan reageren op de zaal.
De liedjes zijn erg geliefd bij brede lagen van de bevolking. De teksten zijn meestal erg herkenbaar. Zelfs als dit niet opgaat, dan nog spreken de teksten aan: ook twaalf- dertienjarigen houden van zijn muziek.

Hij is populair bij oud en jong, in alle lagen van de bevolking. Overigens, niet alleen bij vrouwen: van de Nederlandse mannen noemt 52 procent hem als meest aansprekende Nederlandstalige zanger.
Er is een soort constante bewondering voor zijn werk. Hij heeft trouwens al veel popprijzen en luisterliedprijzen gewonnen.
Behalve dat zijn eigen ervaringen een rol spelen in zijn teksten, gebruikt hij ook verhalen van vrienden en kennissen.
Ze oefenen op een industrieterrein. Daar kunnen ze zich goed concentreren. Daarbij komt dat ze er ongestoord lawaai kunnen maken.
Hij heeft geen zin meer om feestnummers te maken. Bovendien is dat niet zo gemakkelijk als het lijkt.
Hij heeft veel bewondering voor een aantal Nederlandse zangers. Daarnaast is hij fan van Bruce Springsteen en Coldplay.
Vijf jaar geleden werd hij geopereerd aan zijn stem, een reden temeer om eens goed na te denken over de muziek die hij wilde maken.
Toch speelt hij zijn feestnummers nog regelmatig, vooral ook omdat het publiek er altijd zo leuk op reageert.
Hij verdient intussen een aardige boterham met deze ‘hobby’, en wat nog belangrijker is: hij doet het nog steeds met plezier.

Standpunten — opdracht 9

Kies een standpunt bij onderstaande kwesties. Bedenk er twee argumenten bij. Maak je standpunt en argumenten als zodanig herkenbaar door de passende woorden te gebruiken.

1 Tegenwoordig worden nieuwe hits vooral met sexy videoclips vertoond. Muziekzenders moeten stoppen met sexy videoclips.
2 De krant wordt overbodig.
3 In Nederland moet je alles kunnen zeggen wat je wilt.
4 Nederlanders moeten geen Engels maar Nederlands tegen buitenlanders spreken.
5 Werkgevers moeten mensen makkelijker kunnen ontslaan.
6 Roken mag alleen nog op speciale plekken waar andere mensen er geen last van hebben.

Stelling met argumenten — opdracht 10

Kies een stelling uit de opdracht hierboven. Schrijf daarover een tekst van 150-300 woorden. Je moet twee argumenten voor en twee argumenten tegen in je tekst verwerken. Gebruik minimaal twee woorden (woordgroepen) uit de informatie bij argumenten.

'Het koningshuis is een sprookje'

Roger Cohen

Koningin Beatrix bezocht vorige week Groningen, waar de rechtenfaculteit een congres organiseerde over de toekomst van de Nederlandse monarchie. In de UK geeft een dwarsdoorsnede van RUG zijn visie. 'Ik vind het wel mooi dat Beatrix een beetje macht heeft bij de formatie.'

Michel de Groot

Douwe Jan Elzinga, hoogleraar staatsrecht en voorzitter van het jubileumcongres:

'De toekomst van de monarchie ziet er vooralsnog goed uit. Het is belangrijk dat de koningin een neutrale positie inneemt. In Duitsland woedt nu een discussie over de partijdigheid van de president. Dat zou in Nederland nooit gebeuren, dankzij de vaste rituelen en procedures die de monarchie omgeven. Als de koningin zich ook nog blijft concentreren op haar samenbindende rol, dan heeft de monarchie een aardige toekomst.'

Aly de Vries, communicatiemedewerker bij economie:

'Met de Europese eenwording moeten we wel onze identiteit behouden. Niet alles hoeft hetzelfde te worden. Daarom ben ik voor de monarchie. De wereld om ons heen wordt steeds harder: er blijft behoefte aan romantiek. Het koningshuis is een sprookje. Het bewaart ook grote afstand om dat sprookje in stand te houden. Ik zou de monarchie niet minder macht geven. De koningin moet toch wat te doen hebben.'

Wouter Brink, vierdejaars geschiedenis:

'Ik heb geen behoefte aan die sprookjesfunctie. Daar hoef je geen officiële instantie voor te hebben. Ik vind het koningshuis achterhaald. Ik ben voor een gekozen staatshoofd, dat ter verantwoording kan worden geroepen, dat afgezet kan worden en dat moet nadenken over herverkiezing. Dit koningshuis kost veel te veel geld. Ik heb voor dat geld liever een behoorlijke institutie.'

Wim Brakman, baliemedewerker UB:
'Elk land heeft een staatshoofd. Hier is het een koningin, in andere landen is het een president. Een staatshoofd is er voor de PR. Nou de PR voor Nederland is zo prima. Als er in het buitenland een president op bezoek komt, interesseert het niemand wat. Maar als er een koningin langskomt uit een familie die al vierhonderd jaar de baas is, dan is er wel belangstelling. De koningin is een goed uithangbord voor Nederland.'

Jeroen Bulthuis, vijfdejaars technische planologie:
'Eigenlijk ben ik principieel tegen een monarchie. Het is een raar systeem dat rationeel niet uit te leggen valt. Maar het gaat zo heel goed. Ik vind het wel mooi dat Beatrix een beetje macht heeft bij de formatie. Dat is eigenlijk best goed, een extra zekering in het systeem. De toekomst? Dat hangt ervan af. Het terugdringen van de macht van het koningshuis is onomkeerbaar. De leden van het koningshuis hebben macht zolang ze het goed doen. Zodra ze het verprutsen, zijn ze de macht kwijt.'

Ineke Veldhuis-Meester, oud-docent geschiedenis bij de UCLO, werd bij haar pensioen op 30 september benoemd tot Ridder in de Orde van Oranje-Nassau:
'Ik vind het koningschap een prachtig bindend element. Beatrix is een positief mens. Een superintellect. Het buitenland is jaloers. Het koningshuis geeft meer continuïteit dan een steeds wisselende president. Een president is niet beter. Kiezers kiezen niet de beste kandidaat als president, maar de kandidaat die het beste overkomt.'

Morten Engholm, Deen en docent Deens en Scandinavische cultuurgeschiedenis bij Letteren.
'Als ik het vergelijk met het Deense koningshuis, dan geeft Beatrix vaker haar eigen mening. Bij ons voert de koningin alleen symbolische taken uit. Ze heeft helemaal geen invloed. Dat is een goed systeem.

In Denemarken is het koningshuis populairder dan hier: 95 procent van de Denen steunt het. Er is weinig kritiek op het koningshuis. De toekomst is goed voor de Europese koningshuizen. Het zijn belangrijke symbolen voor de bevolking. Het is iets typisch Deens, of iets typisch Nederlands. Ik vind het een positieve versie van nationalisme.'

Universiteitskrant Groningen 6,
6 december 2005

Beantwoord de volgende vragen.

1 Het koningshuis is een sprookje, zegt Aly de Vries. Hoe is dat bedoeld?
a positief (iets moois)
b negatief (iets onzinnigs, een verzonnen verhaal)

2 Wie is explicieter in zijn mening tegen het koningshuis, Wouter Brink of Jeroen Bulthuis?
a Wouter Brink
b Jeroen Bulthuis

3 Wie van de geïnterviewden gaat het meest in op de rol van het koningshuis ten opzichte van het buitenland?
a Douwe Jan Elzinga
b Wim Brakman
c Ineke Veldhuis-Meester

4 Morten Egholm vergelijkt de Deense en de Nederlandse monarchie. Welk systeem vindt hij goed?
a Het Nederlandse
b Het Deense
c Geen van beide, hij is tegen de monarchie

Stervocabulaire

baat hebben bij Deze groep is kleiner dan gewone groepen op een basisschool. Deze kinderen **hebben baat bij** individuele aandacht.

dankzij Het was op Koninginnedag gezellig druk in de stad, **dankzij** het mooie weer.

de invloed Heeft het weer **invloed** op jouw stemming? Voel jij je somber als het regent?

ontkennen Hoewel meerdere mensen hem die avond in de discotheek hadden gezien, **ontkende** hij alles. Hij zei dat hij zelfs nog nooit in die discotheek was geweest.

verstrekken	Je hoeft geen brood mee te nemen. Hier staat dat de organisatie lunchpakketten voor de deelnemers **verstrekt**.

Vocabulaire

achterhaald	Ik vind het koningshuis **achterhaald**. Zoiets met prinsen en prinsessen is toch niet van deze tijd?
behouden	In dit museum zie je allerlei dingen uit het dagelijks leven die het waard zijn om te **behouden**.
verprutsen	Ik vroeg of zij mijn gordijnen korter kon maken, maar ze heeft ze helemaal **verprutst**. De gordijnen hangen nu scheef, en aan een kant zijn ze nog te lang.
vooralsnog	Voor de monarchie ziet de toekomst er **vooralsnog** goed uit. Ik verwacht de eerste tijd weinig veranderingen.

↔ **opdracht 11**

Bespreek met elkaar de volgende vragen.

1. Is het dankzij de media dat er tegenwoordig meer aandacht is voor alle ellende in de wereld?
2. Wat kun je doen om je eigen cultuur te behouden als je in een ander land woont?
3. Vind jij de krant een achterhaald medium?
4. Heeft muziek invloed op de sfeer, bijvoorbeeld in een restaurant?
5. Hebben daklozen er baat bij dat er huisvesting voor hen geregeld wordt?
6. Blijf je hier vooralsnog wonen?
7. Wat kun je doen als je een toets hebt verprutst?
8. Als je iets dubbel ontkent, wordt de betekenis dan positief? Bijvoorbeeld: ik win nooit niets.
9. Werden bij jou vroeger de boeken door de school verstrekt, of moest je ze zelf kopen?

opdracht 12

Reageer op deze vragen. Gebruik in je reactie een van de woorden uit het vocabulaire.

1 Moet je een sollicitatiebrief met de hand schrijven?
2 Waarom vieren veel Nederlanders in het buitenland Sinterklaas en Koninginnedag?
3 Hij reed slingerend met zijn auto over de weg. Wat was er aan de hand?
4 Wat zou je doen als de politie zou zeggen dat jij een aanslag op de koningin had voorbereid?
5 Heb je gemakkelijk woonruimte kunnen vinden toen je ging studeren?
6 Wat gebeurt er bij een methadonpost?
7 Waarom is die journalist ontslagen bij de radio?
8 Ga je binnenkort een andere baan zoeken?
9 Waarom drinken veel mensen warme melk als ze niet kunnen slapen?

Vragen over Oranje — opdracht 13

Bedenk een vraag over het koningshuis. Ga daarna naar de site www.koninklijkhuis.nl en kijk of je het antwoord op je vraag kunt vinden. Presenteer je vraag en je antwoord aan de groep.

Mening over het koningshuis — opdracht 14

Lees de tekst 'Het koningshuis is een sprookje'. Schrijf een tekst waarin je de verschillende meningen over het koningshuis weergeeft die in die tekst genoemd worden. Geef ook je eigen mening.

Monarchie of republiek? — opdracht 15

Houd een presentatie van 2 minuten waarin je vertelt of je voor een monarchie of republiek bent. Ga daarbij in op de positieve en negatieve kanten van beide systemen.
Je krijgt 2 minuten voorbereidingstijd.

Monarchie

- De koningin heeft een samenbindende rol.
- Een koningshuis heeft alleen een symbolische functie.
- Een koningshuis is goede reclame voor een land.
- Een monarchie kost veel te veel geld.
- Een monarchie is een achterhaald systeem.
- Iemand wordt koning of koningin door geboorte.

Republiek

- Men kiest een president vanwege zijn kwaliteiten.
- Als een president niet goed functioneert, kan hij worden afgezet.
- Een republiek is meer van deze tijd.
- Een republiek is een efficiënt systeem.
- Wie president wordt, is een kwestie van geld en machtsspelletjes.
- Een president staat niet boven de partijen.
- Een president kan gevoelig zijn voor corruptie.

Uitbreiding grammatica

Naast de relatieve pronomina die al eerder in dit hoofdstuk besproken zijn, zijn er ook nog de volgende:
welk(e)
wiens / wier

Welk(e) wordt vooral in de schrijftaal gebruikt. In de spreektaal wordt de voorkeur aan die of dat gegeven.

> De regels welke in acht moeten worden genomen, zijn ....
> Het besluit welk onlangs genomen is, ...

Na bepaalde voorzetsels moet je welk(e) gebruiken:

> Mijn visum, zonder welk ik niet kan vertrekken, heb ik al in april aangevraagd.
> Het besluit krachtens welk ik recht heb op vergoeding, is onlangs veranderd.

De woordgroep met welk(e) verwijst naar een hele zin of naar iets wat in het gezegde van die zin wordt uitgedrukt.

Hij verloor de partij kansloos, welke vernedering hij maar moeilijk te boven kon komen.
Hij is bijzonder ondernemend, welke kwaliteit hem in die omgeving goed van pas komt.

Wiens wordt gebruikt als het verwijst naar een mannelijk persoon enkelvoud.

De man wiens vader onlangs gestorven is, ...

Wier wordt gebruikt als het verwijst naar een vrouwelijk persoon enkelvoud of naar meervoud.

De vrouw wier kinderen allen in het buitenland wonen, ...

Wiens en wier worden vooral gebruikt in formele geschreven taal. Het kan vervangen worden door van wie + de/het ...
In informeel gesproken taalgebruik hoor je ook wel wie z'n en wie d'r.

De man wie z'n fiets gestolen is, ...
De vrouw wie d'r boeken in het klaslokaal zijn blijven liggen, ...

opdracht 16

Vervang welke, wier of wiens, indien mogelijk.

1 Een ieder heeft recht op daadwerkelijke rechtshulp van bevoegde nationale rechterlijke instanties tegen handelingen welke in strijd zijn met de grondrechten hem toegekend bij Grondwet of wet.

2 Een ieder heeft plichten jegens de gemeenschap, zonder welke de vrije en volledige ontplooiing van zijn persoonlijkheid niet mogelijk is.

3 Beroemde Belgen als de saxofoonuitvinder Adolphe Sax en de kunstschilder James Ensor, wier portretten op de voorzijde van Belgische bankbiljetten stonden, zijn verdwenen op de eurobiljetten.

4 Je moet wel andere programma's welke van de gps-antenne gebruik maken, afsluiten.

5 De aannemer wiens registratie geweigerd of geschrapt is, kan binnen de 20 dagen vragen om gehoord te worden door de registratiecommissie.

6 Bij zaken welke door of namens de koper zelf worden ver- en/of bewerkt dient de koper zich onmiddellijk bij de ontvangst van deze zaken van de goede staat daarvan te overtuigen.

7 In het Huishoudelijk Reglement en het Opleidingsreglement worden de in dit artikel sub II.a. bedoelde voorwaarde nader uitgewerkt, evenals de procedure volgens welke men het lidmaatschap als Opleidingslid-NVGP kan verwerven.

8 Door niet adequaat optreden van hulpverleningsorganisaties sterven er mensen wier leven nog gered had kunnen worden.

9 Aanleiding voor die beslissing was de beslissing welke de Commissie van Beroep heeft genomen op het beroep van Unitas omtrent het meespelen van de heer Riemens in de wedstrijd Unitas II – Groningen IV op 14 november 1993.

10 Een plaatsvervangend lid voldoet aan dezelfde kwalificaties als het lid van de Klachtencommissie wiens werkzaamheden hij wordt geacht waar te nemen.

De club van 100 — opdracht 17

Op de site www.sites.omroep.nl/clubvan100/index.do vind je informatie over de club van 100. Dit is een club die probeert de wereld te verbeteren. Bekijk de website en kies een categorie die aansluit bij wat jij te bieden hebt. Is er ook iets waarvoor jij de hulp van anderen nodig hebt?
Bespreek de uitkomsten in groepjes.
Wat vind je van dit initiatief?

Therapeutisch schrijven — track 6

Binnen de club van 100 biedt Theodoor Holman, schrijver en columnist een workshop therapeutisch schrijven aan.

Overleg in tweetallen deze vragen vooraf:

1 Bedenk drie overwegingen die mensen kunnen hebben om naar zo'n workshop te gaan.

2 Saskia heeft er last van dat ze moeite heeft met *nee* zeggen. Ze moet de volgende zin op 15 verschillende manieren afmaken: Ik heb moeite met nee zeggen omdat ...
Welke redenen zou ze kunnen hebben?

3 Ellen heeft last van vergeetachtigheid. Zij schrijft 15 keer: Ik heb last van vergeetachtigheid omdat ...
Welke redenen zou zij kunnen hebben?

Luister en kijk nu naar het beeldfragment. Vergelijk je antwoorden met wat in het fragment wordt gezegd.

Tot slot: Wat moeten de deelnemers doen met hun 15 zinnen?

Politieke partijen — opdracht 18

Ga naar de site www.rug.nl/dnpp/politiekepartijen.
Aan de linkerkant zie je een aantal politieke partijen. Bekijk de sites van twee verschillende politieke partijen en kijk bij hun standpunten. Van de partijen die je bekeken hebt, presenteer je één positief punt.

Even snel met Donny een goed doel steunen

Door Marleen Luijt

Vanaf medio oktober zijn doneerkaartjes – Donny's – te koop. De klant kan snel en anoniem een schenking doen. De donatie als impulsaankoop.

Waarom zijn goede doelen eigenlijk geen producten die gewoon in de winkel liggen? Dat vroeg Bjørn van Raaij zich een paar jaar geleden af. Van Raaij studeerde in Delft civiele techniek. Hij besloot het idee onder de naam Donnycards met drie andere pas afgestudeerden uit te werken. Ze bedachten de Donny, een kaartje met een streepjescode waarmee direct een anonieme donatie gedaan kan worden aan een goed doel. Een jaar geleden ontvingen ze hiervoor de Herman Wijffels aanmoedigingsprijs. Vanaf medio oktober liggen de Donny's bij Haan Tankstations.

Het absolute bedrag dat Nederlanders schenken aan goede doelen neemt niet af, maar de donatie als onderdeel van het inkomen daalt wel. Het probleem is, ontdekten de vier, dat mensen niet direct vast willen zitten aan een organisatie als ze een donatie doen. En vooral niet aan de bladen, folders en acceptgiro's die oproepen om nog een keer een donatie te doen. Bram van Driel, een van de vier partners: 'Het zijn vooral de jongeren die geen vaste band willen met het goede doel, net als ikzelf. Ik wil best wel doneren, maar dan wel anoniem en snel. En dat kan met een Donny.'

Tot nu toe hebben het Nederlandse Rode Kruis, Amnesty International, het Wereld NatuurFonds, SOS Kinderdorpen en Novib toegezegd mee te doen. De Donny's kosten 2 euro per stuk, waarvan in ieder geval 75 procent naar het goede doel gaat. Het geld komt via de rekening van de stichting van Donnycards bij het goede doel terecht. Op de kassabon staat de schenking vermeld en op de achterkant van de doneerkaart staat het project dat je steunt. Dat kunnen de bossen in Borneo zijn of de vrouwenrechten in Irak. Op de website van Donny is te zien hoeveel er naar 'jouw' project is gegaan.

Mandy Gerardu, fondswerver bij het Rode Kruis, noemt de Donny 'een laagdrempelige manier van doneren'. Hij hoopt dat de donatie een impulsaankoop wordt. Het Rode Kruis heeft tot nu toe, net als de andere goede doelen, een kleine bijdrage van zo'n 2.500 euro gedaan aan Donnycards. 'Onze traditionele methodes zoals de collectebus en straatwerving werken ook nog goed, maar we merken dat de werving van nieuwe donateurs via brieven en acceptgiro's minder gaat. We staan open voor nieuwe methodes, maar uiteindelijk kijken we bij deze Donny's wel naar de harde cijfers.'

Ook voor het Wereld Natuurfonds en Amnesty International tellen de resultaten. Pascal de Smit, hoofd fondsen- en ledenwerving bij Amnesty: 'We zijn met meer nieuwe ideeën bezig, zoals Call4Care, een nieuwe aanbieder van mobiele telefonie die 15 procent van de gebruikskosten beschikbaar stelt aan een goed doel naar keuze. Ook deze Donny's moeten de potentie hebben om voor ons structureel een nieuwe bron van inkomsten te worden. We verwachten met de Donny's minimaal 10.000 euro per jaar op te halen.' Vooralsnog liggen de doneerkaartjes vanaf 17 oktober alleen bij dertig benzinestations van Haan. Het product is rendabel bij 200 winkels. Van Driel: 'We willen natuurlijk dat ze ook in de supermarkt komen te liggen.'

www.hetnieuwedoneren.nl

NRC Handelsblad, 11 oktober 2005

Beantwoord de volgende vragen:

1 Met welk probleem hebben de organisaties voor goede doelen in Nederland steeds meer te maken?
   a Die organisaties zijn te anoniem, mensen voelen zich er niet mee verbonden.
   b Nederlanders geven liever aan grote internationale projecten.
   c Mensen willen geen vaste band met bepaalde goede doelen.

2 Hoeveel krijgt het goede doel bij de verkoop van een Donny?
   a € 2,-
   b € 0,75
   c € 1,50

3 Welk woord moet op de plaats van de streep staan?
   Het Rode Kruis stelt zich __________ op ten opzichte van de Donny.
   a afwachtend
   b kritisch
   c afwijzend

4 Op hoeveel plaatsen waren Donny's te koop toen deze tekst verscheen?
   a 30
   b 200
   c 15

EXTRA

het

- Ik weet het nog niet.
- Ik snap het al.
- Omdat ik het niet geloof.
- Sorry, ik heb het niet goed verstaan.
- Ik vind het niet zo'n goed idee.
- Ik denk het niet.
- Ik heb het al gehoord.
- Ruik je het niet?
- Ik vergeet het altijd.
- We hebben het net over jou.
- Dit apparaat doet het niet.

opdracht 19

Geef een reactie met het woord tussen haakjes. Gebruik ook **het** of **dat** in je reactie.

1 Heb je gehoord of de uitslagen van het tentamen al bekend zijn? (**weten**)
2 Sorry dat ik de afspraak moet afzeggen, maar ik voel me erg beroerd. (**begrijpen**)
3 Heb je gisteren genoten in het theater? (**vinden**)
4 Hé, het licht stond nog op rood, hoor! (**zien**)
5 Jammer dat je niet meegaat om wat te drinken. (**druk hebben**)
6 Wil je aan Ruben doorgeven dat ik wat later kom? (**zeggen**)
7 Geef jij even door dat ik wat later kom? (**doen**)
8 Wat een handig apparaatje! (**gebruiken**)
9 Heb je doorgegeven wanneer je op vakantie gaat? (**vergeten**)
10 Ik weet dat het absurd klinkt, maar het is echt waar. (**geloven**)
11 Muziek downloaden is echt niet moeilijk. (**proberen**)
12 Kun je je vakantie een week naar voren schuiven? (**overleggen**)
13 Waarom kijk je me zo wantrouwend aan?
(**geloven**) Omdat ...
14 Kom op, je kunt het best!
(**proberen**) Ik ...
15 Fantastisch dat je dat wil doen!
(**druk hebben**) Ja, hoewel ...
16 Moest je als kind elke dag 3 kilometer naar school lopen?
(**vinden**) Toen ...
17 O, je bent vorige week niet naar het college geweest.
(**weten**) Ja, daarom ...
18 Wim heeft beloofd dat hij dat zou regelen.
(**zeggen**) Heeft hij ...
19 De vergadering van vanmiddag is in kamer 45.
(**doorgeven**) Ik ...
20 Wat raar dat Gea er nog niet is.
(**vergeten**) Misschien ...
21 Ik ben te emotioneel nu, ik kan er niet over praten.
(**begrijpen**) Goed, ...
22 Waarom haal je geen koffie uit de automaat die in de gang staat?
(**doen**) Omdat ...

LITERATUURFRAGMENT

In 1837 worden Kwasi en Kwame, twee Afrikaanse prinsjes, geschonken aan koning Willem I. De kinderen dienen als onderpand voor een illegale slavenhandel van de Nederlandse regering. In Delft worden de jongens als Hollanders opgevoed. Kwasi past zich uit alle macht aan en wil een echte Nederlander worden, Kwame vecht om zijn Afrikaanse identiteit te behouden en wil weer terugkeren naar zijn volk.
Dit fragment gaat over het leren van de taal.

WOORDEN

De verwerving van een nieuwe taal was het enige waarmee wij al een begin hadden gemaakt. Zodra we Afrika achter ons hadden, zagen we ons genoodzaakt onze wensen kenbaar te maken zonder tolk. In de korte tijd die een kind daarvoor nodig heeft, raakten we vertrouwd met het Hollandse gegorgel. Het was als met het kwetteren van vogels: je verstaat ze niet, maar praat net zo lang tegen ze aan tot je betekenis denkt te horen in redeloos gezang. 's Avonds in bed bauw je ze zo'n beetje na, je lacht er samen om en voordat je het weet gaat je mond ernaar staan.

Toen wij in Hellevoetsluis aan land gingen, hadden we een kleine schat aan Nederlandse woorden, die we tijdens ons verblijf in de kazerne verder uitbreidden. We konden ons verstaanbaar maken. Verstaanbaar zijn is iets anders dan begrepen worden. Het is een aangename toestand voor een vreemdeling in een nieuw land. Hij kan voldoende voor zichzelf opkomen, maar is nog doof voor alle bijbetekenissen, kwinkslagen, intonaties en terzijdes. Het is een zwevende toestand die hem beschermt tegen verbale kwetsuren, terwijl het hem zo alert houdt dat hij van elk woord snoept tot hij smaak van bijsmaak heeft leren onderscheiden. Men doet zijn best voor de nieuwkomer en verwacht nog weinig van hem terug. Er is een overgave, alsof hij wordt gestreeld zonder iets terug te hoeven doen.

Uit: Arthur Japin (1997) *De zwarte met het witte hart*. Amsterdam: Uitgeverij De Arbeiderspers, p. 110.

EINDVRAAG

Soms lees je iets in de krant waarvan je denkt: Hé, dat is positief nieuws! Wat fijn dat er ook zulke goede dingen gebeuren in de wereld!
Kun jij je dergelijk nieuws herinneren?

REFLECTIE

- Wat heb je in dit hoofdstuk geleerd?
- Wat beheers je nu voldoende?
- Wat beheers je nog niet voldoende? Op welke manier kun je eraan werken om dat wel te beheersen?

- Welke woorden ken je nu rond het thema 'positief'?
- Maak in tweetallen een woordweb rond dit woord.

4 Agressief

Lieveheersbeestjes zijn van oudsher de knuffeldiertjes onder de insecten

en staan symbool voor geluk en liefde. Het lieveheersbeestje op de foto is het logo van de Landelijke Stichting Tegen Zinloos Geweld. Om mensen stil te laten staan bij de gevolgen van zinloos geweld plaatst de stichting door heel Nederland stoeptegels met het lieveheersbeestje. Je vindt hem op openbare plekken als treinperrons, schoolpleinen, winkelstraten en tankstations.

Stoeptegel — opdracht 1

Denk je dat een dergelijke stoeptegel effect heeft? Zijn er andere dingen die meer effect hebben?

Fiets gestolen!

Welke onderdelen van een fiets ken je? Bijvoorbeeld: spaak
Wat kan er met die onderdelen misgaan? Bijvoorbeeld: een spaak kan breken

Lees nu de volgende tekst.

Fiets gestolen!

1982. Mijn fiets was mijn alles. Dag en nacht dwarrelde ik door de stad op mijn fiets. Van café naar meisje naar huis naar afspraak naar winkel naar bioscoop naar wat dan ook. Dag & nacht. Op een dag was hij weg. Gejat. Het was mijn derde fiets die maand. Oké, het hoort bij de stad, maar toch. Ik had gloeiend de pest in. Hoeveel mocht ik weer neertellen voor een nieuwe tweedehands? En hoe lang zou ik die dan hebben? Het geld en het ongemak. Ik baalde.

Vier dagen later wandelde ik door de buurt en zag mijn fiets. Een jongen van een jaar of dertig peddelde vrolijk de Romeinsarmsteeg in. Ik twijfelde geen seconde en zette een sprintje in onder de uitroep: 'Hé klootzak, dat is mijn fiets!'

De man schrok, sprong van de fiets en rende richting Herengracht. Ik had geen zin om de dief te vangen. Ten eerste was de man veel sterker en ten tweede: wat moet je dan? Ik ontfermde me over mijn neergesmeten rijwiel. Die had ik gelukkig weer terug. Ik sprong erop en reed richting huis, maar ik voelde het onmiddellijk: dit was mijn fiets niet. De kleur klopte, de grootte ook, net als het merk. Maar het was hem niet. Andere bel, iets ander stuur, strakkere rem en zowaar licht op de fiets. Ik had nog nooit een fiets met licht gehad.

Sinds 16 juni 1982 heb ik geen fiets meer, maar roep ik op het moment dat ik ergens naartoe moet tegen een willekeurige voorbijfietser: 'Hé klootzak, dat is mijn fiets!' In negen van de tien gevallen springt hij of zij van de fiets en zet het op een lopen.

Goed idee? Graag gedaan.

Vara-gids 13, 2004

Beantwoord de volgende vragen:

1 Welke werkwoorden die een beweging aangeven, worden in de tekst genoemd?
2 Welke synoniemen ken je voor *stelen?*
3 Welke synoniemen ken je voor *balen*?

Stervocabulaire

de bekeuring	Alleen de politie mag **bekeuringen** geven voor overtredingen. Je moet dan een bepaald bedrag betalen.
overgeven	Na een lange strijd **gaven** de soldaten zich **over**. Het verlies was duidelijk.
zich schamen	Ik **schaam me** dood want ze hoorde dat ik over haar roddelde.
schuldig	Als je als automobilist een fietser aanrijdt, ben je in principe altijd **schuldig**, bijvoorbeeld ook als die fietser zonder licht rijdt, of op de verkeerde weghelft.
stelen	Mijn scooter is **gestolen** tussen half acht en half tien. Toen ik na mijn werk buitenkwam, was hij weg.
verdenken	Ik **verdenk** die fietsenmaker ervan dat hij de banden expres niet goed plakt, zodat je na een week weer een lekke band hebt. Je kunt zoiets natuurlijk moeilijk bewijzen.
vloeken	Toen Agnes merkte dat ze de trein had gemist, **vloekte** ze. Een man op het perron keek haar aan. 'Wat een taal voor een jongedame!' zei hij.

Vocabulaire

jatten	Let goed op je spullen want in deze discotheek wordt veel **gejat**. Vorige week ben ik mijn jas hier kwijtgeraakt.
het op een lopen zetten	Toen de inbreker merkte dat er iemand thuis was, rende hij de straat op en **zette het op een lopen**. We hebben dus niet gezien hoe hij eruitzag.
peddelen	We hadden de wind in de rug en zo **peddelden** we rustig richting Lelystad. Op die manier is fietsen aangenaam!
de pest in hebben	Mijn broer **heeft de pest in** want zijn baas wil zijn contract niet verlengen.

opdracht 2

Bedenk met welke prepositie deze woorden meestal gecombineerd worden. Maak dan ook een zin met die prepositie en het woord tussen haakjes.

1 schuldig ...... (moord)
2 zich schamen ...... (rommel)
3 verdenken ...... (vervalsing van gegevens)
4 zich overgeven ...... (politie)
5 vloeken ...... (oranje)

opdracht 3

Werk in tweetallen.

Je gaat een verhaal vertellen over een vervelende gebeurtenis: je hebt de laptop van een vriend(in) geleend om een werkstuk af te maken. Je zit met die laptop in de bibliotheek te werken. Op een bepaald moment ga je even naar de wc. Als je terugkomt, zie je dat de laptop niet meer op de tafel staat!

Vertel aan een andere vriend(in) wat er gebeurd is. Probeer daarbij alle woorden uit het vocabulaire te gebruiken. De tweede persoon helpt je, door vragen te stellen met daarin een van die woorden, of vragen te stellen waardoor je een van die woorden goed kunt gebruiken.
Je hoeft de woorden niet in de gegeven volgorde te gebruiken.

Aangifte doen — opdracht 4

Je fiets is gisteren gestolen. Je doet aangifte bij de politie. Je moet je fiets en de plaats waar je fiets gestolen is, zo nauwkeurig mogelijk omschrijven.

Grammatica

Vertellen over het verleden

Het Nederlands heeft drie grammaticale manieren om te vertellen over het verleden.

Imperfectum	Ik zag Paula in de trein naar Amersfoort.
Perfectum	Ik heb Paula gezien in de trein naar Amersfoort.
Plusquamperfectum	Ik had Paula gezien in de trein naar Amersfoort.

Wanneer gebruik je welke vorm?
Het hangt ervan af wat je wilt doen: informeren of vertellen.

opdracht 5

Lees de tekst hieronder door.
Daarin zie je de vormen van de verleden tijd in groen.

Bespreek met een medecursist waarom er gekozen is voor de ene of de andere vorm. Zit er een systeem in? Probeer dat uit te zoeken.

Ik heb gisteravond een bijzonder televisieprogramma gezien. Het ging over een man die altijd vreemde dingen meemaakte in zijn leven. Zo kreeg hij een baan als manager van een supermarkt terwijl hij nog nooit op dat niveau had gewerkt. En hij won een hoofdprijs in een loterij met een lot dat hij op straat had gevonden. Toen hij op vakantie was in Australië en daar ergens een markt bezocht, sprak iemand hem aan: het was zijn vroegere buurjongen, die was geëmigreerd toen ze allebei tien jaar waren. Ze hadden elkaar dertig jaar niet meer gezien, en ook niets van elkaar gehoord. Hij kocht een keer via internet een oud kastje. Het was een gewoon ladekastje, zo'n kastje waarin je handdoeken legde, of ondergoed en sokken, of waarin je je brieven bewaarde, zo'n kastje dat iedereen vroeger in huis had. Maar wat vond hij daarin? Een schoolschrift, met gedichtjes, dat van zijn grootmoeder was geweest!
Het was echt wonderlijk om al die verhalen te horen. En die man bleef er zelf nuchter onder: ach ja, zulke dingen gebeuren met mij.
Ik was eigenlijk van plan om vroeg te gaan slapen, maar ik kon me niet losmaken van de tv. Ik vond het zo boeiend! Uiteindelijk ben ik pas om kwart over twaalf naar bed gegaan. Veel te laat natuurlijk, maar het was een uurtje slaap waard!

Perfectum – imperfectum

Joris heeft een andere auto gekocht.
Joris kocht een andere auto.

Het belangrijkste verschil zit in de functie: wat doe je als dit zegt?

a Geef je informatie?
b Ben je aan het vertellen?

a Als je informatie geeft, dan gebruik je meestal het perfectum:
Uiteindelijk **ben** ik pas om kwart over twaalf naar bed **gegaan**.
Deze vorm gebruik je ook als introductie als je iets gaat vertellen over het verleden:
Ik **heb** gisteravond een bijzonder televisieprogramma **gezien**.

b Als je aan het vertellen bent, gebruik je meestal het imperfectum.
Toen hij op vakantie **was** in Australië en daar ergens een markt **bezocht**, **sprak** iemand hem **aan**.
Deze vorm gebruik je ook voor een beschrijving: een beschrijving van je gevoel, je gedachten, en wat je wel of niet kon, mocht, wilde, moest en dergelijke:
Ik **kon** me niet losmaken van de tv. Ik **vond** het zo boeiend!

Plusquamperfectum

Deze vorm gebruik je als je een verhaal aan het vertellen bent en informatie wil geven over iets wat nog eerder (voor het verhaal) gebeurde.

En hij **won** een hoofdprijs in een loterij met een lot dat hij op straat **had gevonden**.

Let op:
Imperfectum of perfectum? Soms is de keuze duidelijk; in andere gevallen zijn ze allebei passend. Het verschil tussen informeren en beschrijven is immers ook niet altijd duidelijk.

Eric heeft twee jaar voor dat bedrijf gewerkt.
Eric werkte twee jaar voor dat bedrijf.

Na toen gebruik je meestal imperfectum of plusquamperfectum:

Hij woonde in Almere **toen** hij voor dat bedrijf werkte.
Hij is meteen verhuisd **toen** hij de loterij gewonnen had.

Let op met nadat en voordat:

Hij ging naar binnen **nadat** hij de auto in de garage gezet had.
Hij had de auto in de garage gezet **voordat** hij binnenkwam.

Het imperfectum gebruik je ook om een niet-realiteit te beschrijven:
Als ..., zou ...

Als ik dat kon, deed ik het ook.
(Als ik dat zou kunnen, zou ik het ook doen.)

opdracht 6

Welke zin past hier het beste, a of b? Bespreek je antwoorden met een medecursist.

1 Waarom sliep je in de bioscoop?
a Ik vond het een slome film, ...
b Ik heb het een slome film gevonden, ...

2 en bovendien
a zag ik hem al een keer op tv.
b had ik hem al een keer op tv gezien.

3 Toen ik studeerde,
a had ik een bijbaantje in een pizzeria.
b heb ik een bijbaantje gehad in een pizzeria.

4 Wat voor werk deed je daar?
a Ik stond meestal achter de bar.
b Ik heb meestal achter de bar gestaan.

5 Het beviel me best daar en
   a ik werkte daar ruim drie jaar.
   b ik heb daar ruim drie jaar gewerkt.

6 De gemiddelde student besteedde vorig jaar zestig euro per maand aan kleding, terwijl
   a hij aan uitgaan ongeveer het dubbele heeft besteed.
   b hij aan uitgaan ongeveer het dubbele besteedde.

7 Hoe is je tentamen gegaan?
   a Ik heb het verprutst.
   b Ik verprutste het.

8 Ik zag je zondag op het station van Zwolle, klopt dat?
   a Ja, dat klopt. De ouders van mijn vriendin wonen daar en daar gingen we naartoe.
   b Ja, dat klopt. De ouders van mijn vriendin wonen daar en daar zijn we naartoe gegaan.

9 Wat deden jullie toen je merkte dat je beroofd was?
   a We gingen meteen naar het politiebureau.
   b We zijn meteen naar het politiebureau gegaan.

10 Was je wel eens eerder beroofd?
   a Nee, dit was de eerste keer, gelukkig.
   b Nee, dit is de eerste keer geweest, gelukkig.

opdracht 7

Maak de zinnen compleet in de passende werkwoordstijd. Gebruik de woorden tussen haakjes, en voeg hieraan nog woorden toe.

1 Ik schrok me een ongeluk toen ____________________
   (het alarm, afgaan)
2 Nadat er bij mij thuis was ingebroken, ____________________
   (een alarminstallatie, aanschaffen)
3 Nadat hij ____________________, werd hij uitgesloten van de examens.
   (een docent bedreigen)
4 Omdat ik in een ander land ben opgegroeid, ____________________
   (veel misverstanden ontstaan)

5 Ik kon het kentekennummer van die auto niet lezen, doordat ____________________ (mistig zijn)

6 Het gras was 's middags nog vochtig doordat het 's ochtends ____________________ (mistig zijn)

7 Toen de trein eindelijk was vertrokken ____________________ (ontdekken, verkeerde trein nemen)

8 Ik hoefde de kaartjes niet zelf te betalen, want ____________________ (de werkgever, verstrekken)

9 Terwijl de meeste leerlingen baat hebben bij kleinere klassen, ____________________ (streven, de directie, vergroting van de groepen)

10 Zij ____________________, waardoor ze waarschijnlijk niet bevorderd zal worden. (haar baas uitschelden)

11 Omdat hij ____________________, moest hij nog een jaar abonnee blijven. (niet op tijd opzeggen)

12 Omdat ik twee jaar geleden ____________________, kon ik vorig jaar de vervolgcursus gaan doen. (een cursus zelfverdediging volgen)

13 Uit de bibliotheek werden de boeken verwijderd waarin ____________________ (vloeken)

14 Omdat het slachtoffer een opmerking maakte over zijn gedrag, ____________________ (slaan, schoppen)

Vroeger ... opdracht 8

Vertel over een van de volgende situaties:

■ Je eerste keer in het buitenland.

- In welk land was je?
- Met wie was je?
- Hoe ben je daar naartoe gegaan?
- Wat zijn je positieve en negatieve herinneringen aan je verblijf in het buitenland?
- Wat is je het meest bijgebleven van die keer?

■ Een vervelend communicatiemisverstand.

- Wanneer was dat?
- Hoe gebeurde het?
- Waardoor ontstond het misverstand?

- Hoe is het opgelost?
- Had het nog consequenties?

■ Een verblijf in het ziekenhuis.

- Wanneer was dat?
- Hoe lang duurde het?
- Wat waren je gevoelens daarbij?
- Waren er bijzondere andere patiënten?
- Wat is je het meest bijgebleven aan dat verblijf?

■ Een speciale jeugdherinnering.

- Hoe oud was je toen?
- Waren er nog anderen bij betrokken?
- Waar woonde je toen?
- Wat was de situatie?
- Waarom is die herinnering je bijgebleven?

'Ik kan niet anders dan bezwijken onder de druk'

DOOR OLGA VAN DITZHUIJZEN EN DERK STOKMANS

ROTTERDAM, 3 OKTOBER – **De Marokkaanse studente Hasna El Maroudi kreeg zoveel agressieve reacties op een column over onbegrip tussen Berbers en Arabieren dat zij is gestopt. 'Ik durf niet meer te schrijven wat ik wil.'**

Vier maanden heeft Hasna El Maroudi het volgehouden. De bedreigingen op straat, via internet, over de telefoon. Bijna dagelijks hoorde de columniste van NRC Handelsblad en de jongerensite Spunk.nl dat ze een 'kankerhoer' was, dat ze afgemaakt zou worden. Allemaal vanwege een column die El Maroudi begin juni schreef over de haat tussen Arabieren en Berbers.

De bedreigingen werden de 20-jarige studente aan de kunstacademie vorige week te veel. Ze liet afgelopen donderdag in haar laatste column op de site van Spunk weten dat ze ermee stopte: 'Ik kan niet anders dan bezwijken onder de druk. Ik durf niet meer te schrijven wat ik wil.' Afgelopen zaterdag stond de column in NRC Handelsblad.

Hasna El Maroudi schreef sinds augustus vorig jaar over haar leven als 'moderne Marokkaanse'. Ze had het over de moord op cineast Theo Van Gogh, over de achterdocht van autochtone Nederlanders, over de islam. Maar het was haar column van 11 juni in deze krant (die op 2 juni op Spunk.nl stond) die het voorlopige einde inleidde. Daarin beschreef ze de haat en het onbegrip tussen Berbers en Arabieren. 'De Berbers waren vroeger de baas in Marokko en om die reden verwijten zij ons, de Arabieren, dat wij hun land hebben ingepikt. Wij vinden op onze beurt de Berbers onontwikkeld en primitief, bijvoorbeeld omdat zij alle berggeiten naar Nederland laten overkomen. Het zijn de Berbers die het criminele pad verkiezen en het zijn dus de Berbers die de Marokkanen een slechte naam bezorgen.'

Spunk.nl ontving meer dan duizend reacties op haar column en een naschrift waarin Hasna El Maroudi schreef dat het als een 'luchtige, ironische' column bedoeld was en zich verontschuldigde: 'Misschien ben ik een beetje doorgeschoten in mijn uitlatingen, maar ik wilde daarmee de spot drijven met een denkwijze die mij bij Arabische jongeren is opgevallen.'

Het hielp allemaal niet meer. Hoewel de reacties op Spunk.nl ook over het door haar beschreven onderwerp gingen – waarbij beide kampen elkaar de huid vol scholden – moest El Maroudi het al gauw persoonlijk ontgelden. 'Buitengewoon tragisch' noemt Spunk-uitgever Frank Bierens de bedreigingen aan haar adres. Nog nooit had hij zulke extreme reacties op een column meegemaakt. De meest bedreigende zijn verwijderd.

Op de website van het Platform Marokkaanse Jongeren Utrecht konden bezoekers een standaardbrief downloaden om aangifte tegen El Maroudi te doen. Op de fora van websites als www.amazigh.nl en www.maroc.nl werd de columniste bedreigd. Op die laatste site schreef een zekere `Parisièn' naar aanleiding van een optreden van de columniste bij een praatprogramma op de radio: 'Hopelijk wordt ze de volgende opname door iemand opgewacht a là Pim Fortuyn.' Aan dat programma deed ook columnist Asis Aynan mee, die in reactie op de column van El Maroudi de spot dreef met Arabieren. Het is jammer, zegt Aynan, zelf van Berberse afkomst, dat El Maroudi niet doorgaat met schrijven. 'Juist om het debat over Berbers en Arabieren in gang te zetten. Het was zo goed omdat eindelijk Marokkanen zélf over dit onderwerp in discussie gingen.'

Ook Folkert Jensma, hoofdredacteur van NRC Handelsblad betreurt het dat de columniste stopt: 'Het waren hele openhartige inkijkjes in een gesloten wereld.' De krant heeft de bedreigingen volgens de hoofdredacteur doorgespeeld naar de Rotterdamse politie. 'Eigenlijk wil je je niet bij zoiets neerleggen.'

'Ik ben nog steeds trots op die column, maar nu denk ik toch had ik die column maar nooit geschreven', zegt El Maroudi. De eerste dagen na de column gebeurde er weinig. Maar na een paar weken begon de ellende. Vage kennissen van vroeger sms'ten haar opeens dat ze haar nooit meer wilden spreken. Op straat, in de trein op school, overal werd ze nageschreeuwd, beledigd, een enkele keer bespuugd, vertelt El Maroudi, wiens foto op de fora van Marokkaanse websites circuleert. 'Op een gegeven moment liep ik met een petje en grote zonnebril op straat.' In haar eigen wijk probeerde de bestuurder van een geblindeerde auto haar aan te rijden. 'Toen dat niet lukte draaide hij zijn raampje open en dreigde hij me af te maken', vertelt de columniste. Na dat incident deed ze aangifte bij de politie.

Haar leven is veranderd, zegt ze. Ze is bang, denkt de hele dag aan de bedreigingen. Ze ging er ook slechter door schrijven: 'Ik werd voorzichtig, ging opeens praten over de meubeltjes die ik op vakantie in Marokko had gekocht.' Wat ze nu gaat doen weet ze nog niet. Misschien, denkt ze, moet ze maar onder pseudoniem gaan schrijven.

NRC Handelsblad, 31 oktober 2005

Beantwoord de volgende vragen.

1 Wat weet je over Hasna El Maroudi?
2 Wat beschreef ze in haar columns?
3 Wat verwijten de Berbers en Arabieren elkaar?
4 Hoe werd Hasna El Maroudi bedreigd?
5 Hoe reageerde ze hierop?

Stervocabulaire

afleiden Juist in deze nare periode vind ik het prettig dat ik mijn baantje nog heb. Dat **leidt** een beetje **af** van alle problemen.

afmaken Dat paard was zo ziek, dat de eigenaar hem heeft laten **afmaken**.

behoren Je **behoort** voorzichtig om te gaan met dingen die je geleend hebt.

overkomen Eerst gaat Anton alleen naar Maleisië, en als hij daar een huis heeft, **komt** zijn gezin ook **over**.

verwijten Er is vannacht ingebroken in ons huis. Mijn huisgenoten **verwijten** mij dat ik de voordeur niet op het nachtslot heb gedaan, maar zelf doen ze dat ook nooit.

Vocabulaire

beledigen — Door rotdingen te zeggen over iemands land van herkomst, beledig je die persoon.

bespugen — Ze werd zelfs bespuugd. Ze voelde zich zo vies, ze wilde zich meteen douchen.

iets in gang zetten — Deze ruzie tussen de twee bevolkingsgroepen heeft nog wel een voordeel: er is nu een discussie in gang gezet. Eerder hadden die groepen helemaal geen contact met elkaar.

iemand de huid volschelden — Toen Michel een dief betrapte in zijn schuurtje, schold hij hem de huid vol. Michel wist van zichzelf niet dat hij zo veel scheldwoorden, vloeken en beledigingen kende!

naschreeuwen — Op straat werd ze nageschreeuwd door allerlei mensen. Achter haar rug hoorde ze de vreselijkste dingen.

de spot drijven — In dat tv-programma wordt de spot gedreven met politici. Die worden nagedaan met heel gekke stemmetjes en overdreven gebaren.

verontschuldigen — Allereerst wil ik me verontschuldigen voor het feit dat jullie zo lang moesten wachten. Er was iemand aan de telefoon met een dringende vraag.

↔ **opdracht 9**

Vul een van de woorden uit de lijst in.

1 Hij ____________________ zich voor de slechte geluidskwaliteit van de dvd.
2 Iemand die zich niet goed kan concentreren, is snel ________________ door de omgeving.
3 Ik heb mijn werkstuk vanmiddag ____________________, dus ik heb vanavond vrij.
4 Mijn zus uit Toronto is gisteren ____________________ Ze blijft hier vier weken.

5 De voetballer kreeg een rode kaart omdat hij een van de tegenstanders had ________________
6 Iedereen ________________ zich aan de verkeersregels te houden.
7 Ramon voelde zich ________________ door die opmerking van Diane over buitenlanders. Ze weet toch dat hij uit Spanje komt!
8 Ik heb mijn best gedaan. Je kunt mij niets ________________
9 Dit schilderij is geen eigendom van het museum. Het ________________ tot de privécollectie van mevrouw Hendrix.
10 Toen hij de straat uitliep, heeft ze hem ________________ dat ze hem nooit meer wilde zien en toen heeft ze de deur dichtgeslagen.

opdracht 10

Bespreek in groepjes:

1 een verwijtbare fout – wat is dat? Kun je een voorbeeld geven?
2 zich verontschuldigen – dat is: je verontschuldigingen ...
Ken je nog meer synoniemen?
3 Het woord Romeins is afgeleid ... het woord Rome.
4 Ken je afleidingen bij de volgende woorden:
- schrijven
- moord
5 onbehoorlijk gedrag – wat is dat? Kun je een voorbeeld geven?

Schelden doet geen pijn — opdracht 11

1 Op welke manieren kun je een man of een vrouw uitschelden?
2 Welke algemene scheldwoorden ken je?

Mee eens? — opdracht 12

Je ziet hier vijf stellingen uit Stand.nl.
Bespreek in een groepje de stellingen en bepaal of je het ermee eens bent of niet. In de discussie moet je in ieder geval de woorden gebruiken die erbij staan.

Stelling 1

De antiterreurcampagne wakkert juist angst aan.
Woorden: overdrijven – verdenken – benaderen – desnoods – verstrekken

Stelling 2

Politici moeten zich genuanceerder uitlaten over de islam.
Woorden: sowieso – bevorderen – de invloed – afzetten – de neiging

Stelling 3

Ouders van lastige jongeren moeten verplicht hulp bij de opvoeding krijgen.
Woorden: baat hebben bij – behoren – zich schamen – de toestemming – verwijten

Stelling 4

Criminele Antilliaanse jongeren moeten teruggestuurd worden.
Woorden: opgroeien – expres – ontkennen – bedreigen – uitsluiten

Stelling 5

Nederland is veiliger geworden.
Woorden: de bekeuring – afleiden – juist – vermijden – vloeken

De toekomst van Nederland — track 7

Luister naar de tekst en beantwoord de vragen.

1 Wat is de bedoeling van dit programma?

2 Hoe is het onderzoek door Intromart opgezet?

3 Hoe denken de drie politici de problemen op te lossen?

Brinkhorst: ____________________________

Dittrich: ____________________________

Verhagen: ____________________________

Navertellen opdracht 13

In het fragment van *De toekomst van Nederland* vertellen drie mensen wat zij hebben meegemaakt met betrekking tot geweld.

Vertel het verhaal van een van de drie mensen na. Denk daarbij om het gebruik van het imperfectum.

↔ opdracht 14

Woordenschat bij *De toekomst van Nederland*

Wat betekenen de volgende zinnen? Zeg ze in andere woorden.

1 Welke problemen **ondervinden ze aan den lijve**?
2 We gaan de zaken **op een rij zetten**.
3 De bedoeling is dat we de problemen **in kaart brengen**.
4 **Met** welke problemen **kampen** we?
5 Zes op de tien Nederlanders **rekent zich tot** een kerkelijke **gezindte**.
6 Er zijn heftige stellingen voorgelegd. **Desalniettemin** zijn grote groepen het met die uitspraken eens.
7 We **stuitten op iets** waar we het vaak over hebben.
8 De man bleef mij **negeren**.
9 De rest **is er niet uit**.
10 Als we **over en weer** wat meer respect zouden hebben ...
11 Waarom zijn we zo **opgefokt**?
12 De zinnen **lopen over** van woorden van **fatsoen**.

Rollenspelen opdracht 15

Rollenspel: twee fietsers
Een fietser (persoon A) kan net een botsing voorkomen met een andere fietser (persoon B) die hem geen voorrang geeft. Die persoon let niet op omdat hij aan het bellen is.
Mobiel bellen tijdens deelname aan het verkeer is verboden in Nederland.

Persoon A geeft kritiek op het gedrag van persoon B.
Persoon B reageert op een agressieve manier.

Bereid beide rollen voor en voer het gesprek.

Rollenspel: twee treinreizigers

Een reiziger (persoon A) zit in de trein. Een andere reiziger (persoon B) komt binnen en gaat schuin tegenover persoon A zitten. Hij doet zijn mp3-speler aan en legt zijn voeten op de bank. De mp3-speler staat zo hard dat de mensen in de buurt ervan kunnen meegenieten.

Persoon A ergert zich aan persoon B en zegt wat van zijn gedrag. Persoon B reageert op een agressieve manier.

Bereid beide rollen voor en voer het gesprek.

Wat is er gebeurd? opdracht 16

Je hebt net een van bovengenoemde situaties meegemaakt. Je bent nog helemaal opgewonden over wat je overkomen is. Je vertelt hierover aan een medecursist(e). Gebruik hierbij onder andere een van de volgende zinnen.

- Dat is toch belachelijk!
- Wat een idioot!
- Nou zeg!
- Wat een waanzin!
- Dat is toch te gek om los te lopen!
- Dat is toch van de gekke!
- Hoe verzin je het!
- In wat voor wereld leven we?
- Zoiets heb ik nog nooit gehoord!

Moet je horen ... opdracht 17

Je hebt, als persoon A, een van bovengenoemde situaties meegemaakt. Het heeft veel indruk op je gemaakt, omdat je ontzettend bent uitgescholden. Je schrijft een brief aan een vriend(in) waarin je vertelt wat je overkomen is. Je schrijft ook wat je gevoelens daarover zijn.
Gebruik in ieder geval drie woorden uit het vocabulaire van dit thema.

Agressie in de samenleving — opdracht 18

In de afgelopen jaren is de agressie in de Nederlandse samenleving sterk toegenomen.
Daarbij zijn verschillende soorten agressie te onderscheiden:

1 Emotionele chantage – Mensen die emotioneel chanteren proberen met hulpeloosheid macht te verkrijgen. Bijvoorbeeld iemand die tegen een hulpverlener zegt dat hij zelfmoord zal plegen als hij niet geholpen wordt.
2 Frustratieagressie – Sommige mensen worden agressief als ze iets niet krijgen waarvan zij vinden dat ze er recht op hebben. Bijvoorbeeld een patiënt die een arts aanvalt omdat die arts bepaalde medicijnen niet wil verstrekken.
3 Doelgerichte of instrumentele agressie – Sommige mensen gebruiken met opzet agressie. Zij zijn heel berekenend, omdat ze weten dat ze veel kunnen bereiken als anderen bang voor hen worden. Bijvoorbeeld iemand die met een mes bij het loket van een uitkeringsinstantie komt en geld eist.

Schrijf een betogende tekst over agressie in de samenleving van maximaal 300 woorden. Je moet daarbij ingaan op de volgende vragen:

- Wat zijn de mogelijke oorzaken van de toegenomen agressie?
- Welke vorm van agressie kom je het meest tegen? Kun je daar een voorbeeld van geven?
- Wat zou er gedaan kunnen worden om agressie tegen te gaan? Wat kunnen personen individueel doen? Wat kan gedaan worden door instellingen, overheid of de samenleving in het algemeen?

+ Mannen zien een boze blik het eerst

Boze mannengezichten worden sneller opgemerkt door mannen dan door vrouwen. Tot die conclusie komen de Amerikaanse hersenwetenschappers Mark Williams en Jason Mattingley deze week in het vakblad Current Biology, na een experiment waarbij proefpersonen de bozerik in een serie foto's van gezichten moeten ontdekken.

Volgens de wetenschappers is de grotere mannelijke opmerkzaamheid voor agressieve gezichtsuitdrukkingen een gevolg van selectie in de loop van de evolutie. Het snel opmerken van boze gezichten zou bijvoorbeeld de kans op een confrontatie met verwondingen of erger tot gevolg kunnen beperken. Dat is vooral voor mannen belangrijk, omdat zij agressiever zijn dan vrouwen.

De proefpersonen (78 mannen, 78 vrouwen) werd gevraagd de blik te fixeren op een bepaald punt op een beeldscherm. Daarna verscheen er een ring van vier of acht mannelijke of vrouwelijke gezichten omheen. De uitdrukking op de meeste gezichten waren neutraal, maar er zat telkens één boze of angstige blik tussen. De onderzoekers klokten de tijd waarbinnen de proefpersonen deze konden aanwijzen.

Kwaad kijkende mannenkoppen werden door iedereen het snelst opgemerkt. Mannen zagen deze binnen een seconde; vrouwen deden er significant langer over. Boze vrouwen werden minder snel opgemerkt, in iets meer dan een seconde (waarbij de vrouwen er gemiddeld weer 150 milliseconden langer over deden). Bange gezichten vielen veel minder snel op (anderhalve seconde) en bovendien was er geen verschil tussen mannelijke en vrouwelijke waarnemers noch gezichten.

Een proef met andere gezichtsuitdrukkingen liet zien dat vrouwen sneller dan mannen niet-bedreigende emoties kunnen herkennen, zoals blijdschap en verdriet, verrassing en afschuw. Het maakte daarbij niet uit of de foto van een man of een vrouw was.

NRC Handelsblad, 8 juni 2006

Kies het juiste antwoord.

1 Mannen herkennen een boos mannengezicht eerder dan vrouwen omdat:
a ze de foto's van boze mensen sneller opmerkten.
b dit in vroegere tijden een belangrijke vaardigheid was om te overleven.
c ze van confrontaties met andere mannen houden.

2 Wat was het doel van de proef?
 a Het tellen van het aantal gezichten.
 b Het fixeren van de ogen op een bepaald punt.
 c Het herkennen van een gezicht met een bepaalde emotie.

3 Welke bewering is juist?
 a Vrouwen ontdekten een bang vrouwengezicht even snel als een bang mannengezicht.
 b Vrouwen zagen een boos mannengezicht later dan mannen.
 c Mannen zagen een boos vrouwengezicht even snel als een bang vrouwengezicht.

EXTRA

adjectief – wanneer komt er een -e achter?

Basisregel: altijd +e, maar niet bij een indefiniet het-woord.

de groene trui	het groene shirt
een groene trui	een groen shirt, geen groen shirt, welk groen shirt, ieder groen shirt
de groene truien	de groene shirts
groene truien	groene shirts

Ook **geen extra** -e bij de volgende adjectieven:

1 adjectieven die eindigen op -en:

- perfectumvormen: *een gebakken ei, de gekozen studierichting*
- adjectieven die aangeven van welk materiaal iets is gemaakt: *een houten schuur, een katoenen shirt, een gouden ring.*
- andere adjectieven die van zichzelf al op -en eindigen: *een bescheiden jongen, mijn eigen huis, een open deur.*

2 adjectieven die eindigen op -a of -e: *een oranje broek, lila bloemen*

In vaste combinaties wordt de adjectief -e soms weggelaten: *het middelbaar onderwijs, het bijvoeglijk naamwoord.*

opdracht 19

Wat kan .... zijn?
Bedenk bij deze adjectieven een woord. Gebruik de indefiniete vorm (een ...) van zowel een de- als een het-woord. Dan hoor je of je het woord verandert.

Voorbeeld:
rond – een ronde tafel, een rond tafeltje

katoen
ingezonden
agressief
belangrijk
virtueel
gekozen
nylon
geslaagd
gekookt
vierkant
prima
beige
grijs
zilver
verbrand

opdracht 20

Hoe kan een .... zijn?
Bedenk bij deze woorden een adjectief. Gebruik de indefiniete vorm. Dan merk je of er verschil is. Probeer verschillende adjectieven: op -en, materialen, perfectumvormen.

Voorbeeld:
het restaurant – een verlaten restaurant

het ongeluk
de mededeling
het gedrag
het punt
de wijk
de verhuizing
het verhaal
de operatie
de woning
de opname
het incident
het gebouw
de behandeling
de methode
het kind

LITERATUURFRAGMENT

Voor Goof, de hoofdpersoon in deze roman, bestaat de wereld pas als hij haar door het oog van zijn camera ziet. Op een nacht wordt hij overvallen door een groep jongens. Hij wordt zwaar mishandeld, ze maken hem zelfs blind. De zoektocht naar het waarom van deze vechtpartij is het thema van het boek. In dit fragment vertelt Goof aan zijn vriendin wat er gebeurd is.

Hij had foto's gemaakt in de verlaten Herestraat, op de drukke Grote Markt, in cafés en uiteindelijk op het Martinikerkhof – geen kerkhof, zoals de naam misschien deed vermoeden, maar een soort hofje achter de Martinitoren. Een minuut of vijf was hij de enige nachtelijke bezoeker geweest, toen verscheen er een groep bestaande uit, hij dacht, zeven jongens. Hij fotografeerde hen terwijl ze zelfverzekerd het grasveld overstaken. Ze kwamen vanuit de St. Jansstraat en liepen in de richting van de Kreupelstraat – die de westzijde van het Martinikerkhof begrenst – en precies toen de hele groep uit de schaduw van de kastanjebomen bij de Martinikerk stapte, geworpen door de ouderwets vormgegeven lantaarns, knipte hij af.

Mensen reageren wel vaker wanneer hij foto's van hen nam, er waren er die vroegen of ze een afdruk mochten hebben, die wilden weten waarom hij speciaal hen fotografeerde, die wilden poseren in een – dat geloofden ze tenminste – mooie pose. Ook waren er die kwaad werden, maar meestal wist Goof hen met een redelijke uitleg te kalmeren. Waarom het met deze jongens zo uit de hand was gelopen, begreep hij achteraf gezien niet meer. Het was begonnen toen een van hen treiterend naar hem had geroepen: 'Hé fotograafje, wie heeft jou toestemming gegeven om ons te fotograferen?'

Hij kon zich niet herinneren wat hij had geantwoord, misschien had hij ook niets gezegd omdat ze hem daar de kans niet toe hadden gegeven. Ze waren op hem af gelopen, ze hadden hem bespot en vernederd, en hoewel zijn verstand had geweten dat het heel erg stom van hem was, was hij ziedend geworden. Wie de eerste klap had uitgedeeld wist hij niet meer, misschien was hij het zelf geweest, in ieder geval had hij met de jongen die de leider leek te zijn gevochten. De groep jongens had rondom hen staan joelen en schreeuwen, een paar van hen hadden hun vriend geholpen – onnodig want Goof was bijna een hoofd kleiner dan zijn forse tegenstander – ze hadden hem getrapt en in elkaar geslagen, en waren vervolgens, alsof er niets aan de hand was, verder gelopen, hem bloedend in het gras achterlatend.

Uit: Anjet Daanje (1998) *De blinde fotograaf*. Utrecht: Kwadraat, pp. 30-31

EINDVRAAG

Gebarentaal is ook taal!
Welke gebaren maak je als je agressief bent? Zijn de Nederlandse gebaren hetzelfde? Gebruiken Nederlanders meer of minder gebaren dan in jouw land?

REFLECTIE

- Wat heb je in dit hoofdstuk geleerd?
- Wat beheers je nu voldoende?
- Wat beheers je nog niet voldoende? Op welke manier kun je eraan werken om dat wel te beheersen?

- Welke woorden ken je nu rond het thema 'agressief'?
- Maak in tweetallen een woordweb rond dit woord.

5 Ongelooflijk

Bakker Bakker en arts Arts

In het Brabantse dorpje Haps woonden in de jaren negentig een huisarts die meneer Arts heette en een bakker met de achternaam Bakker.

Toeval? Waarschijnlijk wel, maar toch zijn de meeste achternamen niet zomaar verzonnen.

Tot in de negentiende eeuw hadden niet alle Nederlanders een achternaam. Pas in 1911 bepaalde Napoleon dat alle inwoners van ons land zich met een achternaam moesten inschrijven in het bevolkingsregister. Veel mensen noemden zichzelf naar de provincie of stad waar ze vandaan kwamen. Maar anderen kozen een naam die bij hun beroep paste.

Het zou dus best kunnen dat de voorouders van meneer Arts uit Haps ook al doktoren waren. Maar er zijn ook eindeloos veel mensen met een achternaam die toevallig grappig klinkt bij het beroep dat ze later zijn gaan uitoefenen. Hieronder een rijtje van lachwekkende voorbeelden uit het boekje *Vishandel Graat en andere Taalcuriosa*, van Jules Welling.

Dokter Koppendraaier
Een kaakspecialist in Zwolle

Meneer Roest
Eigenaar van een autobedrijf in de omgeving van Rotterdam

Meneer Aardewerk en mevrouw Zilverberg
Werken als deskundigen mee aan het tv-programma *Kunst en Kitsch*

Meneer Krot
Een aannemer in de buurt van Amsterdam

F. Baksteen
Voorzitter van de Nederlandse Vereniging van Parachutisten

Jeroen Bus
Voorzitter van de Drentse Vervoers Maatschappij

Dhr. Boei
Voorzitter van de Vereniging van Gevangenisdirecteuren

Kidsweek, 8 september 2006

Gekke namen

opdracht 1

En hoe heten deze mensen, denk je? Je kunt kiezen uit:

Beenhakker	Snoep
Vulling	Van der Vorst
Vrolijk	Van Dorst
Rothuizen	Jager
Kaal	Zeldenrust

1 De eigenaar van een drankhandel in Rozendaal heet ______________
2 Als er vroeger een moord werd gepleegd, werd hij er altijd bijgeroepen, de patholoog anatoom dokter ______________
3 De eigenaar van een rolstoelhandel in Rotterdam heet ______________
4 In Hilversum werkt tandarts ______________
5 en in Heiloo zit tandarts ______________
6 Een begrafenisondernemer in Dordrecht draagt de naam ______________
7 In 's Heerenberg vinden we kapsalon ______________
8 De woordvoerster van de Dierenbescherming is Heleen ______________
9 Een aannemer in de buurt van Amsterdam heet ______________
10 Het tv-programma 'Van koninklijke huize' wordt gepresenteerd door Peter ______________

'Apple werkt hier al 20 jaar aan, wij pas 2'

Marketingbaas Andrea Ragnetti over hoe Philips simpelheid in de praktijk brengt

Philips laat in Londen zien waarmee de onderneming de komende vijf jaar wil scoren. Daarbij richt Philips zich vooral op gezinnen en minder op hippe twintigers.

DOOR ONZE REDACTEUR DAAN VAN LENT

LONDEN, 5 OKTOBER – Niet meer wakker worden van een rinkelende wekker, maar door een lamp die steeds feller gaat branden. Beginnend met het licht van een opkomende zon om na een half uur vol daglicht uit te stralen. Met geluid van vogeltjes of de ruisende zee. Volgens Philips begin je zo veel energieker aan je dag.

De Wake-Up Light is al te koop in Frankrijk, maar pas over een jaar in Nederland. Het is een van de eerste producten die uitdrukt wat Philips bedoelt met de nu twee jaar oude campagne Sense and Simplicity (zinvol en eenvoudig). Deze week houdt Philips een beurs voor medewerkers, klanten en pers in Londen. Daar laat het bedrijf nieuwe producten zien, die over drie tot vijf jaar in de winkel kunnen liggen. De man achter Sense and Simplicity is Andrea Ragnetti, binnen de raad van bestuur verantwoordelijk voor marketing en topman van de divisie huishoudelijke apparaten.

Ieder elektronicabedrijf zegt tegenwoordig dat het producten simpeler wil maken.

'Veel topmannen praten erover. Maar je moet het ook bewijzen. Wij richten ons alleen nog maar op die eenvoud en dat voeren we in alles door, niet alleen in de producten. Wij hebben veel binnen ons bedrijf vereenvoudigd, bijvoorbeeld ook onze contacten met leveranciers. We hebben de afgelopen twee jaar al 25 nieuwe producten gelanceerd die aan de eis van eenvoud voldoen en besteden er meer onderzoek en ontwikkeling aan. Apple komt heel dichtbij wat wij willen zijn met Simplicity. Maar zij werken al twintig jaar aan de eenvoud van hun producten, wij pas twee jaar.'

Wat u hier laat zien lijkt vooral gericht op kinderen, gezinnen en ouderen. Niet op de jonge generatie twintigers die veel geld uitgeeft aan hippe producten en die nu vooral kiest voor merken als Apple en Samsung.

Wilt u daarmee zeggen dat je alleen voor die leeftijdsgroep producten kunt maken die cool zijn? Daar gaat het veel om lawaaiige producten, die vaak met muziek te maken hebben. Wij richten ons vooral op 35- tot 55-jarigen. Behalve dat zij dingen voor zichzelf kopen, doen ze dat ook voor hun kinderen of voor hun bejaarde ouders.

U noemde twee jaar geleden Philips in een interview nog 'old, Dutch and dull', te Nederlands, stoffig en saai.

'Kijk naar de directie en je ziet dat we veel minder Nederlands worden. Maar je ziet ook dat we ons minder richten op Europa, waar we altijd sterk zijn geweest, en meer op de opkomende economieën. En we zijn veel moderner geworden dan het oude Philips. Maar niets slechts over dat merk. Het is solide en bekend.'

Hoe reageren winkeliers op uw nieuwe ideeën?

'Zij vinden het interessant dat wij ons met manieren van leven bezighouden. Zij willen met ons werken, omdat we met nieuwe oplossingen komen.'

Maar grote klanten als Wal-Mart en Mediamarkt zijn toch gewoon dozenschuivers?

'Wij schuiven ook dozen. Anders kunnen we nooit onze miljarden verdienen. Maar met je bedrijf moet je ook bezig zijn met een visie wat er gaat komen. Wij zijn met het hele topmanagement van Philips, tien man sterk, twee dagen in Bentonville op het hoofdkantoor van Wal-Mart geweest om daar te praten met iedereen die ertoe doet. De top van Wal-Mart is zeer geïnteresseerd in wat wij doen. We gaan niet meer naar winkeliers toe als we een prachtig nieuw scheerapparaat hebben, dat ze meteen kunnen verkopen. We laten ze al anderhalf of twee jaar eerder zien met welke ontwikkelingen we bezig zijn.'

Welke nieuwe producten zou u zelf kopen?

'Ik heb kinderen van 6 en 4 jaar en van 10 maanden. Ik vind het mooi hoe je met een boek en plaatjes op de muren een verhaal kan vertellen. En de Drag & Play, waarmee ze op de muren kunnen schilderen. Die zijn mij erg dierbaar. Verder vind ik het mooi dat we kunnen laten zien wat er allemaal met licht kan. We openen daarmee een heel nieuw gebied van onderzoek. In de komende vijf tot tien jaar zal licht een veel belangrijker rol in ons leven spelen.'

NRC Handelsblad, 5 oktober 2006

Nooit meer sjouwen met flessen bronwater of een grote waterkan met gefilterd water in de koelkast. Uit deze design-kraan komt niet zomaar water, maar water dat met UV-licht is gezuiverd en met een koolstoffilter gefilterd. Om te bevorderen dat kinderen meer water drinken, kunnen smaakjes worden toegevoegd en met een mixbeker kun je ook nog mineralen toevoegen.

Drag & Play: Een magische pen om in verschillende kleuren de muren in huis mee vol te tekenen vanuit een laserprojectie-emmer. Daarin kunnen ook allerlei kleuren worden gemengd. De muren zijn weer makkelijk schoon te krijgen met de magische gum. Extra lol: De tekeningen kunnen ook bewegen door op een knopje op de emmer te drukken.

De afstandsbediening kan je stemming aanvoelen en zoekt in alle muziek die je hebt opgeslagen op je computer de deuntjes die daarbij het beste passen. Zoals Philips zegt, je kunt het hele spectrum aflopen. Van rustig en zacht tot wild en opzwepend. Met één speaker die oplicht in kleuren die bij die stemming passen, klinkt door de hele kamer een *surround sound*.

Kloppen deze uitspraken met de tekst?

1 De nieuwe wekker van Philips (Wake-Up Light) is in Frankrijk ontwikkeld.
2 Eenvoud is het centrale woord in de visie van Philips op ontwikkeling en productie.
3 Sinds twee jaar werkt Philips samen met Apple.
4 Door zich te richten op 35- tot 55-jarigen, richt Philips zich op drie generaties klanten.
5 Philips richt zich steeds meer op de Europese markt.
6 Winkeliers zijn pas geïnteresseerd in een nieuw product als het daadwerkelijk te koop is.

Stervocabulaire

aanvoelen	Dit materiaal voelt prettig aan: het is lekker zacht.
aflopen	Ik heb alle winkels in de stad afgelopen, maar wat ik zocht was nergens verkrijgbaar.
het gemak	Een vaatwasser in huis vind ik een groot gemak.
opkomen	In de zomer komt de zon om ongeveer 5.00 uur op.
opslaan	Heb je alle wijzigingen in het computerbestand opgeslagen?
richten	De reclames rond 19.00 uur zijn gericht op kinderen.
slagen	Het bedrijf is er afgelopen jaar niet in geslaagd om winst te boeken.
toevoegen	Wil iemand nog een punt aan de agenda toevoegen of zijn alle punten vermeld?
uitvinden	Hoeveel nieuwe dingen zouden er per jaar worden uitgevonden?

Vocabulaire

ertoe doen	Op de gala-avond waren allerlei personen die ertoe doen aanwezig, zoals de directeur van het bedrijf, de raad van commissarissen.
lanceren	De nieuwe reclamecampagne wordt volgende week gelanceerd.
voldoen	Uw aanvraag is afgewezen, omdat hij niet aan de criteria voldoet.

opdracht 2

Bespreek met elkaar de volgende vragen.

1 Noem eens iets wat door een Nederlander is uitgevonden.
2 Vind jij het belangrijk dat een film of boek goed afloopt?
3 Wanneer vind jij een feest geslaagd?
4 Wat moet je toevoegen aan soep uit een pakje?
5 Voor welk examen slagen de meeste mensen de eerste keer niet?
6 Ken je organisaties die opkomen voor dieren?
7 Voel jij het altijd aan als anderen een probleem hebben?
8 Tot wie moet ik me richten als ik een klacht heb over de huur?
9 Sla jij al je elektronische mail op?
10 Gemak dient de mens. Wanneer gebruik je deze uitdrukking?
11 Doet het ertoe voor jou wat voor muziek er gespeeld wordt in een restaurant?
12 Als ik van hier op mijn gemak naar het station loop, hoeveel tijd ben ik dan kwijt?
13 Voldoet je woning van dit moment aan al je wensen?
14 Vanaf welke plaats worden ruimteschepen gelanceerd?

opdracht 3

Herschrijf deze zinnen en maak gebruik van de volgende woorden:
opkomen - richten - aflopen - opslaan - gemak - slagen

1 Ik voel me daar niet echt prettig.
2 Deze kortingsactie is vooral bedoeld voor studenten.
3 Het is ons gelukt dat contract te krijgen.
4 Zijn broertje en hij hebben vaak ruzie, maar als het nodig is, beschermen ze elkaar ook.
5 Deze gegevens worden automatisch bewaard.
6 Ik ben bij alle muziekwinkels geweest maar die ene cd hadden ze niet.

opdracht 4

Maak de zin af en gebruik daarbij een van de volgende woorden:
uitvinden - aanvoelen - voldoen - lanceren - toevoegen - ertoe doen

1 Sommige dingen kun je niet uitleggen, die ____________
2 Ik krijg die functie niet, want ____________
3 Je hebt het verhaal volledig verteld. Daar ____________
4 Een cd in een film over de jaren zestig? Onzin! Toen was ____________
5 Ik wil gewoon lekker een weekendje weg. Waar naartoe, ____________
6 Het nieuwe model van dit automerk is nog geheim. Volgende maand ____________

Uitvindingen — opdracht 5

Wat vind je van de drie uitvindingen die bij de tekst staan afgebeeld? Zijn ze nuttig, overbodig, zinvol?
Ontwerp samen het huis van de toekomst. Welke vijf apparaten moeten daar in ieder geval in staan? Je mag ook zelf een apparaat verzinnen.

Ongelooflijk of niet? opdracht 6

Wat vind je van het onderstaande? Bespreek het met je medecursisten.

- Via www.rentapriest.nl kun je een geestelijke huren als je toch een religieus tintje wilt hebben bij huwelijk, doop of begrafenis.

- Het televisieprogramma *De gouden kooi* laat het leven zien van een aantal mensen die vrijwillig in een luxe villa met zwembad zijn gaan wonen. Degene die het daar het langst volhoudt, heeft voor de rest van zijn of haar leven geen geldzorgen meer en krijgt de villa van 2,2 miljoen euro.
  De bewoners mogen geen contact met hun familie hebben. Een van de deelnemers is een moeder met twee kinderen van 6 en 8 jaar.

- Studenten die de pabo-opleiding (een hbo-opleiding tot leerkracht in het basisonderwijs) willen volgen, moeten van tevoren een rekentoets afleggen. Deze is op het niveau van de laatste groep van de basisschool. Het blijkt dat de helft van de studenten zakt voor deze toets.

- Om jongeren die in een winkelcentrum rondhangen (hangjongeren) weg te jagen, zijn er zogenoemde 'mosquitos'. Dit is een apparaatje dat een geluid met een zeer hoge frequentie veroorzaakt waar vooral jongeren gevoelig voor zijn. Door dit hoge, onaangename geluid is het voor hen niet prettig meer om op die plek te verblijven.

- Aan bewakingscamera's in het centrum van een aantal steden worden nu ook microfoons aangebracht. Deze herkennen agressieve geluiden, zodat er agenten naar die plaats kunnen gaan.

opdracht 7

Hierna volgen zinnen waarin het werkwoord zullen is gebruikt. Bespreek met elkaar wat de betekenis is van die zinnen. Probeer dezelfde zin in andere woorden te zeggen of leg uit in welke situaties je zo'n zin kunt gebruiken.

1. Zullen we even kijken in welk lokaal we moeten zijn?
2. Zouden we dit huis voor een lang weekend kunnen huren?
3. Ik zal de informatie samenvatten in een korte tekst.
4. De rector zal de studenten toespreken vanaf het bordes.
5. Zou ik even mogen binnenkomen?
6. Zal ik een kopie voor je maken?
7. Deze grappen zullen wel van internet komen.
8. We zouden graag wat meer theorie willen krijgen.
9. Zou u hier willen tekenen?
10. We zullen alles netjes achterlaten.
11. Als er meer plaatsen zouden zijn, zou ik veel vaker in de universiteitsbibliotheek studeren.
12. Als ik zo'n onderzoek zou uitvoeren, zou ik het heel anders aanpakken.
13. Het zal wel wennen.
14. Ga je naar Rome? Dat zou ik ook wel willen!
15. Mijn collega zal contact met u opnemen.
16. Zouden jullie even stil kunnen zijn?
17. Hij zal wel Engels spreken.
18. Op 1 mei zullen de eerste diploma's van deze studierichting uitgereikt worden.

Grammatica

Als je het werkwoord zullen gebruikt, verandert de betekenis van de zin, afhankelijk van de vorm die je kiest (zullen/zouden) en van eventueel toegevoegde woorden of bepaalde constructies.

Deze functies heb je gezien in opdracht 7:

- Voorstel *Zullen we hier even gaan zitten?*
- Belofte *Ik zal je straks helpen.*
- Waarschijnlijkheid *Hij zal wel met de bus van half zes komen.*
- Toekomst (formeel, niet persoonlijk) *De president zal de vergadering toespreken.*
- Beleefde vraag *Zou ik je iets persoonlijks mogen vragen?*
- Droom over een andere werkelijkheid *Als ik zo'n huis zou hebben, zou ik een paar kamers verhuren.*
- Wens *Ik zou ook wel eens naar Canada willen.*

Wat zou jij doen? track 8

1 André, de eerste persoon die geïnterviewd wordt, heeft op bepaalde gebieden vaste bijgelovige gewoontes. Welke heeft hij op het gebied van:

1 parkeren: ______________________
2 kleding: ______________________
3 koffiezetten: ______________________
4 lunchen: ______________________

2 Op straat worden verschillende mensen geïnterviewd. Ze geloven dat bepaalde handelingen tot bepaalde gebeurtenissen leiden.
Bijvoorbeeld:
Als je een paraplu opsteekt in huis, gebeurt er een ongeluk.

Kun je onderstaande vormen van bijgeloof aanvullen?

a Als ______________________, komt er geld.

b Als ______________________, praat er iemand over je.

c Als ______________________, zie je binnenkort iemand die je een hele poos niet gezien hebt.

3 Sportjournalist Evert ten Napel heeft een boekje geschreven over sporters en bijgeloof.
Zijn de volgende zinnen *juist* of *onjuist*?

a Nico Rienks, een roeier, at altijd stamppot voor de race, behalve als het te warm was, zoals in Australië.
b Hans van Breukelen, keeper van PSV en het Nederlands elftal, nam als toetje altijd een halve liter frambozenvla.
c Willem van Hanegem droeg tijdens de wedstrijd altijd een slip van zijn vrouw.
d Willem van Hanegem deed tape om zijn voetbalschoenen bij belangrijke wedstrijden.
e Sporters en artiesten zijn bijgelovig omdat het belangrijk is iets van jezelf te hebben.

4 In Nederland worden dergelijke vormen van bijgeloof over het algemeen niet zo serieus genomen, maar in andere landen is bijgeloof heel normaal. Welke vormen van bijgeloof en betekenissen horen bij elkaar?

a over slangen dromen	1 de duivel komt naar je toe
b een kan water achter de auto aan gooien	2 iemand in je familie of vriendenkring is zwanger
c omgekeerde pantoffel	3 je reis verloopt vlekkeloos
d aan de hoek van een tafel zitten	4 alles gaat verkeerd
e brood eten in bed	5 je trouwt nooit

5 Welk bijgeloof heeft Hatic, uit Turkije, overgenomen van haar vriendin Carla uit Portugal?

Bijgeloof — opdracht 8

1 Welke vormen van bijgeloof zijn er in je eigen land?
2 Welke vormen van bijgeloof zijn er zowel in Nederland als in je eigen land?
3 Heb je bepaalde gewoontes overgenomen van iemand anders?

Mee eens? — opdracht 9

Reageer op de volgende stellingen:

- Bijgeloof is primitief en niet van deze tijd.
- Bijgeloof levert zekerheid.
- Bijgeloof maakt het leven leuker.

Biografie van M.C. Escher

Maurits Cornelis Escher (1898-1972) is een van 's werelds meest beroemde grafici. Zijn kunst wordt bewonderd door miljoenen mensen over de hele wereld, getuige de vele websites op het internet.

Hij is het meest beroemd om zijn zogenaamde onmogelijke tekeningen, zoals Klimmen en Dalen en Relativiteit, maar ook om zijn metamorphoses, zoals Metamorphose I, II en III, Lucht en Water I en Reptielen.

M.C. Escher's 'Lucht & Water I' © 2007 The M.C. Escher Company B.V. – Baarn – Holland. Alle rechten voorbehouden.

Maar hij maakte ook prachtige, meer realistische werken gedurende de tijd dat hij in Italië woonde en werkte. Bijvoorbeeld de litho Castrovalva, waarin men al M.C. Escher's fascinatie voor hoog en laag, dichtbij en veraf kan zien. De litho Atrani, een klein plaatsje aan de Amalfitaanse kust in Italië, maakte hij in 1931, maar komt weer terug in zijn meesterstukken Metamorphose I en II.

Gedurende zijn leven maakte M.C. Escher 448 litho's, houtsnedes en houtgravures en meer dan 2000 tekeningen en schetsen. Net zoals sommige van zijn beroemde voorgangers – Michelangelo, Leonardo da Vinci, Dürer en Holbein –, was M.C. Escher linkshandig.

Naast zijn werk als graficus, illustreerde M.C. Escher boeken, ontwierp tapijten, postzegels en wandschilderingen. Hij werd geboren in Leeuwarden als de vierde en jongste zoon. Na 5 jaar verhuisde de familie naar Arnhem, waar hij het grootste deel van zijn jeugd doorbracht. Nadat hij gezakt was voor zijn eindexamen, en na een kort intermezzo in Delft, begon M.C. Escher met zijn lessen bouwkunde aan de School voor Bouwkunde en Sierende Kunsten in Haarlem.

Al na een week vertelde hij zijn vader dat hij wilde ophouden met zijn lessen bouwkunde en zich wilde toeleggen op de studie grafische kunsten. Hij werd hierin gesteund door zijn leraar Samuel Jesserun de Mesquita, aan wie hij zijn tekeningen en linoleumsnedes had laten zien. Nadat hij zijn school had afgerond, reisde hij langdurig door o.a. Italië, waar hij zijn vrouw Jetta Umiker ontmoette, en waarmee hij in 1924 trouwde. Zij gingen naar Rome, waar zij tot 1935 bleven wonen. Gedurende deze 11 jaar, reisde M.C. Escher ieder jaar door Italië heen, waarbij hij tekeningen en schetsen maakte, om deze later thuis in zijn atelier te gebruiken voor zijn prenten.

Veel van deze schetsen zou hij later ook weer gebruiken voor zijn litho's, houtsnedes en houtgravures. Bijvoorbeeld de achtergrond in de litho Waterval (1961) komt uit zijn Italiaanse periode. Ook de bomen die gereflecteerd worden in de houtsnede Modderplas (1952), zijn dezelfde bomen die hij gebruikte in zijn houtsnede Pineta van Calvi, die hij maakte in 1932.

M.C. Escher werd gefascineerd door de regelmatige geometrische figuren van de wand- en vloermozaïeken in het Alhambra, een veertiende-eeuws kasteel in Granada, Spanje, dat hij in 1922 bezocht.

Tijdens zijn jaren in Zwitserland en gedurende de hele Tweede Wereldoorlog werkte hij met veel energie aan zijn hobby. Hij maakte toen 62 van de in totaal 137 symmetrische tekeningen die hij zijn leven zou maken. Hij breidde zijn hobby ook uit, door deze symmetrische tekeningen te gebruiken voor het snijden van houten bollen.

Hij speelde met architectuur, perspectief en onmogelijke ruimtes. Zijn kunst blijft miljoenen mensen over de hele wereld verbazen en in verwondering brengen. In zijn werk herkennen wij zijn uitstekende observatie van de wereld om ons heen en de uitdrukking van zijn eigen fantasie. M.C. Escher laat ons zien dat de werkelijkheid wonderlijk, begrijpelijk en fascinerend is.

www.mcescher.com/indexnl.htm

Kloppen deze uitspraken met de tekst?

1 Escher is niet de echte achternaam van de kunstenaar M.C. Escher.

2 Eschers realistische werken zijn voorstudies voor tapijten, postzegels en wandschilderingen.

3 Escher heeft geen enkele opleiding afgemaakt.

4 Het landschap en de steden in Italië hebben veel invloed gehad op Eschers werk.

5 Escher woonde eerst in Italië, later in Zwitserland.

Stervocabulaire

aanschaffen	Ik heb een poster van Escher **aangeschaft**, voor op mijn werkkamer. Hij was wel duur, maar hij is dan ook erg mooi!
ontbreken	Richard wilde naar de kunstacademie, maar hij is afgewezen. Het **ontbrak** hem aan talent, zeiden ze.
ontwerpen	Angela maakt haar eigen kleding. En dat niet alleen: ze **ontwerpt** zelf ook alles. Ze heeft echt unieke kleding.
ophouden	Al na twee weken **hield** hij **op** met de cursus. Hij vond het toch niet zo leuk als hij had gedacht.
in de war	Ik raak in deze buurt altijd **in de war**. Alle straatnamen lijken op elkaar en alle straten ook. Ik rijd bijna altijd verkeerd!

Vocabulaire

beroemd	De straten in deze wijk zijn allemaal genoemd naar **beroemde** componisten.
gedurende	**Gedurende** zijn studententijd woonde hij bij vrienden in huis. Na zijn studie ging hij alleen wonen.
(de) getuige	Ons bedrijf is een succes, **getuige** de vele klanten die we in een half jaar binnen hebben gekregen.
zich toeleggen	In de tekenlessen wil ik **me toeleggen** op perspectief. Dat kan ik niet zo goed en ik wil het graag oefenen en verbeteren.
uitbreiden	De supermarkt wordt **uitgebreid** met een afdeling waar je kant-en-klare maaltijden kunt kopen. Vanaf komende maandag is die afdeling geopend.
wonderlijk	Het was een **wonderlijke** film. Wel mooi, maar ongewoon. Zo'n film die maar eens in de paar jaar gemaakt wordt.

opdracht 10

Vul een van de woorden uit de lijst in.

1 Ik ken te weinig woorden, ik wil mijn woordenschat ______________
2 De school verstrekt geen atlassen. Die moeten de leerlingen zelf ______________
3 Deze puzzel is niet compleet. Er ______________ een paar stukjes.
4 Ik vind dat ze ______________ reageerde op het nieuws. Alsof het niet tot haar doordrong.
5 Toen ik buitenkwam, plaste de hond meteen. Hij kon het niet meer ______________
6 Wie ______________ de Erasmusbrug in Rotterdam ______________?
7 Hij is actief op zijn vakgebied, ______________ de lange lijst publicaties.
8 Hij at bijna niets ______________ zijn verblijf in het ziekenhuis.
9 Rond Kerstmis en Nieuwjaar ben ik altijd met de dagen ______________
10 Amsterdam is ______________ om zijn grachten.
11 Ik heb me ______________ op yoga als manier om studenten te begeleiden.

opdracht 11

Je ziet twee woorden uit de lijst. Deze woorden moet je gebruiken in één zin.
Voor het geval dat je niets kunt bedenken, kun je gegevens gebruiken die er tussen haakjes bij staan.

Voorbeeld:
aanschaffen – getuige (dvd – positieve verhalen)
Getuige de vele positieve verhalen over deze dvd, zou ik hem maar aanschaffen.

1 ontwerpen – zich toeleggen (meubels – slaapkamerinrichting)

2 beroemd – ontbreken (altijd vrienden)

3 in de war – gedurende (laatste jaren – oma – dement)

Uitnodiging opdracht 12

Jij organiseert voor een studentenvereniging of voor het personeel op je werk een excursie naar het museum van Escher in Den Haag (www.escherinhetpaleis.nl). Je mag zelf bepalen of de excursie een halve of hele dag is.
Schrijf een wervende uitnodigingsbrief.

Hierin moeten de volgende onderdelen vermeld staan:

- doel van de excursie
- datum
- tijd
- vervoer
- kosten
- invulling van het programma
- manier van aanmelden
- contactpersoon

Denk om de aanhef en afsluiting.

Uitbreiding grammatica

Er zijn nog andere functies die je met het werkwoord zullen uitdrukt. Je ziet ze hier, met een voorbeeld. Let op de vorm, toegevoegde woorden en de constructies.

- Sterke wil van de spreker
  Spreektaal, sterk accent op zal / zullen.

  Hij zal me de waarheid vertellen!
  We zullen dit op tijd afhebben! Desnoods werken we de hele nacht door!

- Je inleven in de situatie van een ander
  Vaak met het algemene je, altijd met maar, toch, toch maar.
  Kan met positieve en met negatieve situaties.

  Je zult maar zo'n scheve neus hebben!
  Je zult toch maar je rijbewijs kwijtraken!

- Mogelijkheid

  We zouden de groep anders kunnen indelen.
  Zou hij aan zulke dingen waarde hechten?

- Voorzichtig advies, suggestie
  Vaak in combinatie met eens en een comparatief (minder, beter, vroeger)

  Je zou eens wat minder slordig moeten schrijven.
  U zou eens bij ons hoofdkantoor kunnen informeren.

- Herinnering aan een belofte of afspraak

  Jij zou dit werk toch afmaken!
  We zouden om zes uur bij hen zijn, dus we moeten nu echt vertrekken.

- Onzekere informatie, roddel, er wordt gezegd dat ...

  Ze zou al drie maanden zwanger zijn.
  Hij zou schuldig zijn aan handel in drugs.

opdracht 13

Je ziet hier bij elk nummer een paar zinnen. Die zinnen verschillen wat betreft het gebruik van zullen. De verschillen worden uitgedrukt door toegevoegde woorden, door zullen in een andere tijd te zetten, of door de vragende vorm. Bespreek met elkaar de verschillen in betekenis tussen de zinnen.

1 a Zullen we Anita ook vragen?
  b Zouden we Anita ook vragen?

2 a Zal ik je vanavond even terugbellen?
  b Ik zal je vanavond even terugbellen.

3 a De minister zal het nieuwe ziekenhuis openen.
  b De minister zou het nieuwe ziekenhuis openen.

4 a Ik zou een nieuwe examendatum afspreken.
  b Ik zou een nieuwe examendatum willen afspreken.

5 a Hij zal wel contact met ons opnemen.
  b Hij zou contact met ons opnemen.
  c Hij zal contact met ons opnemen.

6 a Je zou meer kunnen oefenen.
  b Je zou wat meer moeten oefenen.

7 a Je zult maar een landgoed erven.
  b Je zult het landgoed erven.
  c Je zult het landgoed wel erven.

8 a Zou Eric dat hebben aanbevolen?
  b Eric zou dat hebben aanbevolen.

opdracht 14

Vul een van de volgende vormen in: zal – zullen – zou – zouden

Gesprek tussen twee vriendinnen

'Weet je al dat Marian over een maand een jaar naar Amerika gaat? Ze ___________ een missverkiezing hebben gewonnen.'
'Nu je het zegt, ze ___________ daar inderdaad aan meedoen. Ik zei nog tegen haar: '___________ je dat wel doen?' Maar zij moest en ___________ er aan meedoen.'
'Ik begrijp het niet, maar zij ___________ zoiets wel leuk vinden. Ik moet er niet aan denken. Je ___________ maar Miss-Nederland of zoiets zijn. Afschuwelijk!'
'Wanneer vertrekt ze precies?'
'28 mei.'
'Dan ___________ ik haar van tevoren nog even bellen. ___________ wij elkaar trouwens vanavond ook even bellen? Dan kunnen we een afspraak maken, we ___________ dat werkstuk toch samen schrijven? Nu moet ik er als een haas vandoor, het is al zes uur en ik ___________ de boodschappen voor het avondeten doen.'

Gesprek in een bibliotheek

- '__________ ik u iets mogen vragen?'
- 'Ja natuurlijk, zegt u het maar.'
- 'Is het boek *Een brug te ver* al in deze bibliotheek?'
- 'Ik __________ even kijken. Nee, dat is er niet en ik denk dat dat boek er voorlopig ook niet __________ komen.
  We __________ namelijk de eerste tijd geen oorlogsboeken meer aanschaffen. Maar als ik u was, __________ ik naar de bibliotheek in het zuiden van de stad gaan. Die __________ het wel hebben. En anders ________ u het kunnen proberen bij de boekhandel in de Poelestraat.'
- 'Oké, dat __________ ik doen. Bedankt voor de informatie.'
- 'Geen dank.'

opdracht 15

Vul in deze zinnen een vorm in van het werkwoord zullen.

1 Wat __________ JIJ doen? In elk geval niet klagen of bij de pakken neer gaan zitten, zo blijkt uit de verhalen van de gasten in de nieuwe 18-delige serie van Wat __________ JIJ doen?

2 Je __________ het maar hebben dat je steeds minder je spieren kan gebruiken. Coen, Karlijn en Hann hebben alledrie iets aan de spieren, maar het weerhoudt hen er niet van om de dingen te doen die ze willen doen.
Hann is 27 jaar en kan door haar spierziekte (spinale musculaire atrofie type II) alleen nog maar haar armen en haar hoofd bewegen. De artsen dachten vroeger dat Hann maar 2 jaar oud __________ worden.

3 Bij een bedrijfsovername __________ de grotere bedrijven behoedzaam om moeten gaan met de kleinere. 'Lach de kleine zaadkorrel niet uit, eens __________ hij een palmboom zijn' is een gezegde uit Angola, dat hier van toepassing is.

4 Verband met pijnstiller __________ wonden sneller genezen.
ROTTERDAM - Een verband dat is voorzien van een pijnstiller kan binnenkort verlichting bieden voor patiënten met chronische open

wonden. Het verband __________ met ingang van volgende maand op doktersrecept verkrijgbaar zijn.

5 Waarom __________ je langer dan zes maanden borstvoeding geven?
Forceer niets en het kind __________ snel genoeg onafhankelijk worden.

6 Thematentoonstelling 'Lang __________ je leven'.
Leef ik wel gezond? Hoe fit ben ik? Hoe soepel draaien mijn hersenen? Wat __________ ik doen als ik de Lotto won?
Hoe __________ mijn leven zijn als ik elders geboren was? Wat is geluk?

7 Wangedrag bij marine __________ gestraft worden.

8 Na afloop van de eerste twee trainingen in Australië meldt Christijan Albers een hoop problemen te hebben ondervonden. 'Morgen __________ het wel weer beter gaan', concludeert de Nederlander.

9 Er zijn harde straffen geëist in het vleesschandaal, waarbij grote partijen bedorven vlees bij slagers werden gevonden (sommige partijen __________ daar al meer dan vier jaar opgeslagen liggen).
Geldboetes alleen zijn niet voldoende, vreest de consumentenbond.
Ook __________ de bedrijfsnamen van de overtreders openbaar moeten worden gemaakt.

10 Het __________ goed zijn als er een debat kwam over het onderwijs, over de vraag of de docent die lesgeeft voor de klas weer terug moet komen.

11 God is gezakt voor zijn inburgeringsexamen in Rotterdam. Zijn gebod 'Gij __________ niet doden' ligt veel te gevoelig in de multiculturele samenleving anno 2004 en is daarom verwijderd uit de openbare ruimte.

12 De voorzitter zegt diplomatiek dat hijzelf Ripkens standpunt wel goed vindt, maar dat anderen de tekst nu eenmaal verkeerd __________ kunnen opvatten.

13 Als alle veehouders ____________ omschakelen en de veestapel ____________ gelijk blijven, dan ____________ het milieu nog zwaarder worden belast dan nu al gebeurt.

14 Naar verwachting ____________ er dit jaar meer spam dan gewone e-mail worden verzonden.

opdracht 16

Je ziet een zin of een vraag. Reageer en gebruik in je reactie het werkwoord zullen. Er zijn meer reactiemogelijkheden. Bespreek met elkaar mogelijke reacties en de betekenis ervan.

Voorbeeld: Hoe komen we van het station bij het hotel?

We zouden een taxi kunnen nemen.
Er zal wel een bus gaan.
Zullen we dat even navragen?
Dat zou je aan Astrid kunnen vragen, zij komt daar vandaan.
Ik zou het echt niet weten.

1 Ik wil graag een afspraak met u maken om het een en ander te bespreken.
2 Hoe kan ik het beste reizen van Amsterdam naar Boedapest?
3 Hoe werkt die magnetron precies?
4 Ongelooflijk, dat hij zomaar vertrokken is naar het buitenland!
5 Heb jij enig idee waar we nu zijn?

Voorwaarden reparatieopdracht

Probeer in de volgende tekst zo snel mogelijk de antwoorden op de volgende vragen te vinden.

1 Wat moet u met het toestel doen voordat u het verzendt?

2 Waar staat het IMEI-nummer?

3 Als u binnen 4 weken niet gereageerd heeft op de prijsopgave, hoeveel moet u dan betalen?

4 Wat is de garantietermijn van de reparatie?

5 Het reparatieopdrachtformulier bestaat uit drie delen. Welke delen moet u zelf bewaren?

6 Na hoeveel tijd wordt het toestel eigendom van de reparateur?

Voorwaarden reparatieopdracht

Algemeen
Met dit formulier verstrekt u opdracht aan Postkantoren BV voor reparatie van uw mobiele toestel.

Voeg deel A van het ingevulde formulier met de eventuele aankoopbon of reparatiebon (zie Garantie) bij uw defecte toestel en geef deze af aan de balie van het Postkantoor. Deel B en C zijn voor uw eigen administratie.

Indien uw toestel binnen de garantieregeling valt (zie Garantie), wordt het toestel kosteloos gerepareerd. Wanneer dit niet het geval is, ontvangt u eerst een prijsopgave. Hierop kunt u aangeven of u akkoord gaat met de reparatiekosten. Indien u akkoord gaat, ondertekent u op de prijsgave een incassomachtiging voor het afschrijven van het betreffende bedrag. Wanneer u niet akkoord gaat met de prijsopgave, wordt uitsluitend € 39,- aan onderzoekskosten in rekening gebracht (zie Kosten).

Gereedmaken toestel voor verzending
Verwijder de simkaart, de accuklep en eventuele accessoires. De reparateur aanvaardt geen aansprakelijkheid indien u vergeet uw simkaart of accessoires te verwijderen. Alleen defecte accu's of laders zendt u met het toestel mee.

Invulling formulier
Voor een goede afhandeling van de reparatie is het belangrijk dat u het formulier volledig invult en ondertekent. Een onvolledig ingevuld of niet ondertekend formulier, wordt niet in behandeling genomen. In dit geval ontvangt u uw toestel onbehandeld retour.

Productgegevens
Naam en type van uw mobiele telefoon kunt u vinden in de handleiding die u bij uw toestel heeft ontvangen. Het 'telefoonnummer mobiele telefoon' is het telefoonnummer van het toestel dat u ter reparatie aanbiedt. Het unieke IMEI-nummer, bestaande uit 15 cijfers, kunt u na de verwijdering van de accu achter op het toestel vinden of door *#06# in te toetsen.

Garantie
Een toestel dat ter reparatie aangeboden wordt onder garantie, dient voorzien te zijn van de aankoopbon die niet ouder is dan 1 jaar, of de garantieperiode, die door de fabri-

kant is vastgesteld. De aankoopbon hecht u aan dit formulier. Wanneer u de aankoopbon niet meezendt, kan de reparatie niet onder de garantie worden uitgevoerd.

Meldt bij uw netwerkoperator of dealer, die is aangesloten bij de reparatieservice, dat uw toestel defect is.

U ontvangt dan een reparatienummer. Dit nummer noteert u in de betreffende rubriek bovenaan het formulier. Wanneer op het formulier geen reparatienummer is vermeld, zijn de behandelingskosten van toepassing.

Een garantie op reparatie geldt alleen als het defect betrekking heeft op een eerdere reparatie door de reparateur. De garantietermijn reparatie voor is 3 maanden. Wanneer u aanspraak wilt maken op deze garantie, is het noodzakelijk dat u het reparatierapport aan dit aanvraagformulier hecht. Indien het reparatierapport van de vorige reparatie ontbreekt, kan de reparatie niet worden uitgevoerd onder garantie.

Kosten

Bij het inleveren van dit aanvraagformulier aan de balie van het postkantoor betaalt u € 15,- behandelingskosten. Deze kosten hoeft u niet te betalen als u van uw netwerkoperator/dealer een reparatienummer heeft ontvangen en dus bovenaan het formulier heeft ingevuld.

Door het plaatsen van uw handtekening op dit formulier (inclusief vermelding plaats en datum) verklaart u akkoord te gaan met eenmalig incasso van de onderzoekskosten van € 39,-. Deze kosten worden uitsluitend in rekening gebracht als uw toestel niet binnen de garantieregeling valt en tevens een van de volgende situaties van toepassing is:

- U gaat na het ontvangen van de prijsopgave voor reparatie niet akkoord met het uitvoeren van de reparatie;
- U heeft binnen 4 weken na verzending van de prijsopgave (door de reparateur) niet gereageerd;
- Door de reparateur wordt geen defect aan uw toestel geconstateerd.

Aflevering

Uw mobiele telefoon wordt volgens de standaarddienstverlening van TPG Post bij u aangeboden. Indien TPG het pakje niet bij u heeft kunnen afleveren en u het niet binnen 3 weken heeft afgehaald op het Postkantoor, retourneert TPG Post het pakje als onbestelbaar aan de reparateur. Negen weken na ontvangst door de reparateur is het toestel eigendom van de reparateur. Ook als de kosten op enigerlei wijze niet inbaar zijn, is het toestel na negen weken eigendom van de reparateur.

Vervoersrisico

Het risico voor het transport naar de reparateur is voor rekening van de reparateur, mits door een ingevuld en afgestempeld reparatieformulier kan worden aangetoond, dat het toestel is ingeleverd. Voor het risico van de terugzending gelden de standaardvoorwaarden van de TPG Post.

Afwijkende voorwaarden van uw netwerkoperator of dealer
Indien er, op het moment van uitgifte van uw reparatienummer door uw netwerkoperator of dealer bepaalde voorwaarden, anders dan deze zijn gesteld, gelden die voorwaarden. Voor de bepalingen die niet genoemd zijn door uw netwerkoperator of de dealer, gelden de bovenstaande voorwaarden.

De in deze voorwaarden geldende tarieven zijn inclusief BTW.

De reparatie wordt uitgevoerd door Teleplan Communications B.V. in opdracht van Postkantoren BV.

Informatie over de voortgang van uw reparatie is te vinden op:
www.e-repair.nl

Of u neemt contact op met de klantenservice van uw netwerkoperator (waarvan u het reparatienummer heeft ontvangen).

Aan de tekst in deze uitgave kunnen geen rechten worden ontleend.

Postkantoren BV aanvaardt geen aansprakelijkheid voor mogelijke fouten in deze uitgave. Prijzen en voorwaarden kunnen aan verandering onderhevig zijn.

Reparatieservice, postkantoren,
september 2004

Mobiele telefoon — track 9

1 Hoeveel sim-kaarten zijn er momenteel verkocht en waarmee wordt dat getal vergeleken?

2 De voorloper van de mobiele telefoon is een vaste autotelefoon (1980). Voor wie was die bedoeld?
Wie had een pieper?

3 Wat is het commentaar van uitgever Martin Ros op de mobiele telefoon?

4 Waarom is deejay Brad Philips niet bang dat hij een boeking mist?

5 Geef van de volgende jaartallen aan hoeveel mobiele telefoons er toen waren:
1995: ____________
2000: ____________
2005: ____________

6 Wat doen de telecombedrijven momenteel om toch te blijven verkopen?

7 Waarom heeft Johan Cruijff geen mobiele telefoon?

opdracht 17

Hoe zou je de volgende zinnen anders kunnen zeggen? Het gaat om de groengedrukte woorden.

1 **Aanvankelijk** was de autotelefoon alleen **weggelegd voor** zakenlieden.
2 Je was dan **dé man**.
3 **Het ontlokt** een lang gesprek.
4 Het heeft alleen **verarming opgeleverd**.
5 Hij **zweert bij** de brief.
6 Wat **drijft** hem?
7 De rest **ging** wel **massaal aan** de mobiel.
8 Daarna **ging het los**.
9 Niets kon **de opmars** van het mobieltje **tegenhouden**.
10 Vooral om het aantal belminuten **op** te **krikken**.
11 De geestelijken hebben deze techniek ook **omarmd**.
12 Pas als je het niveau van **een gewone sterveling ruimschoots** bent **ontstegen** ...

Beroemde uitspraken van Johan Cruijff — opdracht 18

Welke uitspraak spreekt je het meest aan? Geef, als dat kan, een toelichting.

- Ieder voordeel heb z'n nadeel.
- Je gaat het pas zien als je het doorhebt.
- Simpel is het moeilijkst.
- Soms moet er iets gebeuren voordat er iets gebeurt.

- Ik hou van werken zolang het werken is waarvan ik hou.
- Ik maak eigenlijk nooit fouten want ik heb enorme moeite om me te vergissen.
- Je moet schieten anders ken je niet scoren.
- Voetbal is een spel van fouten. Wie de minste fouten maakt, wint.
- Voordat ik een fout maak, maak ik die fout niet.
- Je ken beter ten onder gaan met je eigen visie als met de visie van een ander.

Wat valt je op aan zijn taalgebruik?

Alles op een rij opdracht 19

Op de website www.allesopeenrij.nl rubriek 'taal' staan allerlei lijstjes. Bekijk de website en zoek een lijstje dat je ongelooflijk vindt. Presenteer deze lijst aan de groep.

Sterk verhaal opdracht 20

Lees het onderstaande verhaal.

Kenteken

Midden jaren tachtig beleefden mijn vriend en ik een minder fraaie tijd. We hadden een blauwe Volvo van tien jaar oud. Hij reed, maar hij was bijna rijp voor de sloop. Vriend ging er in de avonduren mee op het slechte pad.

Zo ook die avond: diefstal van een tv en een oven uit een jongerencentrum. Ik was niet altijd op de hoogte van de duistere activiteiten van mijn lief. De dag erna ging ik met de Volvo naar een andere stad. Op de terugweg kreeg ik panne op een stille weg. Er zat niets anders op dan de duim opsteken naar de eerste passerende automobilist. Hij stopte, ik stapte in. Op een notitieblok, bevestigd met een zuignap aan de voorruit, zag ik het kenteken van onze Volvo. Toen ik de bestuurde ernaar vroeg, zei hij dat hij de vorige avond een man spullen had zien inladen bij het jongerencentrum en dat hij dat verdacht vond. Die middag wilde hij het kenteken doorgeven aan de politie.

Ik zei: 'Dat waren mijn vriend en ik. We werken voor het jongerencentrum en we moesten wat spullen wegbrengen.'

De man verfrommelde het blaadje en gooide het uit het raam.

Inmiddels bewandelen we het rechte pad.

de Volkskrant (Sterke verhalen – *Volkskrant Magazine*) 16 oktober 2006

Schrijf nu zelf een ongelooflijk verhaal. Het kan iets zijn wat je zelf hebt meegemaakt, of iets wat je van anderen gehoord hebt.
Gebruik 150-300 woorden.

Wat zeg je in de volgende situaties? opdracht 21

1 Je rent naar het station en je komt net te laat ... je mist je trein. Je ziet de trein het station uitrijden en dan zie je dat er iets gebeurt (een ongeluk? een aanslag?) en de hele trein staat binnen enkele tellen in brand. Naast je op het perron staat een kennis. Wat zeg je tegen hem?

2 In de flat waar je woont, is een gezamenlijke fietsenkelder. Daarvan krijgt iedere bewoner drie sleutels. De laatste tijd worden er regelmatig fietsen gestolen uit die kelder. Je gaat naar de verhuurder van de flat om over dit probleem te vertellen. Je moet ook de (mogelijke) oorzaken noemen en een oplossing aandragen. Wat zeg je?

3 Je bent student en je hebt een bijbaantje in een pizzeria. Je ontdekt dat je baas je een bepaalde toeslag niet betaalt. Als je hem daarover aanspreekt, zegt hij dat hij daar nog nooit van gehoord heeft en dat je daar geen recht op hebt. Je zoekt informatie op internet en met een print daarvan ga je naar je baas. Wat zeg je?

4 Je bent alleen thuis. De bel gaat en voor de voordeur staat een complete cameraploeg, en de presentator van een loterijshow: je hebt een sportwagen gewonnen. Hij staat al voor de deur! Wat zeg je?

5 Een vriend van je komt een paar dagen in je huis logeren. Leg hem telefonisch uit hoe de wasmachine werkt.
Als je geen wasmachine hebt, leg dan de werking van een ander apparaat uit.

6 Je zit in het bestuur van een sportclub. Deze avond bespreken jullie een belangrijk thema: hoeveel invloed mogen sponsors hebben? Judith, een van de bestuursleden, is deze avond wat stil en zegt niet veel. Je wilt haar stimuleren om mee te praten. Wat zeg je?

7 Je zit te eten bij een vriendin en als je het zout pakt, houd je per ongeluk het vaatje schuin en er valt wat zout op tafel. Je vriendin pakt onmiddellijk het zoutvaatje, strooit wat zout op haar hand en gooit dat over haar schouder naar achter. 'Anders komt er ongeluk' zegt ze. Wat zeg je?

Niet te geloven! opdracht 22

Zoek thuis, in een krant of tijdschrift of op internet, een artikel over iets wat jij ongelooflijk vindt. Het artikel moet minimaal een 1/4 krantenpagina beslaan.

Bespreek je tekst in een groepje van drie. Leg uit waar jouw tekst over gaat en wat er ongelooflijk is.

Met oudere broers eerder homo

Naarmate een man meer oudere broers heeft, is de kans groter dat hij homoseksueel is. Maar het moeten wel biologische broers zijn. Er is geen verband tussen seksuele oriëntatie en stiefbroers (zoals in samengestelde gezinnen of als er sprake is van geadopteerde kinderen). De invloed van oudere broers is dus biologisch en valt niet te verklaren uit sociale factoren.

Dat blijkt uit onderzoek van de Canadese psycholoog Anthony Bogaert, dat deze week verschijnt in PNAS Online Early Edition. Een paar jaar geleden toonde Bogaert al aan dat elke oudere broer de kans dat een man zich seksueel aangetrokken voelt tot mannen (nog geen drie procent, in zijn onderzoek), met 38 procent vergroot. Zussen en jongere broers doen er niet toe. Toen liet hij nog de optie open dat opgroeien in een gezin met oudere broers ertoe kan leiden dat een jongen zich jong en onschuldig en een beetje vrouwelijk voelt. Op zoek naar een contrasterende sekspartner zou zo'n benjaminnetje zich dan op mannen kunnen gaan richten.

Dit nieuwe onderzoek, onder bijna duizend Canadese mannen, sluit die mogelijkheid uit. Nu maakte Bogaert onderscheid tussen biologische en niet-biologische broers. Alleen het aantal oudere biologische broers bleek samen te hangen met homoseksualiteit; het aantal oudere niet-biologische broers maakte niet uit, evenmin als wat voor jongere broers of zussen dan ook. Hoe lang een man in zijn jeugd met de oudere biologische broers in één huis had gewoond, deed er ook niet toe. Zelfs als hij niet samen met hen was opgegroeid, vergrootten ze zijn kans op homoseksualiteit.

De verklaring hiervoor moet dus wel prenataal zijn. Er zijn, aldus Bogaert, indirecte aanwijzingen dat het immuunsysteem van de moeder, als ze keer op keer zwanger is van een jongetje, steeds sterker reageert op specifiek mannelijke, en dus lichaamsvreemde stoffen. Antistoffen tegen mannen zouden dan in de baarmoeder de seksuele differentiatie in de hersenen van het ongeboren zoontje kunnen beïnvloeden. Deze theorie verklaart ook waarom vrouwen met oudere zussen niet vaker lesbisch zijn.

Anthony Bogaert, *NRC Handelsblad*, 27 juni 2006

Beantwoord de volgende vragen.

1 Hier worden twee onderzoeken van Bogaert beschreven, een uit 2006 en een van een paar jaar daarvoor. Wat is het belangrijkste verschil tussen die onderzoeken?
   a In het tweede onderzoek werden ook vrouwen betrokken, in het eerste niet.
   b In het tweede onderzoek werd meer gekeken naar biologische factoren, in het eerste naar sociale.
   c In het tweede onderzoek werd 38 procent van de gevallen verklaard, in het eerste maar 3 procent.

2 In zijn tweede onderzoek (2006) ontdekte Bogaert een relatie tussen homoseksualiteit en
   a de samenstelling van het gezin waarin de jongen opgroeit.
   b het aantal (biologische) broers en zussen.
   c het aantal jaren dat een jongen doorbrengt in een gezin met oudere broers.
   d het feit dat een jongen oudere (biologische) broers heeft.

3 De verklaring die Bogaert geeft voor de resultaten van zijn onderzoek in 2006 zijn:
   a biologisch
   b sociaal
   c psychologisch

4 Deze resultaten gelden niet voor meisjes. Hoe wordt dit verklaard?
   a Het moederlichaam reageert tijdens de zwangerschap anders op meisjesbaby's dan op jongensbaby's.
   b Voor meisjes zijn de gevolgen van de gezinssamenstelling minder bepalend.
   c Voor meisjes is het minder nodig een contrasterende partner te zoeken.

EXTRA

de / het / een of ø?

Vuistregel: in principe een lidwoord, in sommige gevallen niet.

Wanneer gebruik je geen lidwoord:

- Ontelbare zaken:
  kaas met mosterd
  koffie met melk
  Hij heeft veel geld.

- Beroep / functie beschrijven:
  Hij is voorzitter. (maar: de voorzitter vroeg waarom ....)

- Vaste combinaties:
  naald en draad, kennis en ervaring, met hart en ziel, dag en nacht

- Abstracte begrippen:
  Je moet vertrouwen hebben.
  We hebben bezoek.
  Jaloezie is een vervelende eigenschap.
  Hij geeft onderwijs.
  Zij doet onderzoek.
  Hij heeft werk (maar: hij heeft een baan).

- Idioom:
  op straat, in bed, op aarde

- Vaste prepositiegroepen:
  op advies van, in combinatie met, in geval van

de / het of een?

Als het al bekende informatie is: de / het.
Bij nieuwe informatie: een (meervoud: Ø)

Ik heb een leuke cd gekocht. Ik heb de cd in mijn tas gedaan.
Hij heeft boeken besteld. Hij kan de boeken woensdag ophalen.

de of het?

- navragen
- opzoeken in je woordenboek

opdracht 23

Lees de tekst. Zoek met een medecursist uit waarom op bepaalde plaatsen de / het of een is gebruikt, of geen lidwoord.

Ruim 3000 boetes wegens identificatieplicht

In de eerste maand van het jaar heeft de politie ongeveer 3300 mensen beboet die zich niet konden legitimeren. De identificatieplicht werd op 1 januari van kracht voor iedereen van 14 jaar en ouder: de boete bedraagt 50 euro, voor kinderen van 14 en 15 jaar 25 euro.

Controle op identiteitsbewijzen gebeurt voornamelijk bij onrust of dreigend geweld, bijvoorbeeld rond voetbalwedstrijden. Maar ook bij kleine verkeersovertredingen wordt soms om een identiteitsbewijs gevraagd.

Het Openbaar Ministerie onderstreept dat de politie streng blijft en geen uitzondering zal maken. Wie zich niet kan identificeren en vervolgens ook nog eens een valse naam opgeeft, kan wat het OM betreft rekenen op strafvervolging voor beide overtredingen.

TIP als je verder wilt oefenen met het gebruik van lidwoorden: zoek (met de computer) een stukje tekst. Kopieer deze tekst naar je tekstverwerkingsprogramma. Daar kopieer je de tekst. In de eerste versie verwijder je alle lidwoorden. Dat kan vaak met een zoek- en verwijderfunctie. De tweede versie blijft compleet.
Leg nu beide teksten een week opzij. Na een week neem je de tekst zonder lidwoorden en je bedenkt waar een lidwoord moet komen en welk lidwoord dat moet zijn. De tweede tekst heb je dan als controlemiddel.

LITERATUURFRAGMENT

BLUF

'Dat méééééén je niet...'
'Ik meen het wel.'
'Echt waar? Ik kan het niet geloven. Joost en Ineke? Die zijn al tig jaar samen, ooh ooh ooh. Wat is er gebeurd?
'Weet je nog dat Joost vorig jaar die ouwe Saab kocht?'
'Die belachelijke auto, dat stomme bolletje? Ja. Ze zijn toch niet om een auto uit elkaar?'
'Nee. Nou ja, een beetje. Joost kocht die auto ergens in het Gooi. Bij een steenrijke kerel, een verzamelaar geloof ik. Die man was ook getrouwd en hoe Joost het hem geflikt heeft, weet ik niet, maar hij had in een mum van tijd een verhouding met die vrouw.'
'Wist jij dat?'
'Nee, natuurlijk niet. Niemand wist het. Joost en die vrouw laten het goed uit de hand lopen. Ze zien mekaar drie keer per week. Bij haar thuis, in hotels, in de stad.'
'Bij haar thuis? Ook bij Joost en Ineke thuis? Wat erg voor Ineke!'
'Ineke is altijd thuis.'
'Ooh ja, dat is ook zo.'
'Goed, na een paar maanden heeft Joost er toch een beetje genoeg van. En die vrouw is bang dat haar man erachter komt. Ze houden ermee op. Dat was in januari of zo. Een paar weken daarna heeft Joost stront met die Saab, dus wat doet hij? Hij belt die man.'
'Haar man.'

'Precies. Die kerel heeft een slok op als Joost belt en een van de eerste dingen die hij zegt is: wat heb jij allemaal met mijn vrouw uitgespookt? Joost schrikt zich de tyfus.'
'Ooh ooh. Jezus. Ik voel 'm al. Die man bluft natuurlijk?'
'Ja, die man bluft. Die man zegt: mijn vrouw heeft het een paar weken geleden opgebiecht en nou wil ik het allemaal precies van jou weten. Waar hebben jullie het gedaan? Hoe vaak? Alles. Vuile klootzak. Joost probeert zich eruit te lullen natuurlijk. Hij zegt datie een paar keer met die vrouw, maanden gelden, het stelde niets voor, enzovoort. Maar die man gelooft er niets van. Hij wil Joost ontmoeten. De volgende dag belt die vrouw Joost op. Helemaal hysterisch. Haar man had al een tijdje een vermoeden, maar zij had nooit sjoege gegeven. En nu had Joost het zomaar gezegd.'
'Ooh ooh.'
'Zeg dat wel. Maar het verhaal gaat nog verder. Een paar weken later belt die kerel Joost op. Hij wil nog steeds die afspraak. Maar hij heeft nu nog iets. Hij zegt: ons huwelijk is naar de klote, ik help jouw huwelijk ook naar de kloten. Dat hebben mijn vrouw en ik besloten. Wij gaan hier niet alleen zitten lijden. Je hebt tien dagen om het je vrouw te vertellen en doe je het niet, dan doen wij het.'
'Dat mééééén je niet....'
'Dus daar zit Joost. Hij heeft helemaal geen zin om het aan Ineke te vertellen. Hij is gek op Ineke. Nou ja, je kent ze. Maar hij is radeloos. Vorige week heeft-ie het haar verteld.'
'En Ineke heeft hem het huis uit geschopt? Ja, dat zat er dik in. Zo is Ineke wel.'
'Maar nou komt het schat. Die kerel belt weer. Hij en zijn vrouw hebben het er nog eens goed over gehad en het gaat ook wel weer een beetje. Ze zullen het Ineke niet vertellen.'
'Echt waar?!?'
'Echt waar. Maar Joost zoekt nu een appartementje.'

Uit: Martin Bril (2002) *De afsluitdijk en verder*. Amsterdam: Prometheus, pp. 204-206.

Martin Bril (Utrecht, 1959) schrijft columns, tot 2001 voor *Het Parool*, later voor *de Volkskrant*. In zijn columns belicht hij verrassende kanten van dagelijkse bezigheden en de mensen om hem heen, zowel bij hem thuis als in zijn omgeving. Zo schildert hij een mildironisch beeld van Nederland en de Nederlanders.

EINDVRAAG

Het komt vaak voor dat een Nederlands woord ook voorkomt in een andere taal, maar dan iets heel anders betekent. Vaak levert dat grappige combinaties op.
Bijvoorbeeld (de uitspraak is hetzelfde, de spelling in de andere taal staat tussen haakjes):

bellen	in het Duits: blaffen (bellen)
dol	in het Engels: een pop (a doll)
wie	in het Frans: ja (oui)
Kees	in het Hongaars: klaar (kész)
jij	in het Noors: ik (jeg)

Zoek in je eigen taal (of een andere) nog meer van dergelijke voorbeelden.

REFLECTIE

- Wat heb je in dit hoofdstuk geleerd?
- Wat beheers je nu voldoende?
- Wat beheers je nog niet voldoende? Op welke manier kun je eraan werken om dat wel te beheersen?

- Welke woorden ken je nu rond het thema 'ongelooflijk'?
- Maak in tweetallen een woordweb rond dit woord.

6 Geïntegreerd

Small talk — opdracht 1

Reageer op de volgende zinnen.

1 (bij het koffieapparaat) Zo, eerst even een kopje koffie.
2 Nou, het apparaat heeft er niet zoveel zin in, geloof ik.
3 In plaats van dat ze er eens een goed apparaat neerzetten.
4 Het is een stuk frisser dan gisteren.
5 Je kunt wel ruiken dat het lente wordt.
6 Lekker dat zonnetje, zo.
7 Wat is het hier benauwd!
8 (bij de bus) Op tijd rijden is blijkbaar ook moeilijk.
9 (bij de bus) Wat een rotzooi ligt hier weer op straat.
10 (bij de kassa) Ik snap niet dat ze geen extra kassa opendoen.

Boekentempel wordt cultureel centrum

BODEGRAVEN, 10 SEPTEMBER – **De bibliotheek verliest de strijd van internet. 'Als je wilt weten hoe je een roos moet snoeien, ga je geen boek meer lenen.' Daarom zijn er tegenwoordig in de bibliotheek ook cd's en dvd's en kun je internetten.**

DOOR ONZE REDACTEUR RON RIJGHARD

'Ik kom hier alleen om te internetten. Thuis faalt de verbinding.' Mike Lourens is een 21-jarige student maatschappelijke dienstverlening. Hij bezet een van de zes computers in de bibliotheek van Bodegraven.

Het is een warme ochtend en het is stil in de grote ruimte met manshoge rekken met boeken. In een hoek staan leestafels met kranten en tijdschriften, langs de wand een bak met cd's en dvd's: de Heimat-trilogie, maar ook *Ocean's twelve*.

Lourens is geen lid van de bibliotheek. 'Ik was een jaartje lid op mijn twintigste, maar vond niet wat ik zocht, vooral filosofieboeken.' Hij schaft ze nu zelf aan. 'Ook als je niet veel geld hebt, lukt dat wel.'

Monique Jonker meldt net haar zoontje aan als lid. 'Hij heeft een grote behoefte aan nieuwe boekjes. Die zijn anders niet aan te slepen.' Ze zoekt ook thematisch op boekjes over baby's. 'Hij krijgt straks een broertje of zusje. Daar kun je hem met internet niet op voorbereiden.' Zelf is de 34-jarige al 'heel lang' geen lid meer. 'Ik lees boeken graag opnieuw. En ik wil de nieuwste boeken hebben, die waren er vaak nog niet. In sommige boeken lees ik steeds een klein stukje, maar dan moet zo'n boek na drie weken terug. Nu koop ik veel of ik ruil met vriendinnen.'

Jonker en Lourens passen in de landelijke trend dat het bibliotheekbezoek in Nederland terugloopt. Niet bij jonge kinderen, die door ouders tot trouwe lezers worden gevormd, en niet bij de Turkse en Marokkaanse jeugd, maar vooral bij de leeftijdsgroep 20 tot 34 jaar, waar de belangstelling voor boeken lenen tussen 1996 en 2003 bijna halveerde. Dat blijkt uit onderzoek van het Sociaal en Cultureel

Minder boeken

Totale collectie bibliotheken, in miljoenen

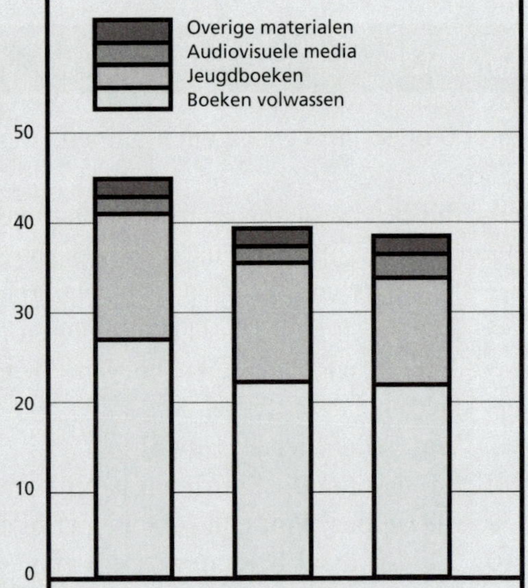

Aankoop nieuwe exemplaren (boeken, dvd's, etc.) al jaren rond 2,6/2,7 miljoen exemplaren per jaar.

Planbureau (SCP), dat deze week een rapport publiceerde over het welzijn van de Nederlander.

Al sinds 1975 wordt er steeds minder gelezen. De bibliotheken voeren een strijd om de tijd en aandacht van de Nederlander. Deze strijd verliezen ze van internet, televisie en andere vormen van recreatie. 'Als je vroeger wilde weten wanneer het een goed moment was om de rozen te snoeien, dan ging je naar de bibliotheek voor een boek over rozen. Tegenwoordig zoek je dat uit op internet. Dat is een van de redenen dat er minder boeken worden geleend', aldus Frank Huysmans. Huysmans is sinds begin deze maand bijzonder hoogleraar bibliotheekwetenschap aan de Universiteit van Amsterdam. Als SCP-medewerker schreef hij het bibliothekendeel van het rapport.

Het SCP mat of iemand in de vier weken ervoor een boek had geleend. In 1995 was dat nog 32 procent van de bevolking, in 2003 was het gedaald tot 25 procent. Die trend wordt gestaafd door cijfers van de Vereniging van Openbare Bibliotheken over dezelfde periode: het aantal uitleningen daalde met 16 procent, dat is 28 miljoen 'materialen' per jaar, tot 152 miljoen in 2003. Het aantal leden daalde minder hard, met 6 procent, tot nog altijd 4,3 miljoen leden in 2003.

De daling van het aantal Nederlanders dat de bibliotheek bezoekt is geen goede ontwikkeling voor de bibliotheken, maar zorgwekkend achten zij de situatie niet, aldus Cedric Stalpers, woordvoerder van de vereniging. De stemming is eerder 'strijdbaar en ondernemend'.

De nieuwe bibliotheek rekent niet in boeken, maar in materialen – dus ook dvd's, cd's, video's en bladmuziek. Uitlenen is niet heilig, ook internetbezoeken tellen. Verheugd zijn de bibliotheken over het succes van Aladin, de digitale vraagbaak. Per mail kun je een vraag stellen, waarna de informatie je binnen enkele dagen wordt toegestuurd. Aladin verwerkt momenteel twintigduizend vragen per maand, aldus Huysmans. Het medium is ver-

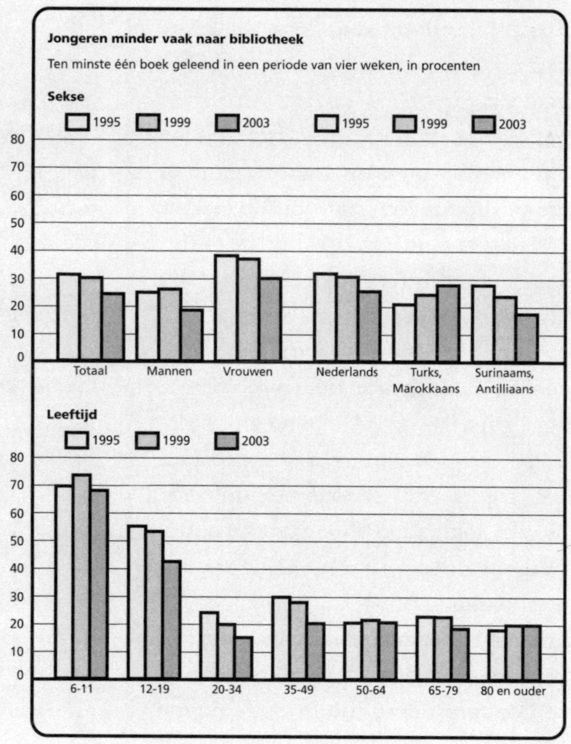

anderd, onze taak om te informeren niet, zegt Stalpers.

In 2000 besloten de bibliotheken tot een omslag. Ze fuseerden op grote schaal om te komen tot kostenbesparingen en ze investeerden in nieuwe media en nieuwe activiteiten.

'Bibliotheken worden steeds meer culturele centra', zegt Huysmans. 'Wie alleen kijkt naar hoeveel er wordt gelezen, miskent de functies die een bibliotheek óók heeft: koffie, krantje, informatie, dienstverlening.' Niet langer een 'boekentempel' of 'centrum van volksverheffing'. Huysmans: 'De bibliotheek vecht nog tegen het imago van de grijze dame met knotje die je op de vingers tikt en fluistert dat je stil moet zijn.'

Volgens Stalpers kampen de bibliotheken niet met bezuinigingen. Hoewel bibliotheken door de eigen gemeenten worden gesubsidieerd, bestaan er 'arme regio's' zoals de provincies Limburg, Utrecht en Zuid-Holland. Daar wordt minder geld uitgegeven aan bibliotheken. Bodegraven krijgt 'veel te weinig', stelt manager Annemarie Sepers. De gemeente Bodegraven geeft zo'n 9 euro per inwoner uit aan bibliotheken. De richtlijn van de overheid is 11 euro per inwoner. Als gemeenten dat halen, krijgen ze vanaf komend jaar een bonus van 82 cent per inwoner. Sepers heeft goede hoop dat dit extraatje de gemeenteraad binnenkort overhaalt om meer te gaan geven.

Arme bibliotheken moeten meer zelf verdienen. Mevrouw Van der Kooij, een oudere dame die in Bodegraven lid wil worden, zint het niet. 'Dan word ik toch geen lid!' Het eenmalig inschrijfgeld van 2,25 euro, bovenop het lidmaatschap van 34 euro, schiet haar in het verkeerde keelgat. Buiten legt mevrouw Van der Kooij uit waarom. 'Betalen voor de administratie, daar ben ik principieel tegen. In België betaal ik 4,50 euro per jaar, met gratis internetten. Ze zijn hier ook duurder dan in Voorschoten.' Ze was altijd al lid en wilde, nadat ze een tijd last had van haar ogen, weer boeken lenen. 'Veel naslagwerken, computerboeken, naar verhouding weinig leesboeken.' De bibliothecaresse reageert gelaten op de weggelopen bezoekster. 'Ik vind het niet gek. Het is ook duur.'

De voornaamste wens van de bezoekers van de bibliotheek is ruimere openingstijden. Dat blijkt uit het `ideeënboek' op de balie. 'Graag vaker open!' staat er op bijna elke bladzijde.

Deze werkdag is de bieb open van half elf tot half een. Dat is twee van de twintig uur per week. Verder zijn er legio voorstellen. 'Ik zou graag willen dat je hier gratis kunt internetten', schrijft iemand. 'Ik kom hier met plezier, maar ik wil meer hoe-overleef-ik-boeken en lekkere kussens om lekker te lezen en ik wil Marokkaanse boeken. Groetjes, Siham.'

En mevrouw Van der Kooij – wordt ze nog lid als haar boosheid is gezakt? Ze glimlacht zuur. 'Ik denk het wel. Betaal ik 36 euro voor dat ene boek dat ik zoek.'

NRC Handelsblad, 10 november 2005

Stervocabulaire

betreuren	We betreuren het dat de gemeente bezuinigt op de bibliotheek. De bibliotheek is toch belangrijk en noodzakelijk!
overnemen	Door de veranderingen neemt de bibliotheek taken over van andere culturele instellingen.
pleiten	In zijn toespraak pleitte hij voor meer subsidie voor culturele organisaties.
de verhouding	De verhouding fictie - non-fictie is in deze bibliotheek ongeveer 60 - 40.
voornaam	De voornaamste taak van de bibliotheek is informatie bieden. Dat kan in de vorm van boeken, maar ook door internetmogelijkheden aan te bieden.

Vocabulaire

achten	Het bestuur acht sluiting van dit filiaal niet noodzakelijk.
niet heilig zijn	De verkoopcijfers zijn niet heilig. Het gaat niet alleen om de hoeveelheid winst; ook de waardering van ons product is belangrijk.
kampen met	Dit tijdschrift kampt al maanden met verlies. De redactie probeert nu terug te komen met een nieuwe formule.
overhalen	Ik heb wel duizend redenen en argumenten gegeven, maar ik kon hem niet overhalen om lid te worden van de boekenclub. Jammer!
de strijd	Wat denk je, wint de bibliotheek de strijd tegen de televisie en de computer?

↔ Reageer opdracht 2

Reageer op onderstaande uitspraken bij de tekst *Boekentempel wordt cultureel centrum* en gebruik daarbij de woorden die bij de uitspraak staan. Dat zijn woorden uit de tekst. Zoek ze eventueel op, en let er goed op hoe ze gebruikt worden: plaats in de zin, combinatie met andere woorden.

1 De bibliotheek verliest de strijd met internet.
informatie - internet - uitzoeken

2 Bibliotheekbezoek in Nederland loopt terug.
trend - leeftijdsgroep - halveren

3 Het SCP heeft onderzoek gedaan naar het bibliotheekbezoek.
staven (gestaafd) door - uitleningen - leden

4 Hoe reageren de bibliotheken op deze cijfers?
zorgwekkend - taak - media

5 Wat gebeurde er in de bibliotheekwereld vanaf 2000?
fuseren - omslag - functies - imago

6 Hoe is de financiële situatie van bibliotheken?
gemeente - richtlijn - halen

Grammatica

Leg aan de hand van de volgende zinnen de functies van er (daar) uit.

- Al sinds 1975 wordt er steeds minder gelezen.
- Het SCP mat of iemand in de weken ervoor een boek had geleend.
- Betalen voor de administratie, daar ben ik principieel tegen.
- Hoewel bibliotheken door de eigen gemeenten worden gesubsidieerd, bestaan er arme regio's, zoals de provincies Limburg, Utrecht en Zuid-Holland.
- Daar wordt minder geld uitgegeven aan bibliotheken.
- Je mag er maximaal acht lenen.

opdracht 3

Hierna vind je fragmenten uit een column. Ga samen met een medecursist na waarom er is gebruikt. Zoek ook plaatsen waar er gebruikt had kunnen worden, maar waar de schrijver dat niet gedaan heeft.

Een treinreiziger bemerkt halverwege zijn reis dat de storm te veel problemen oplevert om zijn eindbestemming te kunnen bereiken.

Dan maar weer huiswaarts. Dat zou toch wel lukken? Ik deed er zes uur over om Zwolle te bereiken. Daar bleek al het treinverkeer tot nader orde stilgezet. NS-medewerkers delen aan verwaaide reizigers mee dat de piek van de storm wordt afgewacht, maar er is een kleine kans dat er later op de avond weer treinen gaan rijden. Hoop. Er rest niets anders dan te wachten op de storm. De NS verstrekt gratis koffie en broodjes. In de restauratie heerst een licht opgewonden stemming. Die wordt jolig als na de koffie wordt overgeschakeld op wijn en bier. Mensen raken aan de praat. Herinneringen aan andere stormen. 'Duidelijkheid', hoor ik iemand zeggen, 'dat is belangrijk: beter geen hoop dan halve hoop.' Ik weet het niet. Sommige mensen slagen erin vervoer te regelen. Een vrouw vraagt of ik mee wil naar Amersfoort. Ik zeg dat ik de andere kant op moet, maar even later fantaseer ik: als ik nu eens met haar was mee gegaan? Wanneer krijg ik zo'n kans weer? Het is half elf en ineens roept iemand naar een spoorbeambte: 'Is er al nieuws!' 'Nee, ik weet ook niets', antwoordt hij. Even later volgt het bericht: er rijden definitief geen treinen meer. Er is noodopvang geregeld. Ineens is de aardigheid eraf. Liever halve hoop, dan geen hoop, denk ik. Desnoods een klein beetje.

Gerrit Breeuwsma, *Universiteitskrant Groningen*, 25 januari 2007

opdracht 4

Reageer op de vragen of opmerkingen en maak daarbij gebruik van de woorden tussen haakjes. Gebruik in je reactie ook er of daar.

Voorbeeld:
Moet je bezuinigen op kleding?

Ja, ik moet erop bezuinigen. / Ja, daar moet ik op bezuinigen.
Ja, ik bezuinig erop. / Ja, daar bezuinig ik op.

1 Heb je nog gereageerd op die vacature voor een onderzoeker? (solliciteren naar)
2 Wat vind je van al die kauwgum op straat? (gewend zijn aan)
3 Weet jij hoe ik deze foto kan bewerken? Moet ik hem dan eerst opslaan? (ervaring hebben met)
4 Heb je dat artikel gelezen over beroemde Nederlanders? (commentaar hebben op)
5 Vind je het goed dat we de afspraak naar volgende week verplaatsen? (akkoord gaan met)
6 Kun jij een autoband verwisselen? (handig zijn in)
7 Wat vind je van die tendens? (kritiek hebben op)
8 Ben je echt zo gek op drop? (verslaafd zijn aan)
9 Vind je het een probleem? Het is juist een uitdaging! (het eens zijn met)
10 Ga je morgen mee een dagje winkelen? (zin hebben in)
11 Waarom mag deze cartoon niet in de krant? (beledigen met)
12 Weet je zeker dat hij die gegevens gestolen heeft? (verdenken van)

Gegevens beschrijven — opdracht 5

Je ziet hier woorden die je kunt gebruiken als je een tabel of grafiek moet beschrijven.
Neem die woorden goed door. Je ziet daaronder voorbeelden van zinnen waarin die woorden gebruikt zijn.

Het diagram laat ______ zien.
De grafiek toont ______

het aantal X + PV (singularis)
het percentage X + PV (singularis)
______ procent van de X + PV (singularis)

toenemen	de toename	sterk, fors, licht, geleidelijk
groeien	de groei	sterk, fors, licht, geleidelijk
stijgen	de stijging	snel, langzaam
afnemen	de afname	sterk, fors, licht, geleidelijk
dalen	de daling	snel, langzaam
gelijk blijven	de stagnatie	

- Het diagram laat de totale collectie boeken zien, in miljoenen.
- De grafiek toont de ontwikkeling in bezoekersaantallen in de bibliotheek.

- Het aantal Nederlandse bibliotheekbezoekers is niet veel groter dan het aantal allochtone bezoekers.
- Het percentage Surinamers en Antillianen dat regelmatig de bibliotheek bezoekt, is al jaren stabiel.
- 30 tot 40 procent van de vrouwen leent regelmatig een boek uit de bibliotheek.
- Het aantal uitleningen is in het tweede kwartaal sterk toegenomen, van 13.000 naar 16.500.
- Het aantal bezoekers dat voor andere materialen dan boeken komt, groeit geleidelijk.
- Door de komst van de digitale vraagbaak Aladin is het aantal bibliotheekleden fors gestegen.
- In de loop van de jaren negentig daalde het aantal bibliotheken licht.
- Daar zien we een stagnatie in het aantal uitleningen.
- Ook het aantal uitleningen bleef gelijk.

Schrijf één of meer zinnen waarin je de gegeven informatie verwerkt.

1 Eenoudergezinnen in Nederland:
2001: 384.000
2006: 444.000

2 Herkomst van de ouder in een eenoudergezin:

3%	Turkije
2%	Marokko
3%	Nederlandse Antillen en Aruba
7%	Suriname
18%	overige landen
67%	autochtoon

3 Tienergeboorten – aantal geboorten waarbij de moeder jonger was dan 19 jaar:

1950	5.000	1980	5.500
1955	5.000	1985	4.000
1960	7.000	1990	4.000
1965	12.000	1995	2.000
1970	12.000	2000	3.500
1975	8.000	2005	3.000

4 Tienermoeders, 2004 en 2005 vergeleken:

19-jarigen	- 7%	(minus 7% / min 7%)
17/18-jarigen	- 10%	
15/16-jarigen	- 17%	

5 Mensen met overgewicht, in procenten van de volwassen bevolking:

1981	1985	1990	1995	2000	2003	2005
33%	35%	38%	43%	45%	47%	45%

6 Percentage van de mannen / vrouwen uit de leeftijdsgroep 15-64 jaar die actief zijn op de arbeidsmarkt (minimaal 12 uur per week werken):

	mannen	vrouwen
2001	78,5%	55%
2002	78%	56%
2003	78%	57%
2004	77,5%	58%
2005	76,5%	58,7%

7 Werkende scholieren en studenten - hoeveel hebben er een bijbaan?

1993 - 34%
1995 - 37%
1996 - 41%
1997 - 44%
1998 - 48%
1999 - 53%

8 Scholieren en studenten met een bijbaan, verdeeld naar onderwijsniveau (1999):

mavo/vmbo	- 38%
havo/vwo	- 48%
mbo	- 58%
hbo	- 61%
wo	- 60%

9 Bekijk het diagram *Jongeren minder vaak naar de bibliotheek* (bij de tekst) en schrijf één of twee zinnen over de leeftijdsgroep 12-19 jaar.

10 Bekijk het diagram *Minder boeken* (bij de tekst) en schrijf één of twee zinnen over het aantal boeken dat de bibliotheken hebben gekocht.

Goed inburgeren

Het nieuwe inburgeringsexamen voor huwelijkspartners en familieleden van migranten dat vandaag ingaat, bevat nuttige informatie over de Nederlandse samenleving. Zo is het handig voor een nieuwkomer om te weten dat Amsterdam de hoofdstad van Nederland is, en dat iemand die ziek is, niet naar het ziekenhuis moet maar naar de huisarts, en ook dat ouders zelf een school mogen kiezen voor hun kinderen. Gewapend met deze kennis zullen vrouwen of mannen die met een Nederlander trouwen, hun problemen beter aankunnen. Ze zullen eerder in staat zijn om een zelfstandig leven te leiden, zodat ze niet zijn overgeleverd aan hun Nederlandse huwelijkspartner of gezinslid.

Zoals in elk examen staan er ook vragen in waarover deskundigen van mening kunnen verschillen. Een immigrant hoeft zich niet druk te maken over deze haarkloverijen, omdat het antwoord dat hij moet geven in de cursus is vervat. Wie tien keer de bijbehorende videofilm heeft gezien, kan de juiste termen hanteren aan de examencomputer en mag daarbij ook nog dertig procent van de vragen fout hebben. Maar hij of zij heeft dan wel iets geleerd. De vragen zijn opgesteld op basis van het advies van onder meer organisaties van allochtonen. Vergeleken met de enorme inspanning die emigratie naar Nederland kost, zijn cursussen en basisexamens voor taal en kennis in het land van herkomst bescheiden eisen.

Slecht voorbereide immigratie is een belangrijke oorzaak van integratieproblemen. Vooral bij immigrantengroepen aan de onderkant van de samenleving kan door een huwelijk met een partner uit Turkije of Marokko de integratie een generatie achteruit worden gezet. Een van de gevolgen van die vertraging is de hoge werkloosheid en het relatief lage scholingsniveau onder Turkse, Marokkaanse en Somalische Nederlanders. Deze immigrantengroepen hebben krachtens verdragen recht op hereniging met gezinsleden of op huwelijken met buitenlanders. Maar de Nederlandse overheid mag wel eisen stellen. Dat heeft het kabinet gedaan door de minimumleeftijd voor trouwen met een buitenlander te verhogen van 18 naar 21 jaar. Bovendien zijn er nu hoge legeskosten en moet de Nederlandse huwelijkspartner 120 procent van het minimumloon verdienen. Sinds de invoering van deze extra eisen is de huwelijksimmigratie flink aan het dalen.

Een minimumleeftijd van 21 jaar voor trouwen met een buitenlander is redelijk. Het is eveneens belangrijk dat een Nederlander die met een buitenlander wil trouwen, niet van een bijstandsuitkering leeft. Anderzijds, door een te hoge inkomenseis kunnen trouwlustige Nederlanders die financieel wel zelfstandig zijn maar geen vast inkomen hebben, in de problemen komen. Een taal- en kennistoets in het land van herkomst voor een aanstaande bruid of bruidegom is een beter selectiemiddel dan een hoge inkomenseis voor de Nederlander die met een buitenlander trouwt. Regeringen van andere Europese landen willen het Nederlandse voorbeeld bij gebleken succes volgen. Dankzij de nieuwe basistoetsen zijn er inmiddels in Marokko en in Turkije op particulier initiatief nieuwe bedrijven ontstaan die opleiden tot het inburgeringsexamen. Dat is een eerste succes.

NRC Handelsblad, 15 maart 2006

Stervocabulaire

(het) inkomen	Wat is het gemiddelde inkomen van een verpleegkundige? Verdient die meer of minder dan een docent?
leiden	Hij leidt een leven als een prins, en hij geniet er enorm van.
(de) staat	Omdat hij zo ziek was geweest, was hij niet in staat meteen hele dagen te werken.
de voorlichting	In deze film wordt voorlichting gegeven over het onderwijs in Nederland: wat voor scholen er zijn, de geschiedenis van het onderwijs, de organisatie, enzovoort.
voortaan	Vanaf vandaag gelden er nieuwe regels. Iedereen moet voortaan deze toets doen.

Vocabulaire

aankunnen	Ik weet niet of ik het aan zou kunnen om een hele week voor zes kinderen te zorgen.
eveneens	Laura komt uit Italië en haar man eveneens. Ze spreken thuis dus altijd Italiaans.

overgeleverd zijn aan	Tijdens die vakantie waren we overgeleverd aan de gids. Hij was de enige die de taal een beetje sprak.
de inspanning	Dewy is nog maar kort in Nederland. Een gesprek voeren in het Nederlands is nog een hele inspanning voor haar.
de invoering	Sinds de invoering van dit speciale buskaartje is het aantal reizigers verdubbeld.

↔ opdracht 6

Vul een van de woorden uit de lijst in.

1 Hij is vrijwilliger bij de voetbalclub. Hij ____________ een jeugdteam.
2 Als er maar één telefoonmaatschappij is, is iedereen daar __________. Zo'n maatschappij kan dan de prijzen verhogen zonder dat iemand iets kan doen.
3 Er kunnen jaren zitten tussen de eerste plannen voor een nieuwe wet en de ____________ ervan.
4 Op basis van je ____________ wordt bekeken hoeveel je zelf moet betalen voor kinderopvang.
5 Of tweehonderd euro duur is voor zo'n brommer, weet ik niet. Het hangt ervan af of hij nog in goede ____________ is.
6 Je hebt gelijk. Ik zal ____________ beter opletten.
7 U moet rustig aan doen. Vermijd ____________ en doe alles wat langzamer.
8 Ik vind het moeilijk om over mijn broer te praten die gestorven is. Hij spijt me maar dat ____________ ik niet ____________.
9 Op deze middag geven wij ____________ over de werking van het kopieerapparaat.
10 Alle docenten zullen er zijn. De directeur zal ____________ aanwezig zijn.

Ingeburgerd? opdracht 7

Beantwoord samen met een medecursist de volgende vragen uit de inburgeringstoets.

Is Nederland vaak nat of droog? Hoe lang duurde de oorlog met Spanje?

Voor de inburgeringstoets moeten aanstaande bruiden en bruidegommen een lespakket kopen, waarin een film zit over Nederland. Deze film bevat allemaal weetjes, die terugkomen in honderd vragen. Hier volgt een selectie.

1 In welk deel van de wereld ligt Nederland?
2 Welk land ligt ten zuiden van Nederland?
3 Welk land is groter, Nederland of Marokko?
4 Wat betekent Nederland?
5 Wat gebeurt er als er geen dijken zijn?
6 Noem een grote stad in de Randstad.
7 In Nederland, wonen daar veel mensen of weinig mensen?
8 Wat is de hoofdstad van Nederland?
9 In welke stad zit de regering?
10 Waar woont de koningin?
11 Waar ligt de grootste zeehaven?
12 Kijk naar de foto, wat is dit?

13 Hoe heet de nationale luchthaven?
14 Waar ligt Schiphol?
15 Wie helpt u als u in Nederland aankomt?
16 Is Nederland vaak nat of droog?
17 Als u naar Nederland komt, moet u dan opnieuw uw rijbewijs halen?
18 In Nederland, zijn de wegen daar rustig of druk?
19 In Nederland, zijn er veel fietsen of weinig fietsen?
20 Wat is typisch Nederlands in het verkeer?
21 Leven Nederlanders veel binnen of buiten?
22 Was de koning van Spanje protestant of katholiek?

23 Hoe lang duurde de oorlog met Spanje?

24 Hoe lang bestaat de Nederlandse staat ongeveer, vijftig jaar of vierhonderd jaar?

25 Waren de VOC-schepen voor de visvangst of voor de handel?

26 Is er in Nederland scheiding van kerk en staat?

27 Door welk land is Nederland bezet tijdens de Tweede Wereldoorlog?

28 Waarom is Anne Frank beroemd?

29 Welke kolonie van Nederland wordt onafhankelijk vlak na de Tweede Wereldoorlog?

30 Uit welk land kwamen veel gastarbeiders, uit Turkije of uit Engeland?

31 Wat doet de jongen achter de computer, leren of spelen?

32 Welke kolonie van Nederland wordt in 1975 onafhankelijk?

33 Uit welk land komt prinses Maxima?

34 Hoe heet de kroonprins?

35 Is Nederland een democratie?

36 Wat is de belangrijkste wet in Nederland?

37 Wie is de voorzitter van de raad van ministers, de minister-president of de koningin?

38 Wie ziet u op het plaatje?

39 Voortgezet onderwijs is dat voor kinderen vanaf vier jaar of vanaf twaalf jaar?

NRC Handelsblad, 15 maart 2006

Reacties op de inburgeringstoets — opdracht 8

Hieronder staan reacties van verschillende mensen op de inburgeringstoets. Reageer hierop.

- De Rotterdamse schooldirecteur Sean Clancy denkt dat bijna alle leerlingen van zijn overwegend zwarte vmbo-school niet voor de test zouden slagen.
- Deze test kan helpen bij de integratie van huwelijksmigranten, maar dan moet hij ook gemaakt worden door huwelijksmigranten uit Aruba, Europese landen, de VS, Canada, Australië en Nieuw-Zeeland.
- Veel Nederlanders zouden de historische vragen ook niet kunnen beantwoorden.
- De migrant zou door Nederland geleid moeten worden, om praktijkervaring op te doen. Dus niet uit een film leren dat handenschudden de manier van begroeten is, maar zelf doen.
- Gerard Spong, strafrechtadvocaat, vindt dat de toets in strijd is met de realiteit van Nederland. Op universiteiten wordt in het Engels gedoceerd. We vinden het fantastisch van onszelf dat we zo internationaal georiënteerd zijn. Niemand eist van buitenlandse managers bij multinationals dat ze Nederlands spreken.

De inburgeringstoets — opdracht 9

Schrijf een tekst waarin je uitlegt:

- wat de inburgeringtoets inhoudt
- voor wie hij bedoeld is
- welk commentaar er op de toets is
- wat je eigen mening is

Foto's van Nederland opdracht 10

Kies drie foto's die je het sterkst met Nederland associeert. Vertel welke foto's je hebt gekozen en waarom.

Uitbreiding grammatica

1 Er + persoonsvorm + indefiniet subject

Er staan twee bomen voor het huis.

Ook bij vraagwoorden: wat voor / wat voor een / welk(e) / wie / wat

Wat voor een auto staat er voor de deur?
Wat voor studenten zitten er in deze groep?
Welke bomen staan er in de tuin?
Wie is er vorig jaar naar Nederland gekomen?
Wat is er? Wat is er gebeurd?

2 Er + passief
Dit gebruiken we vaak in plaats van men. Zinnen met men klinken snel formeel.

Men vloekt veel in die serie. Er wordt in die serie veel gevloekt.
Men heeft hier vergaderd. Er is hier vergaderd.

3 Er vervangt een deel van de prepositiegroep

Voldoe je aan de eisen? Ja, ik voldoe eraan.

er → de eisen

Er kan ook vooruit wijzen. Dit gebeurt als het werkwoord een prepositie bij zich heeft:

Reis je graag met de bus?
Ja, maar ik heb er een hekel aan als ik moet staan in de bus.

Het werkwoord is: een hekel hebben aan, er → als ik moet staan in de bus

Ik raak ervan in de war als je steeds van taal wisselt.

Het werkwoord is: in de war raken van, er → als je steeds van taal wisselt

opdracht 11

Maak volledige zinnen.

Voorbeeld:
bang zijn voor (opereren) – **Ik ben er bang voor om geopereerd te worden.**
bang zijn voor (de uitslag is negatief) – **Ik ben er bang voor dat de uitslag negatief is.**

1 overtuigd zijn van (de opkomst voor de verkiezingen is groot)
2 wijzen op (zo'n groot cadeau is overdreven)
3 verlangen naar (we kunnen zwemmen in zee)
4 rekening houden met (de mensen reageren kritisch)
5 zich bewust zijn van (dit resultaat is matig)
6 behoefte hebben aan (een paar dagen vrij hebben)
7 vertrouwen op (alles loopt goed af)
8 moeite hebben met (zich verontschuldigen)
9 verantwoordelijk zijn voor (de cijfers kloppen)
10 rekenen op (niets ontbreekt)

opdracht 12

Werk in tweetallen. Stel elkaar de volgende vragen en beantwoord ze met een volledige zin, waarin je er als vooruitwijzer gebruikt.

1 Waar ben jij verantwoordelijk voor?
2 Waar reken je op?
3 Waar vertrouw je op?
4 Waar verheug je je op?
5 Waar ben je aan gewend?

Veel gebruikte zinnen met er.

- Dat hangt ervan af.
- Ik ben er wel aan toe.
- Ik ben het er niet mee eens.
- Ik ga ervandoor.
- Ik kom eraan!
- Is er iets?
- Je ziet er mooi uit.
- Mag ik er even langs?
- Wat is er gebeurd?
- Wie is er aan de beurt?

opdracht 13

Plaats de zinnen uit opdracht 12 (p. 175) in deze stukjes tekst:

1
- Meneer! Mogen wij bestellen?
- ______________________

2
- ______________________
- Dank je wel.

3
- Wil je nog wat drinken?
- Nee, ______________________
  Het is al half zes.

4
- Gelukkig, morgen begint de vakantie.
- ______________________

5
- Ga jij mee op de excursie?
- ______________________

6
- Vind jij dat ook?
- ______________________

7
- ______________________
- O, er heeft iemand een fles ketchup laten vallen, dat is alles.

8
- ______________________
- Ik, geloof ik. Mag ik twee paprika's?

9
- Je bent zo stil. ______________________
- Nee, hoor.

10
- Pardon. ______________________
- O, ja natuurlijk.

Reageer met een van bovenstaande zinnen:
- Kun je me even helpen?
- De volgende kan naar binnen.
- Geef jij aan goede doelen?
- Heb jij al zin in koffie?
- Jeetje, wat ik nu heb meegemaakt!
- Kan ik je even spreken?

- Kan ik zo naar de schouwburg?
- Moet je weg?
- Sta ik in de weg?
- Wat vind jij van dat plan?

Vooroordelen track 10

Bedenk, voordat je naar het fragment kijkt, welke stereotyperingen je kent over:

- vrouwen met een hoofddoek
- blondjes (= vrouwen met blond haar)
- mannen
- Marokkanen
- Hollanders
- vrouwen

Luister naar het beeldfragment. Kijk of je stereotyperingen kloppen en beantwoord de volgende vragen.

1 Wat is de definitie van een vooroordeel?
2 Welk voorbeeld van een positief vooroordeel wordt er genoemd?
3 Waarom denken mensen in vooroordelen?
4 Noem twee voordelen van vooroordelen.
5 Wat vond Samir in eerste instantie van Hedwig Uit-ten-Boogert?
6 Wat werd er door de mensen allemaal over Samir gezegd?
7 Waarom ziet Samir zichzelf niet als allochtoon?
8 Welk vooroordeel heeft Samir over Nederlanders?

opdracht 14

Wat betekenen de volgende woorden / zinnen?

1 We scheren alle groepsleden over één kam.
2 De dameskapper is een kletskous.
3 Hij is slinks.
4 Hij probeert je te bedonderen. Hij probeert je te belazeren.
5 We gaan daarmee nog wel eens kort door de bocht.
6 We zijn op onze hoede.
7 Je bent een lekkere melkkoe voor hem.

De verloren brieven   opdracht 15

Met opzet brieven verliezen en dan afwachten welke toch in je brievenbus belanden: dat is het zogenaamde verloren-brieven-experiment. Het is een veel gebruikte techniek om in de samenleving bestaande meningen over sociale kwesties te onderzoeken, door in te spelen op de neiging van mensen om anderen te helpen. Deze *lost letter*-techniek werd ontwikkeld in de Verenigde Staten door de psycholoog Stanley Milgram.
In een experiment werd deze *lost letter*-techniek gebruikt om stereotypen met betrekking tot etniciteit te onderzoeken.
In een heel gemiddelde plaats in Nederland, in Weesp, werden 400 brieven zogenaamd verloren. In die groep van 400 waren vier adresgroepen gemaakt:

- brieven geadresseerd aan de Vereniging voor multicultureel Nederland
- brieven geadresseerd aan de Vereniging Natuurmonumenten
- brieven geadresseerd aan Mustafa
- brieven geadresseerd aan Maurice.

Hoeveel 'verloren' brieven denk je dat er van elke categorie zijn gepost? Waarom?

Apenkooien   opdracht 16

Je werkt met de hele groep.
Je docent legt tien verschillende spreekopdrachten in de lesruimte. Zoek een gesprekspartner en doe met hem een van de opdrachten. Na een bepaalde tijd geeft je docent een signaal. Dan zoek je een nieuwe gesprekspartner en een nieuwe opdracht.

We dig Gerard Reve

Inez Hollander

Studenten Nederlands aan de Universiteit van Californië hebben veel bewondering voor de schrijver Gerard Reve (1924-2006). Zijn werk laat zich goed vertalen naar het Engels, zo blijkt.

In een artikel in *de Volkskrant* (Peiling: Reve Geniaal?, 10 april jl.) laat Harry Mulisch zich laatdunkend uit over het werk van Gerard Reve: 'Over vijftien jaar is er een nieuwe generatie in Nederland, en die begrijpt dat niet meer. Het is onvertaalbaar. Het is niet voor niets dat hij in het buitenland nooit aansloeg.'

Onvertaalbaar dus, en over een generatie uit de mode en vergeten. Ik besluit de proef op de som te nemen door wat teksten van Reve te laten zien aan mijn gevorderde studenten Nederlands aan de Universiteit van Californië in Berkeley.

Ik ben meestal voorzichtig met het introduceren van Nederlandse schrijvers: Annie M.G. Schmidt gaat er altijd in als koek bij beginners maar als ik van *Jip & Janneke* overstap op het Bucklerbier *loserdom* of de *Rijke Meiden* van Youp van 't Hek, dan loop ik snel tegen een muur van onbegrip: de cynische, niets ontziende Nederlandse humor wordt door Amerikanen als wreed, ordinair en beledigend ervaren. De humor van Reve zou bovendien onvertaalbaar zijn door de subtiele ironie die schuilgaat achter een verneukeratieve plechtigheid.

Dat een tekst het buitenland niet haalt, heeft niet altijd met kwaliteit te maken: de *New York Times* meldde vorig jaar dat van de 185.000 boeken die in 2004 in het Engels op de Amerikaanse markt verschenen, slechts 874 titels afkomstig waren van buitenlandse auteurs. Dat is minder dan een half procent van de totale Amerikaanse boekenmarkt. Omdat veel Amerikanen het buitenlandse referentiekader missen, doen ze vertalingen en films al snel af met het xenofobische '(too) foreign.'

Maar 'onvertaalbaar' is vooral onvoorspelbaar: ik heb altijd gedacht dat Wim de Bie en Kees van Kootens materiaal oernederlands was, maar de Vieze Man van Van Kooten en de gefrustreerde Duitse leraar van De Bie zijn doorgaans een succes.

Het wordt tijd om Reve los te laten op de tere Amerikaanse studentenzielen. Na mijn nieuwe Nederlandse woordenrubriek (*allochtonenstop* en *fotofucken* wat we in Amerika *doctoring* van foto's noemen), stap ik over op Reve. Ik houd het summier, vertel iets over zijn leven en status als Nederlands schrijver maar zeg weinig over de essentie van zijn werk omdat ik de studenten niet wil beïnvloeden. Dutch 125, het hoogste niveau van Nederlandse taalverwerving in Berkeley, bestaat uit een kleine gemêleerde groep: de Indonesische Upik en de Amerikanen Phil, Nienke en Knightcarl ('Noem mij maar Kees', riep hij tijdens onze eerste bijeenkomst).

Ik speel een *podcast* die de doorleefde grafstem van de auteur laat horen. Het krakende geluid van de bandopname dat niet past in de digitale wereld van de podcasts, geeft de stem van Reve een bepaalde geheimen diepzinnigheid. Hij leest het gedicht *Roeping* voor. De studenten willen het nog een keer horen om er zeker van te zijn dat ze alle woorden begrepen hebben.

'Subliem!' vindt Kees, terwijl Upik struikelt over de woorden 'ongewassen aap' en 'smoel'. Als ik die woorden vertaal, doorgrondt Upik dat rare poldertaaltje van ons en is het alsof de moesson wegtrekt en de zon haar warme stralen laat vallen op de sawa. Haar gezicht straalt bij dit gedicht van Reve. 'Professor Hollander', schrijft ze me later in een e-mail: 'Ik zat op een katholieke middelbare school en ik heb dezelfde nonnen gezien: hun stille toewijding is zo indrukwekkend.' We lazen ook het gedicht 'Pedofiel Nachtlied' in de klas. Upik zegt daarover: 'Het is humoristisch op een verontrustende manier, alsof Reve lacht om zijn eigen onvermogen dat afsteekt tegen de perfecte gemoedsrust en de religieuze climax van het knapenkoor.'

Uiteraard was Reve in de eerste plaats een schrijver van onvergetelijk proza en na de twee gedichten die zelfs het label 'vet cool' van Nienke krijgen, leg ik mijn studenten de eerste pagina van *De Avonden* voor. We zien de droombeelden van Frits van Egters met hoge snelheid aan ons voorbijgaan. De studenten merken direct de details op: het horloge van Frits dat aan een spijker aan de muur hangt, zijn obsessie met het dralen en dwangmatige vastleggen van de tijd, het thema van de dood... en de huiskamer met de visite.

'De verjaardagsvisite!' roept iemand waarop ik zeg: 'Weten jullie nog hoe dat gaat in Nederland met verjaardagsvisites?' Dit alles voorafgegaan door de wc-kalender die aanleiding tot bellen geeft nadat je doorgetrokken hebt. Amerikanen vinden de wc-kalender het toppunt van banaliteit. Diezelfde banale pragmatiek van de wc-kalender is benauwend aanwezig in de spruitjesambiance van *De Avonden*; de roman geeft een beeld van Nederlandse nuffigheid die door geen enkele andere schrijver op zo'n rake en dodelijke manier is vastgelegd.

We lezen verder: de man met de bolhoed en de dode man in de kist op de tafel is intrigerend, zo intrigerend dat als de laatste zin afbreekt en de studenten laat zweven als bij een *cliffhanger*, ze allemaal hun fotokopietje gretig omdraaien om meer te lezen.

Upik noteert *De Avonden* in haar map en Kees vraagt of hij de roman van mij kan lenen. We dig Gerard Reve lijken hun gezichten me te vertellen. Reve onvertaalbaar? Integendeel. Het wordt tijd om *De Avonden* te vertalen...

NRC Handelsblad, 4 april 2006

Roeping

Zuster Immaculata die al vier en dertig jaar
verlamde oude mensen wast, in bed verschoont,
en eten voert, zal nooit haar naam vermeld zien.
Maar elke ongewassen aap die met een bord dat hij
voor dit, of tegen dat is, het verkeer verspert,
ziet 's avonds reeds zijn smoel op de tee vee.
Toch goed dat er een God is.

Gerard Reve

Uit: *Verzamelde gedichten*, 1997, Uitgeverij L.J.Veen

Vocation

Sister Immaculata who, for thirty-four years,
has been washing, cleaning and feeding
incapacitated old people in their beds,
will never see her name mentioned anywhere.
But any scruffy jackass who, with his pro-this and
anti-that placards blocks traffic,
can already see his mug on the tube that evening.
It's good there is a God.

Gerard Reve

De vertaling van het gedicht 'Roeping', zoals die hierboven staat, werd gemaakt door de leerlingen van Inez Hollander.

Kies het juiste antwoord.

1 Waarom liet Inez Hollander haar Amerikaanse studenten Nederlands kennismaken met het werk van de schrijver Gerard Reve?
   a Naar aanleiding van een opmerking van (schrijver) Harry Mulisch: Reve is onvertaalbaar.
   b Omdat haar studenten behoefte hadden aan meer kennis over Nederlandse literatuur.
   c Omdat ze het belangrijk vindt dat deze studenten het werk van Gerard Reve kennen.

2 Waarom worden er zo weinig buitenlandse boeken (in vertaling) uitgegeven in Amerika?
   a Amerikanen zijn heel kritisch op literaire kwaliteit.
   b Amerikanen vinden buitenlandse literatuur al snel onbegrijpelijk.
   c Amerikanen houden meer van verfilmingen van buitenlandse literatuur.

3 Hoe is de eerste reactie van de studenten als ze Reve's gedicht *Roeping* hebben gehoord?
   a Ze begrijpen het niet.
   b Ze vinden het te grof.
   c Ze zijn enthousiast.

4 Inez Hollander laat haar studenten, na een paar gedichten van Reve, ook de eerste pagina van diens roman *De avonden* lezen. Waarom?
   a Dit boek is voor Amerikanen gemakkelijker te begrijpen dan de gedichten van Gerard Reve.
   b Gerard Reve was vooral bekend om zijn proza (romans en korte verhalen).
   c Dit boek is een goede aanleiding om meer te vertellen over de Nederlandse cultuur.

EXTRA

↔ **opdracht 17**

Hieronder zie je een aantal afkortingen verdeeld in categorieën.
Zoek de betekenis van onderstaande afkortingen op.

tijd

a.s.	Op 20 juni a.s. geef ik een feest.
jl.	Hierbij reageer ik op uw brief van 1 juni jl.
t.z.t.	We zullen t.z.t. contact met u opnemen.
m.i.v.	De nieuwe regeling geldt m.i.v. 1 januari.
t/m	De cursus duurt t/m 30 augustus.
z.s.m.	Wilt u z.s.m. reageren?

gebruikt in brieven

t.a.v.	Deze brief is voor jou, er staat t.a.v. mevrouw B. Visser.
d.d.	In mijn brief d.d. 12 maart heb ik de procedure toegelicht.
PS	PS Volgende week ben ik niet aanwezig.
NB	NB Het antwoordformulier moet uiterlijk 1 september teruggestuurd zijn.

overige afkortingen

a.h.w.	Dit verslag is veel te lang en uitgebreid, het is a.h.w. een roman.
bijv.	Het bedrijf doet niet veel aan emancipatie. Er zijn bijv. maar twee vrouwen in leidinggevende functies.
i.v.m.	De cursus gaat niet door i.v.m. te weinig aanmeldingen.
i.p.v.	De vergadering wordt verzet. De vergadering is nu op vrijdagmiddag i.p.v. donderdagochtend.
m.a.w.	Het schrijven van het rapport heeft vertraging opgelopen, m.a.w. het is te laat.
m.b.t.	Er zijn de laatste jaren veel nieuwe wetten ingevoerd m.b.t. het milieu.
m.n.	We hebben regelmatig contact met bedrijven in andere Europese landen, m.n. in Frankrijk en Spanje. Daar hebben we vooral contact mee.
n.a.v.	Er kwam een debat in de Tweede Kamer n.a.v. de uitspraken van de minister-president.
nl.	Hij heeft graag een grote auto, hij heeft nl. zes kinderen.
o.a.	In Nederland is er een aantal officiële casino's, o.a. in Scheveningen.
t.o.v.	De winst is gestegen t.o.v. vorig jaar: van 2 miljoen naar 2,3 miljoen.
z.o.z.	Let op, er staat ook iets op de achterkant van dit blad, kijk maar, hier staat: z.o.z.

Ken je zelf nog meer afkortingen?

LITERATUURFRAGMENT

Bij een brand in een kraakpand in Parijs ontsnapt er een hond. Deze hond gaat op Mulder af, een Nederlander die in Parijs renteniert. Mulder besluit de hond voorlopig bij zich te houden. Door de hond, die hem meetrekt, ziet Mulder andere kanten van het mooie Parijs. Hij ontdekt het Parijs van de straatbewoners, de bedelaars, de illegalen, de uitgestotenen.

Een paar dagen geleden zou hij aan die mensen zijn voorbijgegaan, maar sinds de hond schudde hij vele vieze handen. Iedereen stopte het dier wat toe. Was het dan allemaal berekening? Of kon een hond werkelijk om mensen geven? Dicteerde zijn maag niet de omgang? Zijn neus had in ieder geval geen last van de weerstand die Mulder moest overwinnen – de geuren die hij opsnoof, de handen die hij wel móést schudden... Hij kwam zelfs tegenover een kromgegroeide man te staan die hij onmogelijk in de ogen kon kijken, zo laag hing het hoofd, op z'n knieën. Heerlijk voor de hond, eindelijk een volwassen mens op niveau, maar Mulder keek neer op een nek met jaarringen aangewaaid vuil. Hij gruwde, al veinsde hij het heel normaal te vinden.

Bij de *soupe populaire* bevond hij zich te midden in een kluwen zwervers, gekken, oplichters, illegalen – stuk voor stuk vrienden van de hond, door honger tot elkaar gedreven. Hoewel er voor iedereen genoeg was, duwden ze elkaar weg voor de deur, maar tegenover de hond toonden ze hun beste kant. En ook zij begonnen over de brand. Ze spraken elkaar allemaal tegen en het dodental groeide van mond tot mond. Mulder wist niet eens van het bestaan van deze soupe, waar elke dag om kwart voor twaalf aan daklozen eten werd verstrekt, nog geen vijf minuten lopen van zijn huis. De hond trok hem naar een wereld waar hij geen flauw benul van had. Hij was er liever van verschoond gebleven – van het eelt dat zijn zachte handen beroerde, van hun vlekken die zijn smetteloosheid bespotten, van stank in hun kleren. Hun slechte gebitten, snot. Het tastte hem aan, hun verhalen braken bij hem in. Maar hij kon niet meer terug. Niet de hond, híj zat aan de riem.

Uit: Adriaan van Dis (2007) *De wandelaar*. Amsterdam / Antwerpen: Uitgeverij Augustus, pp. 31-31

EINDVRAAG

Wanneer ben je echt geïntegreerd? Noem een aantal voorbeelden.

REFLECTIE

- Wat heb je in dit hoofdstuk geleerd?
- Wat beheers je nu voldoende?
- Wat beheers je nog niet voldoende? Op welke manier kun je eraan werken om dat wel te beheersen?

- Welke woorden ken je nu rond het thema 'geïntegreerd'?
- Maak in tweetallen een woordweb rond dit woord.

7 Verstandig

DIKKEVANDALE en winklerprins
encyclopedie te koop aangeboden.
setprijs € 50,-. Ben net getrouwd en zij
weet toch alles beter!!!
06-280485263, email: barrynouwens@
gmail.com Webcode: KLM 590861

Te koop — opdracht 1

Bedenk zelf ook een grappige advertentie.

Nijmegen – student moet uren maken

Als je net van de middelbare school komt, is 34 uur zelfstudie te veel

VAN ONZE VERSLAGGEVER GERARD REIJN

In Nijmegen moeten eerstejaarsstudenten 35 uur per week gaan studeren. Het aantal uren college gaat omhoog. Anders studeren vooral alfa's en gamma's veel te weinig.

De Radboud Universiteit Nijmegen wil studenten weer aan het werk zetten. 'Onze inzet is dat alle studenten weer 35 uur per week gaan studeren', zegt Roelof de Wijkerslooth, voorzitter van het college van bestuur van de universiteit.

Geneeskunde- en bèta-studenten doen dat al, dus die zullen van de nieuwe wind in Nijmegen niet veel merken. Maar wie volgend jaar naar Nijmegen gaat en kiest voor studies als rechten, politicologie, psychologie, Engels, geschiedenis of economie, zal op verrassingen worden getrakteerd.

Al jaren wordt geklaagd over de achteruitgang van het hoger onderwijs. Over studenten die slechts incidenteel op de universiteit komen. Over studenten in vakken als rechten, psychologie en economie die gemiddeld niet meer dan 25 uur per week studeren. En over het geringe aantal contacturen, de uren dat de student een docent ziet. De Wijkerslooth geeft toe: ook op zijn universiteit is een

Universiteiten benutten miljoenen Paasakkoord
Uit de *Studentenmonitor*, een onderzoek in opdracht van het ministerie, blijkt dat studenten geneeskunde en exacte wetenschappen in 2003 vijf tot acht uur meer aan hun studie besteedden dan in 2000. Studenten in alfa- en gammawetenschappen studeerden nauwelijks langer dan in 2000.
De Radboud Universiteit gaat juist die groep harder laten studeren. Bij het Paasakkoord kregen de universiteiten een extraatje dat oploopt tot 133 miljoen euro per jaar in 2010. Universiteiten die het extraatje net als Nijmegen niet aan speciale projecten besteden:
De Rijksuniversiteit Groningen gebruikt het om gestegen kosten te dekken, zoals energie, pensioenen, een loonstijging en compensatie voor eerder opgelegde bezuinigingen.
De Universiteit Leiden en de Universiteit van Amsterdam steken het geld in de 'algemene middelen'.
De Erasmus Universiteit heeft het nodig voor de groei van het aantal studenten, en verbetert de administratieve processen van accreditatie.
De Universiteit van Maastricht steekt het geld in onderwijs, met name om de groei van het aantal studenten op te vangen.

opleiding met tien contacturen in de week 'niet uitzonderlijk'. 'En met tien contacturen is het heel moeilijk de vlam van het enthousiasme over te brengen.'

Juist daaraan wil hij iets gaan doen. Het aantal contacturen moet omhoog, idealiter naar 18 tot 20 in de week. Daarbij gaat het hem uitsluitend om de eerstejaars, want daar zitten de grote problemen. 'Stel dat je als eerstejaars naar de stad komt. Je hebt maar zes contacturen per week, maar je moet wel 40 uren studeren. Je moet dus 34 uur zelfstudie doen. Maar we hebben het over mensen die net van de middelbare school komen, die in een verwarrende periode van hun leven zitten. Dan is dat te veel gevraagd.'

Dus studeren ze veel te weinig, waardoor ze achterstanden oplopen. Een bijkomend probleem is dat de eerstejaars die verkeerd hebben gekozen, daar vaak veel te laat achter komen. Hoe intensiever de studie, hoe eerder dat besef doorbreekt. Met ingang van volgend jaar wordt al die traagheid ook nog eens financieel riskant voor de student. Het nieuwe leerrechtensysteem geeft studenten van de meeste studies slechts zes jaar studietijd, daarna wordt het collegegeld fors hoger. De Wijkerslooth: 'We hadden het idee al langer, nu pas hebben we er geld voor. Dankzij het Paasakkoord.'

Toen het kabinet dit voorjaar ten onder dreigde te gaan op het plan voor een gekozen burgemeester, moest vooral D66 tevreden worden gesteld met een hernieuwd regeerakkoord. In het zogenaamde Paasakkoord kreeg D66 gedaan dat er 250 miljoen extra kwam voor het onderwijs. Daarvan gaat een bedrag dat oploopt tot 133 miljoen naar de universiteiten, en daarvan 5 à 6 miljoen naar Nijmegen. De Wijkerslooth: 'Ik roep nog elke dag halleluja voor D66.'

De Wijkerslooth steekt al dat geld in het onderwijs aan eerstejaars alfa's en gamma's. Daar zijn de problemen het grootst, en dat komt volgens hem

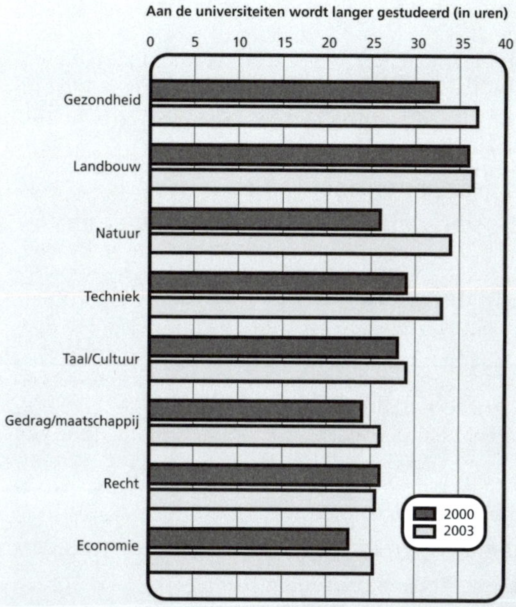

door het financieringssysteem: 'De universiteit krijgt voor een bèta- of medicijnenstudent tweemaal tot driemaal zo veel als voor een alfa- of gammastudent.' Geldgebrek heeft het onderwijs aan alfa's en gamma's ondermijnd.

De Wijkerslooth durft niet te voorspellen in hoeverre het aantal contacturen met de beschikbare miljoenen is op te voeren. Maar het is wel te voorspellen dat met die vijf miljoen zo'n 120 docenten kunnen worden aangetrokken. De Wijkerslooth verwacht niet dat dat een probleem zal zijn. 'Alleen misschien bij studies als economie.'

Alle faculteiten broeden nu op plannen. Bij rechten wordt gedacht aan meer hoorcolleges, maar vooral aan het inzetten van betere, ervarener docenten. Decaan Ybo Buruma: 'We hebben nu al 18 uur colleges en werkgroepen. Maar veel studenten komen daar voor niet uit hun bed. We moeten ze meer uitdagen. Niet alleen aandacht voor kennis en vaardigheden, maar ook voor oordeelsvorming.'

de Volkskrant, 20 oktober 2005

Beantwoord de volgende vragen over de tekst. Maak in je antwoord gebruik van het groengedrukte woord.

Voorbeeld:
Hoe vangt de universiteit van Maastricht de groei van het aantal studenten op?
Maastricht vangt dat op door meer geld te investeren in onderwijs.

1 Wat geeft de voorzitter van het college van bestuur van de Radboud Universiteit, de Wijkerslooth, toe?
2 Wat kun je volgens hem met een gering aantal contacturen moeilijk overbrengen?
3 Hoe komt het dat de achterstanden oplopen?
4 Waar komen eerstejaars studenten vaak te laat achter?

5 Hoe kun je ervoor zorgen dat het besef van een verkeerde studie eerder **doorbreekt**?
6 Is het duidelijk of het aantal contacturen is **op** te **voeren**?
7 Hoeveel docenten kunnen er worden **aangetrokken** voor vijf miljoen euro?
8 Welke criteria zijn er voor het **inzetten** nieuwe docenten?
9 Wie moet volgens decaan Buruma meer worden **uitgedaagd**, en waarom?
10 Waar **steken** de verschillende universiteiten het geld **in**? Bespreek twee universiteiten.

Stervocabulaire

gemiddeld	Maria werkt **gemiddeld** 20 uur per week. De ene week is dat wat meer, de andere week wat minder.
indienen	Als je verlenging van je studietijd wilt, moet je een verzoek **indienen** bij het hoofd van de faculteit waaraan je studeert.
opknappen	Deze fiets is niet nieuw meer, maar als je handig bent en je kunt hem een beetje **opknappen**, kan hij nog wel een tijdje mee.
de schade	De storm van vannacht heeft op veel plaatsen **schade** aangericht. De schade bedraagt vier tot vijf miljoen.
uitrekenen	Om precies **uit te rekenen** wat je woonkosten per maand zijn, moet je ook de jaarlijkse belasting meetellen.

Vocabulaire

in hoeverre	Ik weet niet **in hoeverre** jij bekend bent in dit gebouw, maar het is waarschijnlijk handig om samen even het hele gebouw door te gaan.
uitdagen	Hij zat me de hele avond **uit te dagen** met zijn gemene grapjes, maar ik heb niet gereageerd. Hij doet dat alleen om mij boos te maken, dat snap ik best.

uitzonderlijk	Ons voetbalteam heeft zondag uitzonderlijk slecht gespeeld. We verloren met 12-1. We verliezen wel vaker, maar niet zo erg als deze keer!

opdracht 2

Welk vervolg past, a of b, of allebei? Leg ook uit wat de betekenis is.

1 Dertig uur studeren per week, dat is
   a meer dan gemiddeld.
   b volgens mij uitzonderlijk.

2 Mogen we geen mobiel meenemen naar tentamens? Belachelijk! Ik ga
   a een klacht indienen
   b het faculteitsbestuur uitdagen.

3 Hoeveel vierkante meter is er in dit huis gemeenschappelijk?
   a Dat moeten we samen opknappen.
   b Dat kan ik wel voor je uitrekenen.

4 Had die aanrijding nog gevolgen?
   a Ja, ik had wel wat schade aan mijn fiets.
   b Ja, maar het is de vraag in hoeverre ik zelf schuldig was.

opdracht 3

Bespreek met elkaar deze aspecten van de woorden:

1 gemiddeld – komt van het woord middel / midden. Ken je nog meer woorden met middel / midden?
2 uitrekenen – prefix uit + werkwoord rekenen. Welke andere prefixen kunnen voor rekenen staan?
3 Wat kun je opknappen? Wat betekent: een karweitje (voor iemand) opknappen?
4 Wat kun je indienen?
5 Wat voor werk doet een letselschadespecialist?

Problemen in het onderwijs — opdracht 4

Houd een korte monoloog over de problemen in het onderwijs. Ga daarbij in op de volgende vragen.

- Wat zijn de problemen in het onderwijs?
- Welke oorzaken worden daarvoor gegeven?
- Welke mogelijkheden zien de verschillende universiteiten nu ze extra geld hebben gekregen?
- Welke oplossingen voor het probleem zie jijzelf?

opdracht 5

Geef een reactie en maak gebruik van de woorden tussen haakjes. Denk ook om het gebruik van er / daar.

Voorbeeld:
Wat doet het Wereldnatuurfonds voor dieren? (opkomen voor)

Ze komen er voor op.
Daar komen ze voor op.
Ze komen er voor op dat alle dieren beschermd worden.

1. Vind je dat geen zonde van de tijd? (afhangen van)
2. Wat vind je, zal ik maar stoppen met die cursus? (doorgaan met)
3. Stimuleert deze professor discussies tijdens zijn lessen? (aanmoedigen tot)
4. Heeft hij het expres gedaan? (uitgaan van)
5. Heb jij je al ingeschreven voor het sporttoernooi? (meedoen aan)
6. Jij hebt volgende week examen, hè? (opzien tegen)
7. Hoe delen we voortaan de groepen in? (nadenken over)
8. Kunt u nog een keer herhalen wat de procedure is? (terugkomen op)
9. Ben je zo tevreden met deze tekst? (toevoegen aan)
10. Er was forse kritiek op de voorlichting. Wil je daar niet op reageren? (ingaan op)

opdracht 6

Bekijk de volgende zinnen en leg elkaar het gebruik van er of daar in deze zinnen uit.

1 Dat kun je niet forceren. Daar moet je niet op aandringen.
2 Men drong erop aan dat Nederland het tot dan toe gevoerde drugsbeleid zou aanscherpen.
3 Het komt erop neer dat het ziekenhuis de patiënt enkel het eigen deel laat betalen.
4 De inflatie is in oktober 2006 uitgekomen op 0,9 procent. Daar kwam de inflatie in maart ook op uit.
5 We hebben nog een oude tent. Daar moeten we ons vooralsnog mee behelpen.
6 Men bekommert zich er niet om dat men plotseling, geheel onverwachts, alles kan verliezen wat vertrouwd is.
7 Het is zo'n succes dat we het onszelf verwijten dat we ons daar niet eerder op toegelegd hebben.
8 De gemeente behoort zich erop voor te bereiden dat deze wet in maart ingevoerd kan worden.

Uitbreiding grammatica

De positie van er verandert bij een reflexief werkwoord met prepositie. Let ook op de volgorde van andere elementen.

- reflexieve werkwoorden met prepositie (zich schamen voor, zich verdiepen in)
- scheidbare reflexieve werkwoorden met vaste prepositie (zich voorbereiden op, zich neerleggen bij)

Hij schaamt zich misschien voor zijn oren.
Daar schaamt hij zich misschien voor.
Misschien schaamt hij zich daarvoor.
Hij schaamt zich er misschien voor dat hij geen geld heeft.

Ik leg me natuurlijk neer bij jullie besluit. / Ik leg me natuurlijk bij jullie besluit neer.
Ik leg me er natuurlijk bij neer. / Ik leg er me natuurlijk bij neer.
Daar heb ik me allang bij neergelegd.
Ik leg me er wel bij neer dat we alles zelf moeten doen. / Ik leg er me wel bij neer dat we alles zelf moeten doen.

opdracht 7

Reageer op de volgende vragen of opmerkingen. Je hoeft hierbij geen er / daar te gebruiken. Het is een herhaling van de reflexieve werkwoorden en tegelijk een voorbereiding op de volgende opdracht.

1 Weet je dat het al half acht is? (zich haasten)
2 Je zit zo te gapen. Ben je moe? (zich vervelen)
3 Weet jij nog hoe groot de schade was? (zich herinneren)
4 Je bent minstens een uur te laat. (zich verslapen)
5 Zal ik een paar taken van je overnemen? (zich redden)
6 Weet je waar zaal 315 is? (zich bevinden)
7 Weet je zeker dat dit de goede verhouding water-zout is? (zich vergissen)
8 Jij zou toch economie gaan studeren? (zich bedenken)
9 Ben je klaar om mee te gaan naar het feest? (zich verkleden)
10 Deze techniek is achterhaald. (zich realiseren)

opdracht 8

Reageer op de vragen of opmerkingen en maak daarbij gebruik van de woorden tussen haakjes. Gebruik in je reactie ook er of daar.

Voorbeeld:
Ben je fanatiek bezig met hardlopen? (zich storten op)
Ja, ik heb me er helemaal op gestort.
Ja, daar heb ik me helemaal op gestort.

1 Heb je zin om mee te gaan naar een lezing over bergbeklimmen? (zich interesseren voor)
2 Wat vind jij van telefoneren in de auto? (zich ergeren aan)
3 Wat doe je als je iemand iets ziet jatten? (zich bemoeien met)
4 Waarom spreek je geen Nederlands met haar? (zich schamen voor)
5 En, kijk jij ook zo uit naar de zomer? (zich verheugen op)
6 Het valt me op dat Nederlanders zo vaak oranje kleding dragen. (zich verbazen over)
7 Dat is wel een ontzettend stomme fout. (zich verontschuldigen voor)
8 Koop jij dat tijdschrift altijd los? (zich abonneren op)
9 Dit artikel gaat over hetzelfde onderwerp als jouw presentatie. (zich baseren op)

10 Weet je dat de snelheidslimiet hier 80 kilometer per uur is? (zich houden aan)
11 Weet je al wat er precies verandert in de studiefinanciering? (zich verdiepen in)
12 Ik had niet gedacht dat mijn inkomen zo sterk zou dalen. (zich verkijken op)

opdracht 9

Maak de volgende zinnen af. Gebruik de woorden tussen haakjes. Denk om de woordvolgorde. Let erop of je ook er / daar kunt gebruiken.

Voorbeeld:
Ik heb geen last van het slechte weer gehad, omdat ________ (zich instellen op)
ik me daarop had ingesteld

1 Ik doe niet mee aan die wedstrijden. Ik moet me in die periode op mijn examen richten. Daarom (zich opgeven voor)

____

2 Ik moest echt wennen aan dit klimaat. Het heeft een hele poos geduurd voordat (zich aanpassen aan)

____

3 Ga jij ook naar dat congres? Als (zich inschrijven voor 1 maart)

____,

krijg je korting.

4 Ik heb uitgebreid met haar gepraat maar (zich uitlaten over)

____

5 Ik ga het examen pas doen als (zich voorbereiden op)

____

6 Pubers hebben regels nodig, misschien alleen al om

____

(zich afzetten tegen)

7 Deelname aan deze cursus is alleen mogelijk als

____

(zich inschrijven voor).

8 Het lijkt wel of kritiek hem niet bereikt, of hij het niet wil horen.

____

(zich afsluiten voor)

9 Het lukt me niet om dat op tijd af te krijgen, tenzij (zich inspannen voor) ____

10 Elke keer als dat onderwerp ter sprake kwam, (zich opwinden over)

____

Dr. Aletta H. Jacobs (1854-1924)

Thema's: opleiding en studie

Hoogere Burgerschool

In 1870 betrad Aletta Jacobs de Hoogere Burgerschool (H.B.S.) in haar woonplaats Sappemeer (Groningen). Zij was het eerste meisje in Nederland dat toegang kreeg tot deze vorm van onderwijs. Gewoonlijk kregen meisjes een opleiding die haar voorbereidde op een bestaan als echtgenote en moeder, of desnoods als zorgzame tante. Aletta koesterde andere ambities. Zij wilde net als haar vader Abraham Jacobs en broer Julius medicijnen gaan studeren om arts te worden. Aletta mocht naar deze school, zij het alleen als 'toehoorster'. Pas in 1905 mochten meisjes op voet van gelijkwaardigheid met jongens naar de H.B.S. Toch was Aletta als 'toehoorster' in de gelegenheid kennis op te doen die de basis vormde voor haar latere studie. Tegelijkertijd baande ze, zij het zonder dat doel, zo de weg voor andere meisjes.

Op school ging het overigens prima. Ze werd niet gepest omdat ze het enige meisje was. Logisch, ze kende de meeste jongens uit de klas al, want ze waren in hetzelfde Sappemeer opgegroeid.

Tegenspraak: 'Laat haar borduren!'

Wat bezielde zo'n meisje dat almaar wilde leren en studeren, vroeg menigeen zich af. Menigeen schrok van Aletta Jacobs' initiatieven, en vooral van de zelfstandigheid die eruit sprak. Het was juist 'echt vrouwelijk' dat een meisje leerde borduren en het huishouden besturen. Tot dusver was iedereen daarmee gelukkig geweest, dacht men. De een vond het 'beschaafd', de ander noemde het een 'Goddelijke orde' en een derde vreesde dat geleerde meisjes zouden veranderen in manwijven. En dan, wie zou met zo'n geleerde vrouw willen trouwen? Werd zij niet opgeleid tot een blauwkous die haar natuurlijke bestemming als vrouw zou missen? Hoe dan ook, velen vonden dat alles maar moest blijven zoals het was. Ook Aletta's moeder bleek ouderwetser dan Aletta graag zag. Moeder benadrukte het belang van het goed kunnen huishouden en begreep niet, dat haar dochter liever Duitse boeken las dan dat zij volmaakt stof leerde afnemen. Op aanraden van moeder ging Aletta in de leer bij de plaatselijke modiste. Een mooi 'vrouwelijk' beroep heette dat, omdat het dienstbaar was aan de veronderstelde vrouwelijke ijdelheid. 't Lag Aletta niet.

Universiteit

Wie arts wilde worden, moest een academische studie volgen. De liberale minister J.R. Thorbecke liet Aletta een jaar op proef studeren aan de Groningse universiteit. Jongens kregen nooit een proefjaar. Dankzij haar goede resultaten verkreeg ze zijn definitieve toestemming. Daardoor zijn er twee belangrijke jaartallen aan de Nederlandse geschiedenis toegevoegd: 1871, het jaar waarin Aletta als eerste vrouw toegang kreeg tot de universiteit, en 1877 als het jaar waarin Aletta Jacobs haar laatste medische examen met succes aflegde.

De studie was voor Aletta even zwaar als voor andere studenten. Maar zij kreeg er nog een last bij. In de Nederlandse pers werd voortdurend afkeurend gereageerd op dit 'meisjes-studentje'. Zij werd aangevallen op haar uiterlijk en op haar motivatie voor de studie. Enkele gezinsleden werden door hun omgeving getreiterd. Een van Aletta's broers voelde zich daardoor zelfs gedwongen zijn zusje dood te verklaren. Toch zette zij door. De studie was haar lief, het principe van keuzevrijheid heilig. Later kwam de broer op zijn besluit terug.

Promoveren

Nadat Aletta Jacobs de medische studie met succes had afgelegd, besloot zij die met een proefschrift af te ronden. Binnen een enkel jaar was deze proeve van wetenschappelijke bekwaamheid gereed. Haar *Over localisatie van physiologische en pathologische verschijnselen in de groote hersenen* bracht haar op 8 maart 1879 de doctorstitel. Wederom werd een belangrijke datum aan de Nederlandse geschiedenis toegevoegd, want niet eerder was een vrouw gepromoveerd. Dat we tegenwoordig op dezelfde 8 maart Internationale Vrouwendag vieren, is een gelukkig toeval waardoor Aletta's prestatie wordt benadrukt.

Vanaf de eerste dag dat Aletta was gaan studeren, leefde zij in een glazen huis. Dat bleek ook nu. Wederom verschenen in kranten en tijdschriften reportages over haar promoveren, zij het dat die hier en daar ook lovend van toon waren. Dat had misschien ook met de koninklijke steun te maken. Het proefschrift was met instemming van het hof opgedragen aan de jonge Koningin Emma.

www.alettajacobs.org/thema/opleiding.html

Stervocabulaire

afleggen	Moet je helemaal geen examen afleggen na die cursus? Is het voldoende om die cursus te volgen?
afronden	We moeten dit gesprek afronden, want ik moet nu weg.
iets ligt je niet/wel	Ik heb als verpleegkundige gewerkt, maar dat werk lag me niet. Ik kon er niet tegen om altijd met zieke mensen om te gaan.
de opstand	Heel kort gezegd: de bevolking kwam in opstand tegen de Spaanse koning en zo ontstond Nederland.
terugkomen	Ik was van plan om naar een dorp te verhuizen, maar daar ben ik op teruggekomen. Ik heb er nog eens over nagedacht en er zitten voor mij te veel nadelen aan het wonen in een dorp.

Vocabulaire

de bestemming	Heb je een nieuwe bank gekocht? Heb je al een bestemming voor je oude bank? Wat ga je daar mee doen?
tot dusver	Ik ben nu twee maanden bezig met de opleiding. Tot dusver heb ik nog niet veel hoeven te studeren. Het zijn allemaal nog introductiecolleges.

menigeen	Tussen Kerstmis en Nieuwjaar is het altijd heel rustig in kantoren. Menigeen neemt dan een paar vrije dagen.
opdragen	Dit boek is opgedragen aan Cecile. Kijk maar, op het eerste blad staat: voor Cecile, mijn liefste.
pesten	Kinderen willen vaak hetzelfde als alle andere kinderen, omdat ze bang zijn gepest te worden als ze anders zijn.
de weg banen	De oudste zoon onderhandelde veel met zijn ouders over uitgaan en laat thuiskomen. Daarmee baande hij de weg voor zijn jongere broers en zussen.
zij het	We verkochten onze auto, zij het met pijn in het hart. We hadden er altijd zo'n plezier van gehad!

↔ opdracht 10

1. Kinderen pesten elkaar vaak. En volwassenen? Pesten die elkaar ook?
2. Had jij tot dusver wel eens van Aletta Jacobs gehoord?
3. Is er in jouw land wel eens een opstand geweest?
4. Hebben in jouw cultuur vrouwen een andere bestemming dan mannen? Zo nee, hoe was dat vroeger?
5. Moeten jullie aan het eind van de middelbare school een speciaal examen afleggen om te worden toegelaten tot de universiteit?
6. Op welke manier kun je een telefoongesprek afronden?
7. Zou jij in het onderwijs kunnen werken? Ligt jou dat?
8. Een boek kan aan iemand opgedragen zijn. Wat kan er nog meer worden opgedragen?

↔ opdracht 11

Bespreek met elkaar de tekst over Aletta Jacobs. Gebruik bij de bespreking de volgende woorden:

bestemming – iets ligt je niet / wel – opstand – tot dusver – pesten – afleggen – afronden – opdragen – de weg banen

Meer over Aletta Jacobs — opdracht 12

Na haar studie ging Aletta aan het werk als arts, in Amsterdam. In haar praktijk kwam ze veel misstanden tegen, op medisch gebied, maar ook wat betreft de ongelijkheid tussen vrouwen en mannen. Zo raakte ze betrokken bij de strijd om vrouwenrechten: het kiesrecht, maar ook andere rechten.

Je docent heeft nog drie teksten over Aletta Jacobs, waarin de volgende aspecten belicht worden:

- medische zorg
- wetgeving
- vrouwenkiesrecht

Deze teksten worden verdeeld over de groep. Bespreek met elkaar in groepjes de tekst die je gelezen hebt. Stel elkaar ook vragen over de tekst.

Presentatie — opdracht 13

Houd een korte presentatie over een bekende vrouw in je eigen land.

of

Ga naar de website www.entoen.nu. Daar staat een canon van de Nederlandse geschiedenis. Kies een onderwerp uit en houd daarover een korte presentatie. Je moet minstens nog één andere website over het onderwerp bezocht hebben.

Met elkaar in gesprek — opdracht 14

Praat met elkaar in twee- of drietallen over een van de volgende onderwerpen.

Onderwerp 1

Veel mensen kopen geen cd's meer, maar halen nummers van internet: cd's branden, heet dat.
Wat vind jij daarvan?

Bespreek dit met elkaar. Gebruik voor je gesprek de volgende mogelijke punten:

- van internet halen; gratis, of tegen betaling
- internationaal probleem
- sommige muziek wel, andere niet

Bekijk ook de resultaten van een onderzoek onder jongeren:

Cd's kopiëren, kan dat eigenlijk wel?

14,7%	Ja natuurlijk. Die artiesten verdienen wel genoeg!
23,5%	Ja. Die cd's zijn veel te duur.
44,1%	Ja en nee. Het hangt ervan af.
4,4%	Nee. Het is illegaal.
10,2%	Nee. Het is diefstal.
2,9%	Geen mening.

Onderwerp 2

Veel Nederlanders zijn te zwaar: overgewicht wordt een serieus probleem voor Nederland.
Op een forum op internet staat het volgende stukje:

Vrijwel alle Nederlanders, 99 procent, vindt dat dikke mensen zelf schuldig zijn aan hun overgewicht. Ze moeten het probleem ook zelf oplossen. Dat blijkt uit een enquête in opdracht van communicatiebureau Hill en Knowlton die vrijdag is gepresenteerd.

Iets meer dan een kwart van de ondervraagden, 26 procent, vindt dat ook de overheid een taak heeft bij het bestrijden van het overgewicht bij burgers. Daarnaast moeten ook fastfoodketens en voedselfabrikanten een bijdrage leveren. Bijna de helft van de ondervraagden vond zichzelf te zwaar.

www.communicatieonline.nl, 2004, wk.44

Wat vinden jullie? Wie is verantwoordelijk? Wie heeft er last van de gevolgen? Wat kun je eraan doen? Hoe kun je deze problemen voorkomen?

Onderwerp 3

Tweedehands spullen: koop je dat wel of niet?
Bespreek dit met elkaar. Denk aan de volgende punten:

- Tweedehands kleding – waarom koop je dat wel, of juist niet?
- Is het anders met huishoudelijke artikelen (apparaten, meubels)?
- Tweedehands: op een markt (internet!) of van bekenden; is dat anders?
- Wordt er in jouw land veel tweedehands gekocht / verkocht?

De avond van de grote vakantie — track 11

Je ziet in dit fragment een interview met Arjo Klamer, cultureel econoom, en Harri Theirlynk, hoofdredacteur van het blad *Reizen*. Hoe beantwoorden zij de vragen van de interviewer?

1 Waarom gaan we eigenlijk op vakantie?
2 Hoe vierden we 30 jaar geleden vakantie?
3 Vakantie geeft status (waar ben je geweest, hoe lang, hoe duur was het). Waarom is het volgens Harri Theirlynk juist chique om niet op vakantie te gaan?
4 Waarom houdt Theirlynk zo van vakantie?
5 Meneer Theirlynk vertelt over de mooie dingen van de vakantie, maar wat is de werkelijkheid? Hoe beschrijft Arjo Klamer de werkelijkheid?
6 Een goede vakantie vieren, hoe doe je dat?
7 Probleem op vakantie kan zijn: stress. Op de weg, op de plek. Stress is wel degelijk veel aanwezig op vakantie. Wat zegt Theirlynk hierover?
8 Er worden elk jaar 200-300 mensen gerepatrieerd van vakantie (terug naar huis gebracht). Wat zegt Theirlynk hierover?
9 Wanneer krijgt Theirlynk last van vakantiestress?
10 En wanneer krijgt Klamer dat nare vakantiegevoel?

Tot slot: het zwart-witfilmpje dateert uit __________ Je ziet hier mensen rennen om een plaats te reserveren waarop ze deze zomer hun __________ willen opzetten.
Waarom laten ze in dit programma dit filmpje zien?

opdracht 15

Bespreek met elkaar onderstaande woordgroepen / uitdrukkingen.

- het zit er ingebakken
- het is een heilig moeten
- een heilig huisje
- tegen iets aan trappen
- ik gun het je van harte
- vervelen zich te pletter
- dat stelt niets voor
- folklore in de media
- een geolied team
- het komt op me af

Bekijk ten slotte, na beide opdrachten, het fragment nog een keer.

Samenvatting

opdracht 16

Schrijf een samenvatting van onderstaande tekst.

Lees eerst de tekst goed door en let op de volgende punten:

1. Wat is de hoofdvraag van de tekst?
2. Hoe en wanneer is dat voor het eerst onderzocht?
3. Wat waren de resultaten?
4. Wanneer is het onderzoek herhaald?
5. Hoe waren de resultaten?
6. Hoe worden de verschillen verklaard?
7. Wat is (nu) het antwoord op de hoofdvraag?

Zet de nummers voor de stukken tekst waar je deze punten besproken ziet.

Schrijf daarna een samenvatting van de tekst, waarin je bovengenoemde punten aan de orde laat komen.

Je zult zien dat er grote stukken tekst zijn waarmee je eigenlijk niets doet, die niet terugkomen in je samenvatting.

Mensen worden niet eenzamer door internet

DOOR WARNA OOSTERBAAN

Dit jaar is het vijfentwintig jaar geleden dat de eerste pc van IBM op de markt kwam, een belangrijk moment in de geschiedenis van de mensheid. Maar zijn we er ook gelukkiger door geworden? Psycholoog Robert Kraut dacht eerst van niet, maar later onderzoek wees uit dat het wel meeviel. 'Met internet kunnen mensen afstanden overbruggen'.

Robert Kraut kreeg pas echt belangstelling voor computers toen hij eens in een vliegtuig zat. Het was in het begin van de jaren negentig. Tot dan toe kende hij de computer als een werkpaard, als gereedschap voor de analyse van zijn onderzoeksgegevens. 'Ik raakte in gesprek met de man die naast me zat en die vertelde me dat hij de uitnodigingen voor de bruiloft van zijn dochter per e-mail had verstuurd. Daar keek ik erg van op, dat hij het gebruik van de computer had geïntegreerd in zijn dagelijks leven. Dat zoiets exotisch als e-mail, dat eerder alleen in wetenschappelijke kringen werd gebruikt, blijkbaar zo gewoon aan het worden was.'

We zitten in zijn werkkamer op de campus van Carnegie Mellon universiteit in Pittsburgh, waar Kraut (59) hoogleraar Human Computer Interaction is, de tak van wetenschap waarin bestudeerd wordt hoe mensen met computers omgaan, en hoe dat op ze inwerkt. Boeken, beeldschermen en stapels papier vullen het kleine vertrek. Een tafeltje bezwijkt bijna onder de drukproeven van een boek dat deze maand verschijnt bij Oxford University Press. Pc's, Phones and the Internet gaat over de nieuwe manieren waarop we met elkaar communiceren. Steeds vaker doen we dat elektronisch – met de telefoon, door te chatten of door e-mail te versturen.

'Vroeger ging ik nog wel eens lunchen met mijn collega's', zegt Kraut. 'Maar de collega's met wie ik echt contact wil houden, wonen veraf of in het buitenland. Nu mail ik dagelijks.' En met zijn spreekuur voor studenten is hij al zes jaar geleden gestopt. 'Ze mailen me om een afspraak te maken.' Alles bij elkaar vragen dagelijks zo'n 125 e-mails om zijn aandacht, en daar is hij tweeënhalf uur mee bezig. 'Al mijn werk heeft op de een of andere manier met pc's en internet te maken.' Zoekt hij ook ontspanning op het net? 'Ik speel geen onlinegames, maar ik speel gitaar, en op internet zoek ik naar muziek, en naar akkoordenschema's.'

Aanleiding voor het gesprek is het zilveren jubileum van de personal computer. Dit jaar is het vijfentwintig jaar geleden dat IBM zijn pc op de markt bracht. Kleine computers waren er al meer, maar ze werden ook door kleine bedrijfjes gemaakt en werden vooral door hobbyisten gebruikt. Toen de multinational IBM in de zomer van 1981 ook een pc lanceerde was dat groot nieuws, want dat kon maar één ding betekenen: er was blijkbaar een grote markt voor die kleine kastjes met een toetsenbord en zo'n beeldscherm met groene lettertjes. 'Ik herinner me het nog goed', zegt Kraut. 'Want ik kreeg al snel een van de eerste pc's voor mijn werk.'

Maar dat de pc ook voor gewone mensen iets kon betekenen, dat bedacht hij pas in dat vliegtuig. Als mensen gingen e-mailen, aan gespreksgroepen op internet gingen meedoen en gingen chatten, dan was de pc bezig te veranderen van een kantoormachine in een communicatiemiddel. De pc zou het leven van de mensen wel eens diepgaander kunnen beïnvloeden dan de telefoon aan het begin van de 20ste eeuw, of de televisie in de jaren '50 en '60. Maar ten goede of ten kwade?

Gelukkiger

Kraut zette met zijn medewerkers een grootscheeps onderzoek op. Ze gaven aan 93 gezinnen in Pittsburgh een computer met internetaansluiting en e-mail. Allemaal gezinnen die nog geen ervaring hadden met pc's of internet. De proefpersonen kregen allemaal een cursus en hun ervaringen in cyberspace werden twee jaar lang door de onderzoekers gevolgd. Ze moesten vragenlijsten invullen en ze werden thuis geïnterviewd.

Krauts hypothese was dat internet de mensen gelukkiger maakt. 'Al het onderzoeksmateriaal dat we in de psychologie hebben wijst in dezelfde richting: sociale contacten maken mensen gelukkiger en gezonder.

Je leeft langer en gelukkiger als je een vriendenkring hebt die je op de hoogte houdt van allerlei dingen, die je met praktische dingen helpt, die je emotioneel ondersteunt en je gezelschap biedt als je het nodig hebt. En wij dachten dat de elektronische communicatie dat netwerk zou uitbreiden. Mensen die je anders kwijt zou raken omdat ze verhuisden, zouden nu nog steeds benaderbaar zijn. Met internet konden mensen afstanden overbruggen en daardoor zouden ze zich beter gaan voelen.'

Tot zijn verbijstering vond Kraut precies het tegenovergestelde. Naarmate de Pittsburghers de computer meer gebruikten, voelden ze zich eenzamer en depressiever. Niet veel, maar het was duidelijk meetbaar. Ze spraken minder met andere gezinsleden en hun sociale kring werd kleiner. 'We waren ongelooflijk verbaasd', zegt hij nu. 'En het was niet zo dat mensen die toch al geneigd zijn tot depressie of eenzaamheid zich eerder op het net begaven. We konden echt vaststellen dat het door het gebruik van internet kwam dat ze zich iets slechter voelden.' Krauts bevindingen werden in 1998 onder de titel Internet Paradox gepubliceerd in het vooraanstaande tijdschrift American Psychologist en baarden heel wat opzien. 'Internet maakt depressief', meldden de kranten overal ter wereld. Een gevoelige tegenslag voor iedereen die had gedacht dat actief computeren heel wat beter voor de mens is dan passief voor de tv zitten.

Maar het onverwachte resultaat bleef Kraut dwarszitten en een paar jaar later herhaalde hij het onderzoek.

En zie. De negatieve effecten van het internetgebruik waren zo goed als verdwenen. De mensen werden niet eenzamer of depressiever door het gebruik van internet. Mensen die toch al op de buitenwereld gericht waren en veel contacten hadden bleken zelfs duidelijk van internet te profiteren. Ze voelden zich beter, hadden een hogere dunk van zichzelf en waren actiever in hun buurt of in het verenigingsleven. Introverte mensen bleken iets minder aan internet te hebben, maar gemiddeld genomen waren de gevolgen positief. Onder de titel Internet Paradox Revisited maakte Kraut in 2002 in het Journal of Social Issues melding van deze nieuwste inzichten.

Maar hoe verklaart hij die omslag? Dat komt vooral doordat internet inmiddels zo gegroeid is.

'In 1995 en 1996, toen we het eerste onderzoek deden, was er nog maar een kleine groep die aan e-mail deed, het was zeker niet zo alomtegenwoordig als het nu is. Nu heeft in de Verenigde Staten 75% van de huishoudens toegang tot internet. En iedereen die toegang tot internet heeft, heeft een e-mailadres. Dus als je je pc wilt gebruiken voor communicatie, dan is iedereen die je wilt bereiken in je sociale klasse bereikbaar. Dat was tien jaar geleden nog niet zo.

'Bovendien waren er toen minder dingen online te doen, en de meeste mensen deden ze allemaal, ook de dingen waar ze niet veel aan hadden. Tijdens het tweede onderzoek waren er veel meer keuzemogelijkheden: dingen kopen, het nieuws volgen, informatie zoeken, chatten, gelijkgezinden of lotgenoten ontmoeten.'

Wat mensen op internet doen, blijkt wel van invloed op het welzijn. 'Gemiddeld hebben activiteiten als het ontmoeten van nieuwe mensen op het net, onlinedating, rondhangen in chatrooms waar je met onbekenden praat, negatieve gevolgen voor je psychisch welbevinden. Hoe meer mensen het net daarvoor gebruiken, des te eenzamer en depressiever ze worden. Al gaat dat niet voor iedereen op. Mensen die heel weinig contacten hebben, kunnen in sommige gevallen op internet daarvoor een compensatie vinden.'

En hoe zit het met de zelfhulpgroepen op internet, dus die websites waar mensen die aan een bepaalde ziekte lijden of een traumatische ervaring hebben gehad elkaar steunen? 'Ik doe nu onderzoek naar zelfhulpgroepen voor mensen die aan kanker lijden. Het blijkt dat therapieën beter werken als ze gecombineerd worden met deelname aan zo'n groep, al weten we niet precies welke rol die ondersteuning speelt. En ik denk ook wel dat je door het mailen of chatten met mensen met soortgelijke ervaringen vaak heel nuttige informatie krijgt. Maar je zou je ook kunnen voorstellen dat intensieve deelname aan zo'n groep weer ten koste gaat van hulp die je kunt krijgen van familie of andere mensen die in de buurt wonen, en die je op een andere manier kunnen steunen. Een lotgenoot op internet gaat niet met je naar de dokter, maar je dochter of je buurvrouw wel.

'Ons huidige onderzoek gaat over de vraag hoe je die zelfhulpgroepen nog effectiever zou kunnen maken. We merken steeds weer dat het eerste bezoek aan zo'n groep heel belangrijk is, dus als je voor de eerste keer inlogt en iets vertelt of een vraag stelt. Als je meteen antwoord krijgt, vergroot dat de kans dat je nog eens terugkomt. Maar vaak gebeurt dat niet, en dat ligt meestal aan de vraag. Als mensen een expliciete vraag stellen hebben ze meer kans op een antwoord, en ook als ze persoonlijke informatie over zichzelf geven. Wat niet werkt is als mensen te lange boodschappen opsturen, te ingewikkelde woorden gebruiken, te lange zinnen. We kunnen nu al met 85% zekerheid voorspellen of iemand een antwoord krijgt of niet. Die kennis kun je in een computerprogramma stoppen, en je zou je kunnen voorstellen dat de boodschappen van die mensen eerst door dat programma heengaan, en dat ze automatisch aanwijzingen krijgen hoe ze hun tekst kunnen verbeteren.'

Gezonder

E-mailen en telefoneren is natuurlijk efficiënt. Maar je hoort al mensen klagen dat ze elkaar nooit meer spreken. Is een echt gesprek niet altijd veel gezonder dan de telefoon of een e-mail? 'Ik weet niet of de telefoon nou zo veel slechter is. Een telefoongesprek heeft bijna alle rijkheid van de face-to-facecommunicatie: de intonatie, de mogelijkheid om direct te reageren, zodat je zeker weet dat je elkaar goed begrijpt.' Maar e-mail? Veel mensen zijn er niet aan gewend om zich uit te drukken door op een toetsenbord te tikken en een hoop misverstanden zijn daar het gevolg van. 'Ja, en daarom zie je eigenlijk steeds dat allerlei vormen van instant messaging en chats het beste werken. Dat zijn vormen waarbij je onmiddellijk kunt reageren op wat de ander tikt. Het heeft bijna dezelfde interactiviteit als de telefoon en het echte gesprek.' En al die tieners dan, die eigenlijk hun huiswerk moeten doen maar in plaats daarvan alleen maar aan het chatten zijn? 'Dat deden ze daarvoor ook, maar dan per telefoon. Ik denk dat veel van hun gesprekken misschien wel triviaal zijn, maar dat het erom gaat van een groep deel uit te maken. Je hebt een paar goeie vrienden, maar je wilt ook een hele-boel vrienden hebben in je chatlist, of in de nummerlijst van je mobieltje. Niet omdat je veel met ze praat maar wel om bijvoorbeeld wat met ze af te spreken, en om je te laten voelen dat je een deel van de groep bent, en daar gaat het om als je een tiener bent.

'Mijn kinderen hebben veel meer contact met hun vrienden van de middelbare school dan ik had toen ik hun leeftijd had, en dat is heel erg het resultaat van internet. Het zijn kleine veranderingen, kleine dingen die de communicatie gemakkelijker maken. Je schrijft geen brief aan een oude schoolvriend, maar je stuurt hem misschien wel een mailtje. Alles bij elkaar opgeteld veranderen die kleine dingen toch ons leven.

'Toen onze kinderen klein waren lazen we ze voor uit dat klassieke kinderboek Little House on the Prairie, van Laura Ingalls Wilder. Het ging over een gezin dat steeds verder naar het westen trok. Je beseft dan opeens dat als je in die tijd verhuisde, dan verloor je eigenlijk je familie.

Er kwam een of twee keer per jaar post en dat was het. Hier op Carnegie Mellon komt zo'n vijftien procent van de studenten uit het buitenland en die kunnen allemaal in contact blijven met hun familie – met e-mail, door te chatten of met de telefoon.'

Een heel specifieke internettoepassing is onlinedating. Werkt dat? 'Ja, je kunt mensen ontmoeten op internet. Via internetdating, dus door de expliciete pogingen om een partner te vinden. Maar het gebeurt ook op andere manieren, in internet zelfhulpgroepen bijvoorbeeld. Je praat met iemand, die komt aardig over en dat gaat soms over in een echte ontmoeting.' Maar is het niet de omgekeerde wereld, moet je niet eerst iemand zien om hem of haar aardig te vinden? 'Nou, ik denk dat dating vaak op een zelfde manier gaat. In de werkelijkheid moet je ook eerst vertrouwd met iemand worden voordat je hem of haar als een partner ziet. Je ontmoet iemand op school, op je werk, in een club. Je leert die persoon geleidelijk beter kennen, en pas dan kan er iets groeien. Mensen online ontmoeten lijkt daar wel een beetje op.

Je komt veel van elkaar te weten, dat leidt tot een zekere vertrouwdheid en dat kan er weer toe leiden dat je elkaar aardig gaat vinden.'

Maar ten koste van wat gaat al dat internetten? Van lezen? 'Nee, dat valt eigenlijk wel mee. Internetters gaan niet minder lezen. Voor een klein deel gaat het ten koste van sociale contacten. Uit onderzoek blijkt dat echte gesprekken wel tot telefoongesprekken en e-mail leiden, maar dat dat omgekeerd veel minder het geval is: e-mail leidt veel minder tot echte ontmoetingen. En we hebben gegevens waaruit blijkt dat mensen die elkaar mailen elkaar ook minder bezoeken, dus dat er een soort vervanging optreedt.

'Maar dat is allemaal betrekkelijk marginaal. Uit het onderzoek blijkt dat internetten toch vooral ten koste van televisiekijken gaat. En ja, dat is gemiddeld genomen dus niet zo slecht. Televisiekijken is toch veel passiever dan internetten. Met een pc kun je zó veel meer doen.'

NRC Handelsblad, 4 april 2006

DES-dochters krijgen eindelijk genoegdoening

Na een juridisch steekspel van meer dan twintig jaar is de farmaceutische industrie bereid tot uitbetalen

Kinderen – voornamelijk dochters – van vrouwen die tientallen jaren geleden het DES-hormoon slikten, worden eindelijk schadeloosgesteld voor ernstige lichamelijke gevolgen.

VAN ONZE VERSLAGGEVER BROER SCHOLTENS

Meer dan twintig jaar is er voor diverse rechtbanken tot aan de Hoge Raad over gevochten. Nu gaat het dan gebeuren: het DES-fonds, gevuld met 38 miljoen euro, gaat uitbetalen.

In Nederland hebben van 1947 tot 1976 naar schatting enkele tienduizenden zwangere vrouwen het synthetische hormoon DES geslikt. Het hormoon, dat chemische gelijkenis vertoont met lichaamseigen hormonen, werd voorgeschreven om miskramen te voorkomen. De hormoonpil had echter ernstige bijverschijnselen, bleek later uit epidemiologische studies. Vanaf 1976 is het DES-hormoon daarom niet meer voorgeschreven.

De bijverschijnselen traden vooral op bij de dochters van de vrouwen. Zij bleken een verhoogd risico te lopen op aandoeningen als vaginakanker en zwangerschapsproblemen.

In 1986 begonnen zes van die gedupeerde vrouwen een juridische procedure tegen tien farmaceutische bedrijven die indertijd het DES-hormoon in hun productenpakket hadden, waaronder Bayer en E. Merck.

De bedrijven hebben met wisselend succes geprobeerd gerechtelijke procedures te rekken, tot aan het hoogste rechtscollege toe, de Hoge Raad. Het verband tussen slikken van DES-pillen en concrete gezondheidsproblemen achtten de tien bedrijven niet onomstotelijk bewezen.
Het langdurige juridische gesteggel resulteerde uiteindelijk in overleg tussen gedupeerde vrouwen en de farmaceutische industrie. Eind 1999 kwamen beide partijen een schikking overeen. Er werd een fonds gesticht van toen 38 miljoen euro. Het geld werd gestort door de farmaceutische industrie en schadeverzekeringsmaatschappijen als Achmea, Aegon en Delta Lloyd.

Vervolgens is nog eens tien jaar nodig geweest voor onderhandelingen over uitkeringscriteria. Verder is gewerkt aan een wettelijk kader voor collectieve afhandeling van dergelijke massaschades, en vervolgens aan de gerechtelijke toetsing daarvan.

De afgelopen jaren hebben 17 duizend gedupeerden zich gemeld bij het DES-centrum, in het leven geroepen door DES-dochters. Dit centrum heeft na afloop van de juridische procedures onderhandelingen gevoerd met de industrie.

Het DES-fonds heeft via twee landelijke dagbladen gedupeerden opgeroepen zich te melden. 'We hebben

Nieuwe gevallen voorzien tot 2032 DES-vrouwen (borstkanker)

DES-dochters (vaginakanker) en -zonen (zaadbal- of bijbalafwijkingen) die denken in aanmerking te komen voor een uitkering uit het DES-fonds moeten zich binnen drie maanden melden bij het fonds, bij voorkeur via de website (www.desfonds.nl).

Het moet gaan om aandoeningen die in de regeling zijn beschreven. Daarvan is wetenschappelijk bewezen dat er verband is met het slikken van het DES-hormoon.

Is definitief besloten dat geld uitgekeerd kan worden, dan krijgen aanmelders een formulier in te vullen.

Tot 2032 zal het DES-fonds operationeel zijn. Daarna is het niet meer te verwachten dat zich nog bijverschijnselen zullen manifesteren bij dochters of zonen van DES-moeders, de eigenlijke gebruiksters van het hormoon.

inmiddels meer dan vijfhonderd e-mails gekregen', zegt fondsdirecteur Peter Kamp. Een deel van de gedupeerden zal zich niet melden, verwacht hij. Zo'n tienduizend van hen krijgen straks een uitkering, schat het fonds.

Afhankelijk van de aandoening gaat het om een eenmalige variërende uitkering van 500 euro (vormafwijkingen vagina of baarmoeder) tot 125 duizend euro (snelgroeiende vaginakanker, inclusief uitzaaiingen voor het 41ste jaar).

Het gaat voornamelijk om DES-dochters van wie de moeder dertig tot zestig jaar geleden het DES-hormoon heeft geslikt. Ook enkele honderden DES-zonen en DES-moeders ondervinden wetenschappelijk aangetoonde bijwerkingen, stelt het fonds.

Het collectieve karakter is inmiddels doorbroken. Ongeveer tweehonderd gedupeerden hebben zich gemeld bij letselschadebureau Pals. Zij vinden de uitkeringen van de collectieve regeling te laag. 'Er zit veel meer in', meent dat bureau.

Die tweehonderd moeten binnen drie maanden individueel bij het DES-fonds melden dat ze niet willen meedoen. Doen ze dat, dan staat het de industrie vrij af te zien van het doen van uitkeringen omdat het doel 'collectieve afkoop van schadeaansprakelijkheid' niet is bereikt.

Het DES-centrum wil zich niet mengen in de actie van die tweehonderd gedupeerden omdat het de individuele gevallen niet kent. Het centrum waarschuwt wel voor lange en dure juridische procedures. 'Daarin zal elk individu moeten bewijzen dat zijn specifieke aandoening door het DES-hormoon is veroorzaakt.'

de Volkskrant, 22 juni 2006

Kloppen deze uitspraken met de tekst?
Noteer ook de woorden uit de tekst waardoor je weet of het klopt of niet.

1 Het hormoon DES werd gegeven (van 1947 tot 1976) aan vrouwen die een miskraam hadden gehad.

2 De dochters van de vrouwen die DES hebben gebruikt, hebben meer last van bijverschijnselen dan de vrouwen die dit medicijn gebruikt hebben.

3 Het lukte de farmaceutische bedrijven steeds om juridische procedures uit te stellen en (te) lang te laten duren.

4 Uiteindelijk hebben de gedupeerde vrouwen de juridische procedures van de farmaceutische bedrijven gewonnen.

5 Uitkeringen uit het DES-fonds, 38 miljoen euro, worden betaald door de overheid.

6 Het duurde lang voordat duidelijk was wie er recht had op een uitkering uit het fonds.

7 Waarschijnlijk krijgen 10.000 mensen een uitkering uit het DES-fonds.

8 Alle DES-gedupeerden doen mee aan de gezamenlijke actie.

9 Als niet alle gedupeerden meedoen, hoeft de farmaceutische industrie niemand te betalen.

10 Het DES-centrum is erg boos over het feit dat 200 gedupeerden niet meedoen aan de gezamenlijke actie.

EXTRA

erop, hiermee, daarover, waarvan enzovoort

Bij de combinatie van een prepositie met een object kun je kiezen: de volledige woorden (Ik zit op de krant) of een vorm met er / hier / daar / waar (Ik zit erop). Een vorm als op het, van die, met deze is on-Nederlands.

Waar is de krant?	*Oh, ik zit op de krant.* *Oh, ik zit erop.*
Wat moet ik nu doen?	*Je moet op deze knop drukken.* *Je moet hierop drukken.*
Een leuk en handig jasje.	*Bijna alles past bij dat jasje.* *Bijna alles past daarbij.*
Een plan.	*Er is niet goed nagedacht over het plan.* *Het is een plan waarover niet goed is nagedacht.*

opdracht 17

Vul in deze zinnen combinaties in van er / hier / daar / waar + prepositie.
De prepositie is al gegeven.

1 Op basis (van)______ doet de rechter een uitspraak?

2 Linksboven op de pagina ziet u een winkelwagentje. Als u (op)______ klikt, weten uw en onze computer dat u het betreffende artikel misschien wilt bestellen.

3 Alle materie (uit)______ de aarde is opgebouwd, behalve waterstof en helium, is ooit ontstaan in het diepste inwendige van sterren.

4 In dit hoofdstuk komen de volgende vragen aan de orde: Wat is het internet? Wat heb je (aan)______? Zijn er regels en protocollen?

5 Let goed op met ziektes (voor)______ deze dieren vatbaar zijn, zoals longinfecties en darmvirussen.

6 Het onderwerp van dit semester is: integratie van systemen voor management en (aan)______ gekoppelde informatiediensten.

7 Ik heb iemand negatieve feedback gegeven en als reactie (op)______ heeft die mij ten onrechte ook negatieve feedback gegeven. Wat kan ik doen?

8 Dankzij dit project is er een wereld voor ons opengegaan en (met)______ kunnen we ook onze donateurs laten zien wat er met hun giften gebeurt.

9 (bij)______ stuur ik u een lijst van internationale organisaties (van)______ Nederland lid is.

10 U kunt hier terecht voor antiek en curiosa en alles wat (met) ______ te maken heeft.

11 (uit)______ bestaat de studiefinanciering? Uit lening en schenking? Kun je (van)______ leven?

12 Hoe ons dorp precies is ontstaan, is nog steeds onduidelijk. (over)______ zijn plaatselijke historici het nog steeds niet eens.

13 (onder)______ ziet u een overzicht van de producten (voor)______ deze voorschriften gelden.

14 Deze verklaringen hoeven alleen te worden ingevuld, als (naar)______ wordt verwezen in de vragen die u (voor)______ heeft beantwoord.

15 Wel eens gedacht over een flexibel abonnement? Vraag (naar)______ bij onze abonnementenservice, tijdens kantooruren.

16 Ontdek hier de goedkope verzekering (naar)______ u op zoek was!

17 De voorzitter zei: 'Het volgende agendapunt is de controle van de boekhouding. Wie mag ik (over)______ het woord geven?'

18 Wat de aanleiding (tot)______ was, dat weet ik niet meer, maar op een dag begon ik te praten over wat ik voelde met een van mijn beste vrienden en die herkende het onmiddellijk.

19 In dit nummer presenteren we artikelen over e-commerce en (aan)______ gerelateerde onderwerpen als e-strategie, het 9c-model, tips om e-commerce winstgevend te maken en internetrecht.

20 Ik hoop u (met)______ voldoende geïnformeerd te hebben. Mocht u (over)______ nog vragen hebben, neemt u dan gerust contact met ons op.

opdracht 18

Lees de zinnen hardop. Maak er / hier / daar / waar los van de prepositie en bedenk op welke plaats in de zin je de prepositie ook kunt zetten.

Artikel voor het personeelsblad — opdracht 19

Je werkt voor een bedrijf. Voor je werk was het zinvol (of noodzakelijk) dat je een cursus Nederlands volgde. Je hebt daarom deze cursus gedaan.
De redactie van het personeelsblad vraagt je een artikel te schrijven over je ervaringen.
Ga onder andere in op de volgende vragen:

- waar heb je de cursus gevolgd?
- wat waren de belangrijkste onderwerpen in de cursus?
- wie waren je medecursisten?
- wat vond je positief en negatief aan de cursus?
- wat heb je geleerd?

Het artikel mag maximaal 300 woorden bevatten.

LITERATUURFRAGMENT

De hoofdpersoon is uit het onderwijs gevlucht – hij was leraar en heeft ontslag genomen. Hij blikt terug op de tijd dat hij verbonden was aan de school. In het volgende fragment beschrijft hij een sollicitatiegesprek.

Als laatste kwam de aantrekkelijke Sarah Emons binnen. Buitengewoon soepel en zelfverzekerd, net afgestudeerd aan de Leidse universiteit. Zij nam al snel de leiding van het gesprek over. Nee, ze had geen ervaring, maar dat kon ook niet. Ze had immers drie dagen geleden haar bul uitgereikt gekregen. Vanzelfsprekend had ze stage gelopen, ze bezat daar prima getuigschriften van. Ook benadrukte ze dat het leraarsambt voor haar geen vlucht was, zoals voor zoveel van haar leeftijdsgenoten. Ze had dit vak gestudeerd met als enig doel het later ook te doceren. Daarbij wilde ze bovenal *team player* zijn en planner van *contextgericht* onderwijs. Daarna deelde ze complimentjes uit, vertelde dat die kazerne met zijn ontelbare ramen met daarachter veel geraniums een gezellige indruk op haar had gemaakt. Zij bejegende ons vriendelijk in plaats van wij haar. We werden allen meegesleept door haar flair. Ze sprak zo gemakkelijk, zo zonder merkbare inspanning, en terwijl de woorden kwamen bewoog ze haar zachte bruine ogen van de een naar de ander.
Berekenend. Ze verkocht zichzelf goed.
'Dank u wel…' zei de rector vanachter zijn ovale bureau, in het vertrek waar tot voor kort een kolonel bevel had gevoerd.
'We zullen u het zo gauw mogelijk laten weten.'
Ze gaf ons allemaal een hand, glimlachte, vertrok.
Weer onder elkaar keek Tim de kring rond met een blik alsof hij een persoonlijke overwinning had behaald: dit was ze.
Het was waar. We waren allen onder de indruk van dit frisse, directe, vrijmoedige optreden.
'Type dat je wel om een boodschap kunt sturen,' meende de rector. Maar de al te vlotte babbel stond hem niet helemaal aan en hij kreeg mij aan zijn kant. Ook ik had een vaag onaangenaam, hinderlijk gevoel aan haar overgehouden en we begonnen al te neigen naar de wat saaie kandidaat met ervaring, die we net vóór haar gesproken hadden. ▸

'Zíj wordt het,' herhaalde Tim Paulides, bij zijn eerste indruk blijvend. 'Fris bloed in de sectie hebben we hard nodig.' Hij stelde zich, misschien voor het eerst, flink en krachtig op.
Hij had gelijk. Alle secties vergrijzen. Tim Paulides liep hier al heel lang rond.
De rector hakte de knoop door. Ze had op hen allen toch een uitstekende indruk gemaakt en waarom zou je altijd mensen met ervaring benoemen? Hoe moesten degenen die nog zonder ervaring waren het vak dan ooit onder de knie krijgen?

Uit: Jan Siebelink (1998) 'De burcht', in: *De bloemen van Oscar Kristelijn*. Amsterdam: Meulenhoff, pp. 181-182

EINDVRAAG

Hoe maak je iemand duidelijk dat je hem of haar helemaal niet verstandig vindt?
Het hangt natuurlijk van de situatie af. In formele situaties kun je dingen zeggen als:

- Het lijkt me niet zo'n goed doordacht idee.
- Zou dat nu wel zo verstandig zijn?
- Misschien moeten we toch de voor- en nadelen nog eens afwegen.
- Misschien moeten we het eens kritisch tegen het licht houden.

En in informele situaties, bijvoorbeeld met heel goede vrienden? Wat kun je dan zeggen?

REFLECTIE

- Wat heb je in dit hoofdstuk geleerd?
- Wat beheers je nu voldoende?
- Wat beheers je nog niet voldoende? Op welke manier kun je eraan werken om dat wel te beheersen?

- Welke woorden ken je nu rond het thema 'verstandig'?
- Maak in tweetallen een woordweb rond dit woord.

8 Kritisch

Goede onderwijsinstelling
Als 't nieuws in de krant blijkt te kloppen
dan bestijgen wij onderwijstoppen.
Een krant meldt hoe goed
Neerlands W.O. het doet.
In een krant zijn dat best knappe koppen.

onderweiskwalitijd
het onderweis vaalt alerwegen
tweede vase en zo valen tegen
het studihuis stort
bijna in maar het wort
vakundig en handig verzweegen

www.delimerick.nl

Kritisch? opdracht 1

Bovenstaande limericks zijn kritisch over het onderwijs in Nederland. Kun je uitleggen waarop de kritiek zich richt?

Meer limericks opdracht 2

Deze limericks komen van de website www.delimerick.nl.
Je vindt daar limericks over actuele zaken, maar ook over sport, beroepen, plaatsen.

Zoek op deze site een limerick die jou aanspreekt. Lees elkaar jullie gevonden limericks voor.

Kritisch commentaar opdracht 3

Bekijk de volgende foto's. Lever kritisch commentaar op de veranderingen die de laatste 20 jaar in de samenleving hebben plaatsgevonden.

'Ik blijf Mercedes rijden'

Vanaf de jaren zeventig sputteren sceptici al over details van het broeikaseffect. En nu is er een wijsneuzige Amerikaan met een propagandafilm over ijsschotsen die doet alsof het broeikaseffect een compleet nieuw idee is.

DOOR HERBERT BLANKENSTEIJN

Ik doe niet mee aan maatregelen tegen het broeikaseffect. Niet vrijwillig. Toch gelóóf ik in de door mensen veroorzaakte broeikas en heb ik een diepe hekel aan de sceptici, met hun wetenschappelijke pretenties en hun onwrikbare twijfel. Nu geloof ik dat ik wat uit te leggen heb.

Ziet u, het broeikaseffect is heel makkelijk te begrijpen. Het gas CO_2, kooldioxide, laat zonlicht ongehinderd de atmosfeer in. Het licht verwarmt het aardoppervlak en het CO_2 laat die warmte niet meer ontsnappen. Warmte kan wel erin, en niet meer eruit. Menselijke activiteiten veroorzaken heel wat CO_2, maar ook gassen als methaan, cfk's en zelfs waterdamp, die een nog sterker broeikaseffect sorteren. Als er meer van die gassen komen, is het vrij aannemelijk dat het warmer wordt.

Vanaf de jaren '70, toen deze kennis in de wetenschapsbijlagen stond, hebben sceptici gesputterd over details. Meer warmte zou meer wolken veroorzaken en dat zou weer afkoeling geven. De menselijke invloed zou verwaarloosbaar zijn vergeleken met bijvoorbeeld die van vulkanen. Natuurlijke klimaatschommelingen zouden sterker zijn. Het broeikaseffect was deels natuurlijk, dus je moest eigenlijk spreken van het 'versterkte broeikaseffect' – wat de Volkskrant jarenlang politiek correct heeft gedaan. In de jaren '90 trokken ze zich terug: er was wel opwarming maar die was misschien niet door mensen veroorzaakt. De klimaatmodellen moesten beter, het was niet duidelijk hoe groot de menselijke bijdrage zou zijn. Er was in de historie wel eens extra veel CO_2 geweest zonder opwarming (of andersom); hoe konden de broeikasgelovigen dat verklaren?

Zo gaven de sceptici aan industriëlen en rechtse politici een excuus om niets te doen. Al die tijd – ik vat nu een periode van dertig jaar samen – leek het mij duidelijk dat zo weinig mogelijk CO_2 uitstoten in ieder geval geen kwaad kon. Dus reed ik zo weinig mogelijk auto en zoveel mogelijk op de fiets – voor afstanden tot 30 kilometer was de auto niet nodig, vond ik – en hield ik een kamertemperatuur aan van nog geen 18 graden. Een extra trui heeft nooit iemand kwaad gedaan. De rest van de wereld deed niets met die eenvoudige kennis of met dat eenvoudige voorzorgsprincipe. Toen de schrik van de oliecrisis van 1973 voorbij was, nam in Nederland niemand meer de moeite de verwarming een graadje lager te zetten, gordijnen dicht te doen of wat minder auto te rijden. Liever hoger stoken en lekker in een T-shirt zitten. 's Zomers een colbertje aan en de airco opdraaien. Ik moest praten als Brugman om gezinsleden te bewegen de deur van de huiskamer achter zich dicht te doen (het héle huis warm stoken is gebruikelijker). Op een hoger niveau hebben regeringen overal ter wereld hun deftige achterste afgeveegd aan de overeenkomsten van Kyoto. Ook de Nederlandse regeringen, terwijl ze best iets aan bewustwording hadden kunnen doen.

En nou maakt wijsneuzerige Al Gore – eerder claimde hij uitvinder van internet te zijn – een propagandafilm over ijsschotsen en doet de wereld, gestudeerd of niet, intellectueel of niet, belezen of niet, of dat broeikaseffect een compleet nieuw idee is, Actie is nodig, nu! Weet je wat, laten we de gloeilamp verbieden...

Ik doe niet meer mee. Hoe meer de één vrijwillig doet, hoe straffelozer anderen de verwarming en de airco kunnen opdraaien. Ik heb het opgegeven; ik rijd nu in een Mercedes en blijf dat doen tot het autorijden op de bon gaat. Dán ga ik weer vrolijk fietsen terwijl de rest van Nederland zit te mokken.

Eén ding nog. In die geitenwollensokkentijd van de jaren '70 werd het schlemielige idee geopperd dat je een schone wereld moest achterlaten voor je kinderen. Mijn kinderen hebben nu de leeftijd waarop ik destijds het broeikaseffect begreep. Maar ze lijken mij meer kwalijk te nemen dat ik die stomme kamerdeur dicht wil hebben dan dat ik in een Mercedes rijd. Ze hebben duidelijk nog wat meer Verelendung nodig voor het tot ze doordringt. Prima, mijn tijd zal het wel duren.

NRC Handelsblad, 21 maart 2007

Beantwoord de volgende vragen:

1 Lees de eerste alinea. De schrijver zegt dat hij iets gaat uitleggen, namelijk een tegenstelling. Welke tegenstelling?
2 De derde alinea (*Vanaf de jaren '70 t/m dat verklaren?*) gaat over de twijfels over het broeikaseffect. Aan welke woorden kun je zien dat hier twijfel worden uitgedrukt?
3 Wat deed de schrijver de afgelopen dertig jaar om het milieu te beschermen?
4 Wat deden de regeringen in die tijd voor het milieu?
5 Wat voor effect heeft de film van Al Gore op de publieke opinie?
6 Is de schrijver blij met die reactie?
7 Wat betekent de laatste zin: *Mijn tijd zal het wel duren.* Hoe bedoelt de schrijver dat?

Stervocabulaire

aannemelijk	Het is aannemelijk dat je felle reacties krijgt als je een heel kritisch stuk schrijft in de krant.
doordringen	Het dringt niet door bij de jongeren dat ze zelf ook iets moeten doen om het milieu te beschermen.
ongehinderd	Doordat het alarm niet was ingeschakeld, konden de inbrekers ongehinderd hun gang gaan en de kassa openbreken.
opgeven	Ik heb werkelijk alles geprobeerd om hem te overtuigen, maar ik geef het op. Hij blijft toch bij zijn standpunt, wat ik ook zeg.
veroorzaken	De brand veroorzaakte enorme schade in het winkelcentrum.
verwaarlozen	Je bespaart wel wat energie door de verwarming in de gang dicht te draaien, maar die besparing is te verwaarlozen. Het wordt pas interessant als je de thermostaat een graad lager zet.
de voorzorg	Onze hond is erg bang voor vuurwerk. Uit voorzorg houden we hem binnen in de dagen rond oud en nieuw.

Vocabulaire

de schommeling	Ik kan er niet goed tegen als het plotseling heel koud of warm wordt. Temperatuurschommelingen hebben een sterke invloed op mijn humeur.
sputteren	Toen de controlemaatregelen bekend werden gemaakt, sputterden de studenten wel, maar een echt protest bleef uit.
wijsneuzig	(afleiding van wijsneus) Het zoontje van Wilma is een echte wijsneus. Hij ging me precies uitleggen hoe de dvd-speler werkt, en keek me erbij aan of hij het zelf uitgevonden had.

je achterste afvegen aan iets	Je helemaal niets aantrekken van een regel of een afspraak, daar zelfs arrogant over doen. Je achterste: je billen. Je gebruikt, in deze uitdrukking, de regel of afspraak dus als wc-papier.
op de bon gaan	Zeer beperkt verkrijgbaar zijn, alleen in combinatie met een bon, waarmee je recht hebt om iets te kopen. In de jaren '70, tijdens de oliecrisis, was in Nederland benzine op de bon: iedereen mocht maar een beperkte hoeveelheid per maand kopen.
geitenwollen-sokkentijd	Verwijst naar de jaren '70. De idealisten in die jaren droegen vaak wollen sokken. Door critici werden deze sokken geitenwollensokken genoemd; deze typering werd algemeen gebruikt om de idealisten aan te duiden.
praten als Brugman	Erg lang praten, om iemand te overtuigen. Brugman leefde in de 15e eeuw en was beroemd om zijn overtuigende redevoeringen.
de Verelendung	Term uit de theorieën van Marx: de situatie wordt voor de zwakste groep uiterst slecht en in het bestaande systeem is verbetering onmogelijk.

↔ opdracht 4

Reageer op de volgende vragen.

1 Waardoor wordt zure regen veroorzaakt?
2 Wat zijn goede voorzorgsmaatregelen als je je huis drie maanden onbewoond achterlaat?
3 Vind jij het aannemelijk dat studenten een studierichting kiezen op advies van vrienden en bekenden?
4 Wat gebeurt er met je gebit als je het verwaarloost?
5 Dringen de geluiden van de straat door in jouw woonkamer?
6 Kunnen kinderen van 14 of 15 jaar ongehinderd drank kopen in de supermarkt?
7 Als jij een puzzel moet oplossen, geef je het dan snel op?
8 Is er in de economie ook sprake van schommelingen? Wat voor?

9 Heb je wel eens moeten praten als Brugman om iemand te overtuigen?
10 Van welk product zou jij het vervelend vinden als het op de bon zou gaan?

opdracht 5

Herschrijf het groen geschreven deel. Gebruik daarbij woorden uit het vocabulaire.

1 Studenten mogen niet met elkaar sms'en tijdens het tentamen. **Om dat te voorkomen, worden alle mobieltjes ingenomen tijdens het tentamen.**
2 De mollenplaag in onze tuin **komt door deze planten**. Daar zijn mollen gek op.
3 Ik heb dat kantoor al drie keer gebeld, maar ik kan de juiste persoon niet vinden. **Ik probeer het niet langer**. Ik stuur ze wel een brief.
4 Het bleek dat de boekhouder jarenlang **onopgemerkt** geld uit de kas had genomen.
5 **Ik denk dat het best waar kan zijn** dat er een verband is tussen kaalheid en voedingspatroon.
6 Hij zei dat hij het begreep, maar **hij realiseerde zich niet echt wat ik gezegd had**.
7 Manisch-depressieve mensen vertonen vaak **extreme veranderingen in stemming, die steeds weer terugkomen**. De ene keer zijn ze heel vrolijk en optimistisch, en even later weer helemaal het tegengestelde.
8 Hij was niet echt gelukkig met die maatregel, **maar na wat gemopper** accepteerde hij het toch.

Brief aan de krant — opdracht 6

Je hebt het artikel *Ik blijf Mercedes rijden* in de krant gelezen. Schrijf in 200-300 woorden een reactie voor de krant. Je tekst moet aan de volgende voorwaarden voldoen:

- je moet expliciet aansluiten bij het artikel. Reageer dus op argumenten uit de tekst, en zet daar je eigen mening bij;
- kies duidelijk stelling: laat zien of je het met de schrijver eens bent of juist niet.

Stellingen — opdracht 7

Werk in tweetallen. Bespreek de stellingen en gebruik daarbij de gegeven woorden.

Gewone burgers kunnen niets doen aan het broeikaseffect.
- neerkomen
- de invloed
- verwaarloosbaar / verwaarlozen
- verwijten
- op hoger niveau

Het broeikaseffect is onderdeel van een natuurlijk proces.
- de schommeling
- neerleggen
- tot dusver
- wonderlijk
- misverstand

Wij moeten een schone wereld achterlaten voor onze kinderen.
- de overeenkomst
- veroorzaken
- waarde hechten aan
- ontkennen
- zich schamen

Een beter milieu begint bij jezelf.
- lanceren
- behoren
- doordringen
- iets opgeven
- overdrijven

Grammatica

Bekijk deze zinnen.

I	Ik kan dat niet. Hij leert alles goed. Hij ging naar huis. Dat wilde ik niet.	Ik heb dat nooit gekund. Hij heeft alles goed geleerd. Hij is naar huis gegaan. Dat heb ik nooit gewild.
II	Ik kan niet goed zingen. Je mocht daar niet parkeren. Ik laat mijn haar knippen. Hij blijft bij ons eten. Hij ging in '93 studeren. Hij hoort de bus aankomen. Hij leerde al jong viool spelen.	Ik heb nooit goed kunnen zingen. Je had daar niet mogen parkeren. Ik heb mijn haar laten knippen. Hij is bij ons blijven eten. Hij is in '93 gaan studeren. Hij heeft de bus horen aankomen. Hij heeft al jong viool leren spelen.
III	Hij zat de krant te lezen. Hij loopt uren te mopperen. We stonden ook te kijken.	Hij heeft de krant zitten lezen. Hij heeft uren lopen mopperen. We hebben ook staan kijken.

Wat is het verschil tussen de zinnen in de linkerrij en die in de rechterrij?
Waarom zijn deze drie categorieën gemaakt?

Let op:

1 Of **hebben** of **zijn** moet worden gebruikt als hulpwerkwoord, wordt bepaald door het werkwoord van de persoonsvorm in de imperfecte zin.

Zij ging in 2005 geschiedenis studeren.
ging – perfectum: is gegaan
Zij **is** in 2005 geschiedenis **gaan** studeren.

Hij zat de hele avond te kletsen.
zat – perfectum: heeft gezeten.
Hij **heeft** de hele avond **zitten** kletsen.

2 De vorm met hadden of waren gebruik je:

- om een verwijt te maken.

Dat had je niet moeten doen.
Je had beter via de ringweg kunnen rijden.

- om een niet-realiteit te beschrijven. Je kunt een zin met Als ... maken.

Ik was gaan staken (als ik in die situatie zou zitten).
Hij had zich moeten verantwoorden (als men hem dat gevraagd had).

opdracht 8

Reageer met een perfectum met dubbele infinitief.
Je kunt de gegeven werkwoorden gebruiken.

Voorbeeld:
Kon ik dat weten?
Ja, dat had je kunnen weten.

1 Kon ik dat ook anders doen? Ja, dat ...
2 Er liep iemand weg. Hebt u dat gezien? Ja, ik ...
3 Mocht ik dat niet zeggen? Nee, dat ...
4 Moesten we dat boek kopen? Ja, jullie ...
5 Mocht ik wel wat eten voor de operatie? Ja hoor, u ...
6 Moesten we kaarten reserveren? Echt? Ja, je ...
7 Hoorde je niet dat ik riep? Nee, ik ...
8 Liep hij de hele tijd te bellen? Ja, hij ...
9 Stond hij daar lang te wachten? Ja, hij ...
10 Kon je dat woord echt niet vinden? Nergens? Nee, ik ...

opdracht 9

Reageer met een perfectum met dubbele infinitief.
Je moet zelf meer woorden toevoegen.

1. Kun jij zwemmen? Sinds wanneer en wie heeft je dat geleerd?
   Ik ____________________
2. Zijn jullie gisteren vroeg naar bed gegaan? Sliepen jullie vroeg? Ja, we ____________________
3. Zijn jullie in Antwerpen gebleven? Sliepen jullie bij vrienden?
   Ja, we ____________________
4. Ging je iemand van het station halen? Ja, ik ____________________
5. Heb je het huis zelf verbouwd? Nee, we ____________________
6. Heeft hij nu een baard? Ja, hij ____________________
7. Sorry, wilde je nog iets vragen? Ja, ik ____________________
8. Wat zaten jullie te doen? Tv kijken? Ja, we ____________________
9. Zag je zelf dat het ongeluk gebeurde? Ja, ik ____________________
10. Sinds wanneer werkt hij hier? Wanneer is hij gekomen?
    Hij is hier ____________________

opdracht 10

Werk in tweetallen met onderstaande dialogen. De een zegt de eerste en derde regel, de ander de tweede.

1. Ik heb heel lang in het café gezeten.
   Wat heb je daar gedaan?
   Ik ____

2. Ik was niet tevreden met mijn haar.
   En wat heb je eraan gedaan?
   Ik ____

3. Je hebt witte schoenen gekocht!
   Ja, vind je ze niet mooi?
   Nee, je ____

4. De buurman is vanochtend om vijf uur weggereden.
   Hoe weet je dat?
   Ik ____

5 Je hebt deze kast met schuurmiddel schoongemaakt. Wat stom!
O, wat had ik dan moeten doen?
Je ______________________________

6 Thomas belde dat hij op Schiphol stond.
En, wat heb je gedaan?
Ik ______________________________

7 Ik hoorde gisteren dat de nieuwe cd van Madonna uit is.
En, heb je hem al gekocht?
Ja, ik ______________________________

8 Anke en Lise waren hier gistermiddag.
Zijn ze al voor het eten weggegaan?
Nee, ze ______________________________

9 Ivo is degene die het langst in dit studentenhuis woont.
O, sinds wanneer woont hij hier?
Hij ______________________________

10 Dus je bent boos omdat je van het station naar huis moest lopen.
Ja. Waarom heb je me niet even met de auto opgehaald?
Ik wist toch niet hoe laat je kwam! Je ______________________________

11 Ik ben gisteravond om half elf naar bed gegaan.
Ben je meteen gaan slapen?
Nee, ik ______________________________

12 Ik heb vanmiddag een moeilijke test! Ik heb er ontzettend hard voor gewerkt!
O, dan heb je zeker gisteravond geen televisie gekeken?
Nee, ik ______________________________

13 Je hebt gezegd dat er vanavond een feestje is voor Robert. Stommerd!
Ja, wat is daar mis mee?
Het moest een verrassing blijven! Je ______________________________

Wat zeg je in de volgende situaties? opdracht 11

1 Op je werk (of stageplaats) deel je een kamer met een collega. Hij vindt dat je te veel belt en maakt daar een opmerking over. Wat zeg je?

2 Door de grote hoeveelheid werk heb je geen tijd om het nieuws te volgen of de krant te lezen. Je partner geeft daar kritiek op. Hoe reageer je op die kritiek?

3 Met een medestudent maak je een plan voor een werkstuk. Jullie hebben samen goede ideeën over de opzet en de indeling van de hoofdstukken. Je medestudent werkt het plan uit, en laat het je zien. Hij zegt: 'Het was een hele klus hoor. Ik ben er zowat het hele weekend mee bezig geweest. Maar het ziet er goed uit!'
Je ziet echter dat hij veel veranderd heeft aan jullie ideeën en dat het nu niet meer zo'n goed plan is. Wat zeg je?

4 Je leest al heel lang een bepaalde krant, maar je besluit om inhoudelijke redenen die krant op te zeggen. Twee weken nadat je je abonnement hebt opgezegd, krijg je een telefoontje van die krant: men wil weten waarom je hebt opgezegd. Wat zeg je?

5 Je hebt een erg drukke baan (of studie). Daarnaast doe je vrijwilligerswerk: je zit in het bestuur van de volleybalclub. De andere bestuursleden laten in een vergadering merken dat ze vinden dat jij niet vaak genoeg aanwezig bent. Ze denken dat ze daarom misschien beter iemand anders kunnen zoeken, iemand die er meer tijd en energie aan kan besteden. Hoe reageer je?

6 Een vriend van je zegt dat hij heel goed kan behangen. Je gaat binnenkort verhuizen en hebt het zelf erg druk. Daarbij heb je zelf ook nog nooit behangen. Hij gaat de woonkamer behangen. Je komt 's avonds het huis binnen en het resultaat valt je tegen. Je vriend vraagt wat je ervan vindt. Wat zeg je?

Recensies

Een recensie is een bespreking van een boek, film, concert, voorstelling, cd en dergelijke. Je vindt recensies vaak in kranten of tijdschriften, maar ook op internet, zoals hieronder.
Je ziet hier een positieve en een negatieve recensie van een nieuwe film.

1 Lees beide recensies eerst helemaal door en bepaal welke positief en welke negatief is.

2 Noteer de zinnen / woorden die aangeven dat het positief of negatief is.

3 Bedenk bij elke categorie aanvullingen.

Wild Romance

Regie: Jean van de Velde | **Cast:** Daniël Boissevain (Herman), Marcel Hensema (Koos), Karina Smulders (Nina) e.a. | **Speelduur:** 103 minuten | **Jaar:** 2006

Ruim vijf jaar geleden sprong hij. Met een vermoedelijke levensverwachting van nog slechts enkele maanden vond Herman Brood dat het zo goed was en maakte op 11 juli 2001 een einde aan zijn leven. Het zijn tevens de openingsbeelden uit de langverwachte biopic *Wild Romance*, die na de verbeelding van die fatale sprong een stap terug in de tijd doet naar het midden van de jaren zeventig toen Broods ontmoeting met kroegbaas Koos van Dijk zijn succesvolle muzikale carrière als Herman Brood & His Wild Romance inluidde.

Koos van Dijk zag iets in Brood dat anderen niet zagen. Hij keek verder dan de harddrugs en het kinderlijke, onzakelijke gedrag dat Herman al vaker een aanstelling in een band had gekost en besloot zijn manager te worden. Regisseur Jean van de Velde (*De Kleine Blonde Dood*, *Lek*) heeft ervoor gekozen om in deze eerste lange speelfilm over het leven van Herman Brood vooral het verhaal van Koos te vertellen. Nagenoeg alles laat hij zien door de ogen van Broods manager, een keuze die op zichzelf prima te verantwoorden is. Helaas pakt Van de Veldes benadering van het onderwerp niet goed uit.

Van meet af aan is duidelijk dat *Wild Romance* niet hét verhaal van Herman, maar een verhaal van Herman vertelt. De toon van de film is vanaf het begin al sterk gekleurd. De introductie van de belangrijkste personages in het Groningse Winschoten, waar Koos zijn kroeg had, is bijvoorbeeld zo kluchtig dat je je verdwaald voelt in een komedie. Het accent van Marcel Hensema als Koos is daar flink debet aan, want dat is zo dik aangezet dat het een persiflage lijkt. Een waarachtige levensschets verwacht je op dat moment niet meer, maar als Koos ook nog eens terloops de camera in kijkt en het publiek aanspreekt, vervalt *Wild Romance* in het andere uiterste van de karikatuur.

De film volgt de beginjaren van de carrière van Brood vanaf de ontmoeting met Koos. In vogelvlucht zien we hun gezamenlijke avonturen waaronder de opnames van de eerste twee albums, de hit Saturday Night, het optreden in Paradiso, de film *Cha Cha* met Nina Hagen en tenslotte de mislukte tournee door de Verenigde Staten. De dialogen zijn daarbij tot een minimum beperkt en ieder stil moment in de film is dichtgeplaveid met muziek. En dat levert in dit geval de beste scènes op, want de concertregistraties zijn mooi in beeld gebracht en geven de film de pit die het nodig heeft. De mimiek en zangstem van Daniël Boissevain zijn adequaat en vormen een welkome afwisseling van zijn wel erg eendimensionale karakterisering van de zanger.

Zowel in stem als in gedrag heeft de Boissevain niet geprobeerd om de ware Brood zo dicht mogelijk te benaderen. Het schichtige, wat gekromde loopje van de zanger is wel treffend, maar verder is het – zoals de film zelf – meer een ode aan, dan een realistisch portret van het leven van de muzikant geworden. Toch wringt met name de oppervlakkige benadering. Natuurlijk staat het iedere regisseur vrij om zijn eigen invulling te geven, maar tijdens *Wild Romance* heb je nergens het gevoel dat het unieke van Neerlands enige echte rock-'n-roll junkie waarlijk eer wordt aangedaan. Daarvoor is de verbeelding te vrij, te kluchtig en te oppervlakkig.

Geplaatst op 08-11-2006 om 20:43 door Ronald Simons

www.secondscreen.blogspot.com/2006/11/wild-romance.html

Wild Romance: Van onderhoudend tot meeslepend

Wild Romance is een onderhoudende film over het begin van de muzikale carrière van Herman Brood en diens relatie met manager Koos van Dijk.

Door de massale media-aandacht zou je bijna vergeten dat Wild Romance pas vandaag officieel in première gaat. Het begon allemaal met vriend Bart Chabot, die het jammer vond dat 'Herman in de film bij tijd en wijle bijzonder onsympathiek overkomt.' Repliek van Broodvertolker Daniel Boissevain: 'Maar de film gaat over

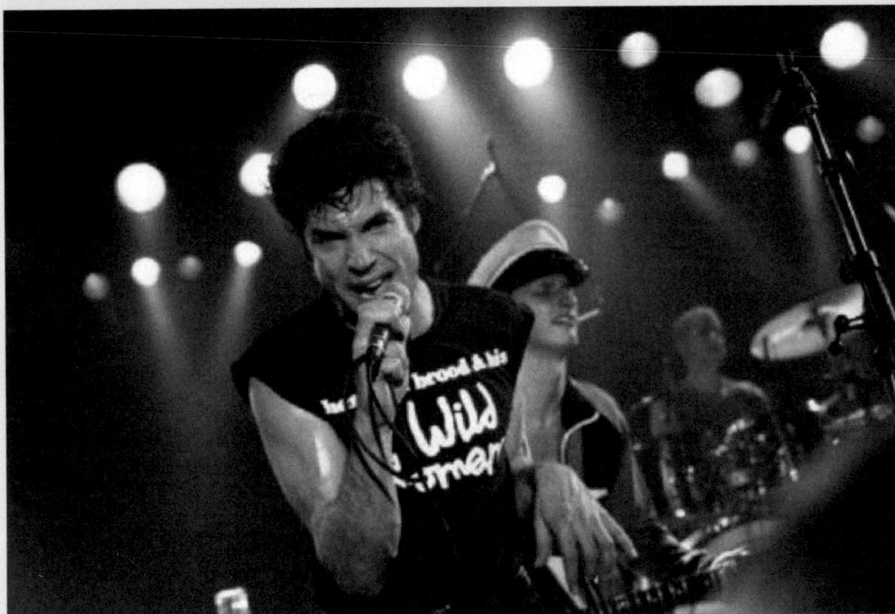

Hermans begintijd, toen hij en Bart nog niet veel met elkaar omgingen.' Vervolgens struikelden we wekenlang over de diverse hoofdrolspelers en regisseur Jean van de Velde (All Stars, Lek, Floris). Er kon werkelijk geen krant of tijdschrift worden opengeslagen, geen tv worden aangezet, of we kwamen ze tegen.

In tegenstelling tot Chabot lijken de meeste nabestaanden en geliefden van Brood bijzonder positief over de film, die de beginjaren van de muzikale carrière van Neerlands ultieme belichaming van het adagium 'seks, drugs en rock 'n roll' beslaat. Xandra Brood bijvoorbeeld, is erg te spreken over de manier waarop Boissevain haar geliefde heeft neergezet. En ook van de kant van enkele voormalig Wild Romance-leden kwamen al sympathieke geluiden.

Lachspieren

Maar genoeg over randzaken, over naar waar het echt om gaat: Wild Romance, de film. Die gaat over de vriendschap en de gezamenlijke droom (optreden in de New Yorkse club The Bottomline) van Herman Brood en Koos van Dijk. Het verhaal wordt verteld door laatstgenoemde, de markante kaalkop die gedurende Hermans gehele carrière (afgezien van wat korte afkoelperiodes na hoogopgelopen ruzies) zijn manager was. Van Dijk wordt gespeeld door Marcel Hensema (bekend van Eddy Terstalls Simon), en die doet dat meer dan verdienstelijk. Van Dijk wordt weliswaar neergezet als een wat karikaturaal figuur (zwaar Gronings accent, zeer matige beheersing van de Engelse taal), maar dat is niet slecht voor de film en goed voor de lachspieren.

Daniel Boissevain (All Stars, Lek, Gooische vrouwen), die eigenlijk niet de hoofdrol heeft, zet een overtuigende Herman Brood neer. Vooral wanneer hij op het podium staat, heeft hij verdomd veel weg van een regelrechte reïncarnatie. De manier waarop hij achter z'n piano staat, dat loopje. Het klopt. Of het ook klopt wat de Herman naast het podium betreft, is lastig te zeggen. Ondergetekende kende de jonge Herman net zo min (nog minder; helemaal niet, zeg maar) als Bart Chabot.

Broodnodig

Eigenlijk gaat Wild Romance over de vriendschap tussen Herman en Koos en je vraagt je al snel af hoe die arme Koos het in godsnaam met Herman heeft volgehouden.

Want behalve vriend en manager was Koos bodyguard, puinruimer, speed- en geldverstrekker tegelijk. Wat die geldverstrekking betreft; die levert een van de leukste scènes in de film op. Met een doodzieke Herman Brood (hij heeft speed nodig, maar Van Dijk vindt dat hij nuchter moet blijven) als passagier rijdt Van Dijk op een goeie dag in een oude Citroën (het legendarische model 'Snoek') door de Groningse polders richting ouderlijk huis. Hij wil zijn vader om een klap geld vragen waarmee de eerste plaat (Street) van Herman bekostigd moet worden.

Levend lijk

Van Dijk's vader is maar matig enthousiast wanneer hij wordt geconfronteerd met Herman. En dat is niet gek; die heeft meer weg van een levend lijk dan van een ster in wording. Wanneer Herman uiteindelijk naar het toilet 'sneakt' om het broodnodige (inderdaad, beetje flauw) shot te zetten, komt alles goed. Bij terugkomst gaan Herman en Koos' vader in no time levensliederen zingend en polonaise lopend door de kamer. Het geld komt er.

Niet te vergeten: de muziek in Wild Romance is natuurlijk fantastisch (niet onbelangrijk in een muziekfilm). Boissevain playbackt zich op overtuigende wijze door Broodklassiekers als 'Love You Like I Love Myself', 'Rock 'n Roll Junkie, 'Saturday Night' en, misschien wel Herman's mooiste nummer 'Never Be Clever'. Nummers die de film bij vlagen van onderhoudend naar meeslepend promoveren.

Geplaatst op donderdag 9 november 2006 om 10:34, door Mario Wisse

www.metronieuws.nl/index.php?actie=nieuws&c=16&id=70623

Jouw recensie — opdracht 12

Schrijf een tekst van maximaal 300 woorden waarin je een boek, film, cd of theaterprogramma ophemelt of afkraakt.

- Bedenk wat je doelgroep is: voor welke groep, voor welk blad of welke website schrijf je je recensie?
- Gebruik in je tekst woorden en zinnen die je in de vorige opdrachten gevonden hebt.

Uitbreiding grammatica

Bij zinnen met dubbele infinitieven zie je vaak aan het eind van de zin een grote groep werkwoorden, met veel infinitieven achter elkaar.

Je kon rustig blijven zitten.	Je had rustig kunnen blijven zitten.
Je kon daar leren programmeren.	Je had daar kunnen leren programmeren.
Je moest hem horen gillen.	Je had hem moeten horen gillen.
Je moest hem verbaasd zien kijken!	Je had hem verbaasd moeten zien kijken!
Ik wilde niets laten merken.	Ik had niets willen laten merken.
Je hoefde niet te blijven staan.	Je had niet hoeven blijven staan.
Ik ging zitten wachten.	Ik was gaan zitten wachten.

opdracht 13

Bespreek met elkaar in wat voor situatie je deze zinnen kunt gebruiken en wat de betekenis dan is.

1 Ik had iets vroeger willen gaan werken, maar dat lukte niet.

2 Kinderen kiezen een kunstwerk uit en proberen te ontdekken wat de maker heeft willen laten zien.

3 Mijn vriend is door een ruit gevallen. Het is gelukkig goed afgelopen! Als je je toch voorstelt wat er zou hebben kunnen gebeuren, ben ik wel blij dat het alleen wat scherven waren!

4 Ik ben mijn sleutels kwijt. Ik heb het zwembad al gebeld; daar zouden ze kunnen zijn blijven liggen, maar daar was helaas geen sleutelbos gevonden.

5 Ik had door de telefoon veel dingen gevraagd, en als de verkoper werkelijk verteld had hoe de staat van de auto was had ik niet eens hoeven gaan kijken.

Uitbreiding Schiphol — opdracht 14

De luchthaven Schiphol is te klein dus er moet uitbreiding komen. Uitbreiding van Schiphol is niet mogelijk omdat er niet voldoende ruimte is. Een oplossing zou een tweede luchthaven zijn. Hiervoor zijn twee mogelijke locaties: op een eiland voor de kust van Rotterdam of in de provincie Flevoland, vlak bij Lelystad.

De onderzoekscommissie naar beide plannen heeft besloten welk plan zij het beste vindt. Jij bent voorlichter van die commissie. Je moet in een radioprogramma kort uitleggen welke plannen er waren, wat de voor- en nadelen van die plannen waren en voor welk plan de commissie uiteindelijk gekozen heeft.

Bekijk het schema.
Je hebt 2 minuten om je voor te bereiden. Vervolgens heb je 2 minuten de tijd om te spreken.

	Plan 1: op een eiland voor de kust van Rotterdam	Plan 2: in de provincie Flevoland, vlak bij de stad Lelystad
veiligheid	buiten de bewoonde wereld	in een gebied met veel mensen
kosten	hoog, een nieuw eiland en nieuwe infrastructuur	lager, alleen het bouwen van de luchthaven en aanpassing van de infrastructuur
milieu	ligt in de Noordzee	ligt op land
geluidsoverlast	weinig mensen	veel mensen
reistijd	ligt decentraal	ligt centraal

Het is belangrijk

- dat je de twee plannen beschrijft
- dat je de voor- en nadelen van beide plannen noemt
- dat je vertelt voor welk plan de commissie heeft gekozen en waarom.

Tegenpolen track 12

Cees Dekker, hoogleraar Moleculaire Biofysica aan de TU in Delft zit tegenover Bas Haring, filosoof, schrijver en televisiepresentator bij de RVU, en hoogleraar aan de Universiteit van Leiden waar hij de leerstoel 'publiek begrip van wetenschap' bekleedt.
Ze gaan met elkaar in gesprek over de vraag of geloof en wetenschap te combineren zijn of elkaar juist uitsluiten. Het gesprek vindt plaats onder leiding van theologe Jacobine Geel.

Beantwoord de volgende vragen.

1 Cees Dekker is heel erg slim en heel erg gelovig. Jacobine van Geel vraagt aan Bas Haring of hij dat begrijpt. Wat is het commentaar van Bas Haring?

2 Wat is de kritiek van Cees Dekker op een atheïstisch wereldbeeld?

3 Jacobine vraagt aan Bas Haring of geloof een kwestie van denken is. Wat is de reactie van Bas Haring daarop?

4 Mensen vragen zich vaak af hoe je zo slim kunt zijn en toch gelovig. Wat is het commentaar daarop van Cees Dekker en van Bas Haring?

5 Cees Dekker heeft in zijn inaugurele rede de Schepper bedankt. Wat is de reactie van Bas Haring daarop?

6 Bas Haring is gefascineerd door de universele theorie over de ontwikkeling van leven. Cees Dekker plaatst de nodige kritische kanttekeningen. Hoe verwoordt hij die?

Stellingen opdracht 15

Reageer op de volgende stellingen.

1 God is een verzinsel van mensen. (Bas Haring)
2 Het is natuurlijker om de wereld te bekijken vanuit het christendom. (Cees Dekker)
3 Geloof geeft hoop. (Cees Dekker)
4 Vanuit je geloof mag je geen dingen concluderen die niet per se waar zijn. (Bas Haring)
5 De mens is het enige wezen in het universum dat intelligent is. (Cees Dekker)
6 Iedereen heeft een geloof.
7 De wereld zit mooi in elkaar.
8 Geloof en wetenschap gaan niet samen.

EXTRA

een paar bijzondere constructies

(Ook) al ____________________, ____________________
____________________, (ook) al ____________________
Nauwelijks ____________________, of ____________________
____________________ noch ____________________ noch ____________________
____________________ zowel ____________________ als ____________________
Hoe ____________________, des te ____________________
Hoe ____________________, hoe ____________________

(Ook) al heb ik niet veel ruimte, er **kunnen** altijd mensen bij me logeren.
Er **kunnen** altijd mensen bij me logeren, **(ook) al** heb ik niet veel ruimte.

Nauwelijks waren we begonnen met de picknick, **of** het **begon** ontzettend hard te regenen.
We **waren nauwelijks** begonnen met de picknick, **of** het **begon** ontzettend hard te regenen.

Deze flats zijn **noch** voor gezinnen, **noch** voor ouderen geschikt.
Deze flats zijn voor gezinnen **noch** voor ouderen geschikt.

In deze wijk komen zowel winkels als scholen.

Hoe verder we naar het zuiden reden, des te meer files er op de weg waren.
Hoe verder we naar het zuiden reden, hoe meer files er op de weg waren.

opdracht 16

Zet deze zinnen in een van deze constructies. Let erop dat je vaak woorden moet weglaten of vervangen.

1 Hij zegt het niet, maar toch ergert hij zich ontzettend aan het lawaai.
2 Dit boek is mooi vormgegeven, maar toch is het geen handig boek.
3 Misschien ga je op je kop staan. Je krijgt toch je zin niet.
4 Hij was nog maar net binnen. Direct ging de telefoon.
5 We waren nog maar net onderweg. Meteen werd een van de kinderen ziek.
6 Hij was nog niet lang bezig met zijn studie. Toen al had hij een conflict met een docent.
7 Hij is vegetariër. Hij eet geen dieren en hij eet ook geen producten waarin dieren zijn verwerkt.
8 Ik heb geen tijd in oktober om examen te doen en ook niet in maart.
9 Als topsporter moet je gezond leven. Je mag niet roken en niet drinken.
10 De politie ondervroeg het bestuur over de fraude. De voorzitter ontkende alles, en de penningmeester ontkende ook alles.
11 Deze cursus is voor Duitstaligen. Dat betekent dat we studenten krijgen uit Duitsland en ook studenten uit Oostenrijk.
12 Je kunt psychologie studeren in Groningen en in Amsterdam.
13 Je kijkt veel televisie. Je leert de cultuur van een land beter kennen.
14 Er wonen meer studenten in een stad. Het is aantrekkelijker voor ons bedrijf.
15 Een land heeft natuurlijke grondstoffen. De onderhandelingspositie is sterker.

LITERATUURFRAGMENT

Bredekamp, de hoofdpersoon, vader van een dochter van achttien, is bepaald niet gelukkig met het vriendje van die dochter. In het volgende fragment bespreekt hij die vriend met zijn vrouw.

's Avonds in bed zegt zijn vrouw voor de zoveelste keer: 'Je moet ophouden met die denigrerende opmerkingen over haar vriend, dat leidt nergens toe.'
'Maar het is zo,' zegt Bredekamp, 'hij heeft geen idee wat hij wil, ja, een beetje voor uitsmijter spelen. En hij zit voortdurend aan haar, is je dat niet opgevallen? Vooral aan haar billen.'
Zijn vrouw zucht en antwoordt: 'Maak je niet zo druk om die jongen. Als wij hem liefdevol negeren, verdwijnt hij op een gegeven moment vanzelf uit haar leven. Hij is echt niet de man aan wie ze zal blijven hangen.'
'Ik ben toch ook aan jou blijven hangen.'
'Toen was ik al een paar jaar ouder, bovendien waren dat andere tijden.'
Hij legt zijn schrift met kattenverhalen op het nachtkastje, en doet zijn leesbril af.
'Hoe hij naar haar kijkt,' zegt Bredekamp, 'dat is niet normaal.'
'Hoe kijkt hij dan?' vraagt zijn vrouw. Ze ligt op een elektrische deken, ze is kouwelijk aangelegd.
'Hij kleedt haar uit met zijn ogen.'
Ze lacht. 'Natuurlijk kleedt hij haar uit met zijn ogen, ik zou me zorgen maken als hij dat niet deed.'
'Hij is vierentwintig, Emilie achttien, net achttien. Ik wil niet dat hij haar uitkleedt met zijn ogen, en al helemaal niet waar ik bij ben. Toen ik bij jouw ouders over de vloer kwam kleedde ik jou ook niet uit met mijn ogen, ik zou het niet gedurfd hebben.'
'Nee, je kleedde mijn moeder uit met je ogen.' Ze lacht, aanstekelijk en lang. Daarom is Bredekamp ooit verliefd op haar geworden, niet eens om hoe ze lachte, maar vooral omdat ze om hem lachte. Om zijn bijna-flauwe grapjes. Lang en aanstekelijk.

Uit: Arnon Grunberg (2004) 'De jongste', in: *Magazijn 1. De nieuwe generatie schrijvers* (verzameld door Arjen Fortuin, Judith Janssen, Menno Hartman en Daphne de Heer), Nieuw Amsterdam Uitgevers, p. 521.

EINDVRAAG

Wat is je kritiek op dit boek? De auteurs horen het graag. Je kunt het mailen naar b.v.j.m.lijmbach@rug.nl en / of b.l.a.de.boer@rug.nl

REFLECTIE

- Wat heb je in dit hoofdstuk geleerd?
- Wat beheers je nu voldoende?
- Wat beheers je nog niet voldoende? Op welke manier kun je eraan werken om dat wel te beheersen?

- Welke woorden ken je nu rond het thema 'kritisch'?
- Maak in tweetallen een woordweb rond dit woord.

Bijlage 1
Grammatica

Hoofdstuk 1

Conjuncties / voegwoorden

Met de conjuncties maar, en, of, dus, want combineer je twee hoofdzinnen, dus in beide zinnen is de volgorde: subject – persoonsvorm – andere elementen.

> Ik spreek natuurlijk Engels want dat is mijn moedertaal.

of met inversie: ander element – persoonsvorm – subject:

> In september ben ik met een cursus Nederlands begonnen, dus nu spreek ik al een beetje Nederlands.

Met de andere conjuncties zoals omdat, dat, zodat, totdat, nadat, voordat, hoewel, zodra, toen, terwijl, doordat, sinds, wanneer, nu, zolang, alsof, naarmate, indien, ofschoon, opdat, mits, tenzij combineer je een hoofdzin en een bijzin. In een bijzin staan de werkwoorden aan het eind.

> Ik kan een beetje Spaans begrijpen, als de mensen rustig spreken.

Als een zin met een bijzin begint, gebruik je inversie in de hoofdzin. De persoonsvorm komt dus direct na de bijzin:

> Omdat ik het Nederlands niet goed verstond, vond ik de taal moeilijk.

om – te ... infinitief

Je gebruikt dit:

- voor de beschrijving van een doel:
  Hij gaat naar buiten om een sigaret te roken.

- om extra informatie te geven over een substantief of adjectief:
  Het zijn schoenen om mee in de bergen te lopen.
  Het lijkt me gezellig om je weer eens te zien.

Soms moet je om gebruiken, soms mag het.

Om **moet**:
- als je een doel beschrijft: Ik wilde arts worden om mensen te kunnen helpen.
- na te + adjectief: Dat is te lastig om in een middag te leren.
- na adjectief + genoeg: Deze broek is nog goed genoeg om thuis te dragen.
- bij meer informatie over een substantief: Er was geen geld om mijn studie te betalen.

In de overige situaties **mag** je om gebruiken.
De zinnen zonder om zijn wat formeler. Je ziet ze vooral in schrijftaal.
Hij weigerde zijn adres op te geven.
Hij weigerde om zijn adres op te geven.

Hoofdstuk 2

Passieve zinnen

De vormen van actieve en passieve zinnen zijn:

	Actieve vorm	Passieve vorm
Presens	De plastisch chirurg voert de eerste gezichtstransplantatie uit.	De eerste gezichtstransplantatie wordt door de plastisch chirurg uitgevoerd.
Imperfectum	De plastisch chirurg voerde de eerste gezichtstransplantatie uit.	De eerste gezichtstransplantatie werd door de plastisch chirurg uitgevoerd.
Perfectum	De plastisch chirurg heeft de eerste gezichtstransplantatie uitgevoerd.	De eerste gezichtstransplantatie is door de plastisch chirurg uitgevoerd.
Plusquamperfectum	De plastisch chirurg had de eerste gezichtstransplantatie uitgevoerd.	De eerste gezichtstransplantatie was door de plastisch chirurg uitgevoerd.

In de actieve vorm ligt de nadruk op het subject, degene die de handeling doet. In de passieve vorm ligt de nadruk op de handeling. Door wie de handeling wordt gedaan, is vaak niet bekend of het is niet belangrijk.

Passieve zinnen zonder subject krijgen er:

Er wordt niet geopereerd op zondag. / Er is uitgebreid over gediscussieerd.

Natuurlijk komt er ook in een zin met een onbepaald subject:

Er worden veel programma's over cosmetische operaties uitgezonden. /
Er zijn veel vrouwen voor die programma's benaderd.

1 Een passieve zin kan ook modale werkwoorden (zullen, kunnen, moeten, mogen, willen) bevatten. Dan wordt worden of zijn toegevoegd.
De uitslag zal via internet bekendgemaakt worden / worden bekendgemaakt.
Vanaf 20 maart kan er weer gezwommen worden / worden gezwommen in ons buitenbad.
Je schoenen moeten gepoetst zijn.

2 Bepaling met door

Soms is het belangrijk om te vertellen wie de handeling uitvoert. Deze persoon kun je in de zin brengen met door ....
Deze verklaring moest door alle deelnemers ondertekend worden / worden ondertekend.

Hoofdstuk 3

Betrekkelijk voornaamwoord / relatief pronomen

Een relatief pronomen verwijst naar een substantief of een zin en geeft daar extra informatie over. De nieuwe baan die hij krijgt, bepaalt waar hij gaat wonen. Het relatief pronomen is een deel van een bijzin, dus de werkwoorden staan aan het eind.

Die en dat gebruik je als het werkwoord in de bijzin geen prepositie bij zich heeft.
Die verwijst naar een de-woord, meervoud en personen en dat verwijst naar een het-woord:

Voor de partner die niet werkt, is het moeilijker in het buitenland.
Mijn vrienden die in het buitenland wonen, zie ik niet vaak.
Thomas Swaak, die vroeger in verschillende landen heeft gewoond, werkt nu zelf bij een buitenlands bedrijf.
Het werk dat ik doe, is heel uitdagend.

Als het werkwoord in de bijzin wel een prepositie bij zich heeft, gebruik je waar + prepositie voor zaken: Het bedrijf waarvoor ik werk, is een internationaal bedrijf.
Het relatief pronomen kan ook worden gesplitst: Het bedrijf waar ik voor werk, is een internationaal bedrijf.
Sommige preposities veranderen: 'met' wordt 'mee' en 'tot' wordt 'toe':
Waar zonder prepositie gebruik je voor plaats: Het land waar ze nu wonen, is Rusland.
Voor personen gebruik je een prepositie + wie: De vijf kinderen van wie de jongste twee in het buitenland zijn geboren, studeren nu allemaal in Nederland.
In spreektaal hoor je ook waardoor en waarmee in plaats van door wie en met wie.

Wat gebruik je:

- bij verwijzing naar de hele zin:
  Hij heeft de verhuizing zelf geregeld wat veel werk was.
- na een superlatief:
  Dat is het moeilijkste wat bij wonen in het buitenland hoort.
- na een onbepaald voornaamwoord:
  Ik geniet van alles wat we met elkaar meemaken.
- wanneer er niet expliciet wordt gezegd over welke zaak het gaat:
  Wat je daardoor leert, is ongelooflijk!

Welk(e) wordt vooral in de schrijftaal gebruikt. In de spreektaal wordt de voorkeur aan die of dat gegeven.
Bij bepaalde preposities gebruik je wel welk(e):

Ik heb nog geen visum gekregen, zonder welk ik niet kan vertrekken.
Het besluit krachtens welk ik recht heb op vergoeding, is onlangs veranderd.

Wiens en wier worden vooral gebruikt in formele geschreven taal. Het kan vervangen worden door van wie. Wiens wordt gebruikt als het verwijst naar

een mannelijk persoon enkelvoud, wier als het verwijst naar een vrouwelijk persoon enkelvoud of naar meervoud.
In informeel gesproken taalgebruik hoor je ook wel wie z'n en wie d'r.

Hoofdstuk 4

Gebruik werkwoordstijden
Er zijn drie werkwoordstijden om over het verleden te vertellen: imperfectum, perfectum en plusquamperfectum.

Het imperfectum gebruik je meestal als je aan het vertellen bent.
Toen hij op vakantie was in Australië en daar ergens een markt bezocht, sprak iemand hem aan.

Je gebruikt deze tijd ook voor een beschrijving. Ik kon me niet los maken van de tv. Ik vond het zo boeiend! Ook voor een beschrijving van een niet-realiteit. Als ik dat kon, deed ik het ook.

Het perfectum gebruik je meestal als je informatie geeft. Uiteindelijk ben ik pas om kwart over twaalf naar bed gegaan.
Je gebruikt deze tijd ook als je iets gaat vertellen over het verleden.
Ik heb gisteravond een bijzonder televisieprogramma gezien.

Het plusquamperfectum gebruik je als je een verhaal aan het vertellen bent en informatie wil geven over iets wat nog eerder (voor het verhaal) gebeurde.
En hij won een hoofdprijs in een loterij met een lot dat hij op straat had gevonden.

Het verschil tussen het gebruik van het imperfectum of perfectum is niet altijd duidelijk. Soms zijn beide tijden mogelijk.
Eric heeft twee jaar voor dat bedrijf gewerkt.
Eric werkte twee jaar voor dat bedrijf.

Na toen gebruik je meestal imperfectum of plusquamperfectum:
Hij woonde in Almere toen hij voor dat bedrijf werkte.
Hij is meteen verhuisd toen hij de loterij gewonnen had.

Bij nadat en voordat is de werkwoordstijd van de hoofdzin anders dan die van de bijzin.

Hij ging naar binnen nadat hij de auto in de garage gezet had.

Hij had de auto in de garage gezet voordat hij binnenkwam.

Hoofdstuk 5

Gebruik zullen / zouden

Zullen heeft de volgende functies:

- Voorstel
  Zullen we naar het museum van Escher in Den Haag gaan?
- Belofte
  Ik zal de uitnodigingsbrief schrijven.
- Waarschijnlijkheid
  Het zal wel een geslaagde dag worden.
- Toekomst (formeel, niet persoonlijk)
  Het museum zal in verband met een verbouwing deze zomer gesloten zijn.
- Sterke wil van de spreker
  We zullen dit op tijd afhebben!
- Je inleven in de situatie van een ander.
  Je zult maar in zo'n ongelooflijk modern huis wonen!

Zouden heeft de volgende functies:

- Beleefde vraag
  Zou je die nieuwe producten willen hebben?
- Droom over een andere werkelijkheid
  Als ik zo'n achternaam zou hebben, zou ik hem veranderen.
- Wens
  Ik zou graag een kunstwerk van Escher willen hebben.
- Mogelijkheid
  We zouden in plaats van een litho ook een poster kunnen kopen.
- Voorzichtig advies, suggestie
  Je zou dat schilderij eens op een andere plaats moeten hangen.
- Herinnering aan een belofte of afspraak
  Jij zou toch de excursie organiseren!
- Onzekere informatie, roddel, er wordt gezegd dat ...
  Philips zou zich met de nieuwe producten meer op gezinnen richten.

Hoofdstuk 6

Er

Er heeft vijf verschillende functies. De vijf functies kunnen in twee soorten verdeeld worden:

- er vervangt een (deel) van een zinsdeel, namelijk een plaats (functie 1), iets wat geteld wordt (functie 2) of een deel van een prepositiegroep (functie 3);
- de grammaticale structuur eist dat er wordt gebruikt, namelijk als de zin een onbepaald subject heeft (functie 4) of als het een passiefconstructie is zonder handelend subject (functie 5).

1 Plaats:
   Rotterdam heeft een grote bibliotheek, maar ik ben er nog nooit geweest.
2 In combinatie met een telwoord:
   Je mag er maximaal acht lenen.
3 In combinatie met een prepositie:
   Het SCP mat of iemand in de weken ervoor een boek had geleend.
4 Indefiniet subject:
   Er bestaan arme regio's.
   In de volgende gevallen is er sprake van een indefiniet subject: geen lidwoord, een, geen, telwoord, (n)iets, (n)iemand, veel, weinig, wie, wat, wat voor, wat voor een, welk(e)
5 Passieve zin:
   Er wordt steeds minder gelezen sinds 1975.

De plaats van er:

- in functie 1, 2 en 3: zo ver mogelijk naar het begin van de zin, direct na de persoonsvorm, maar na persoonlijke voornaamwoorden (Ik heb hem er niet over gesproken.);
- in functie 4 en 5: als eerste element. Bij inversie komt er direct na de persoonsvorm (Op dat moment was er nog niets gebeurd.).

Als je meer nadruk wilt leggen op er, kun je daar of hier gebruiken bij functie 1 en 3. Daar / hier komt op de positie van er, maar kan ook (als extra versterking) op de eerste plaats in de zin gezet worden.

Daar wordt minder geld uitgegeven aan bibliotheken.
Betalen voor de administratie, daar ben ik principieel tegen.

In functie 3 (er in combinatie met een prepositie) kan er terugwijzen maar ook vooruit:

Ik erger me eraan dat de buren steeds ruzie maken.

Naast deze functies zijn er ook zinnen waar er idiomatisch wordt gebruikt, zoals:

Ik ga ervandoor. / Je ziet er mooi uit.

Hoofdstuk 7

Scheidbare werkwoorden en reflexieve werkwoorden in combinatie met een prepositie

Scheidbare werkwoorden bestaan uit: een prefix en een werkwoord, bijvoorbeeld nakijken, aanbieden.

Je kunt dat verzoek tot 1 augustus indienen. Zal ik de totale kosten uitrekenen?

Het accent ligt op het prefix.
In het presens en het imperfectum van een hoofdzin gaat het prefix naar het eind van de zin:

Hij dient dat verzoek morgen in. Zij rekende de totale kosten uit.

In de bijzin gaan het prefix en het werkwoord samen naar het eind van de zin:

Ik geloof dat hij dat verzoek morgen indient. Ik vond het prettig dat zij de totale kosten uitrekende.

In een zin met een scheidbaar werkwoord met prepositie komt er na de persoonsvorm; de prepositie komt in de presens voor de prefix van het werkwoord: nadenken over – Ik denk er nog over na.

Ik heb er nog eens over nagedacht. Ik beloof dat ik er nog eens over nadenk.

In een zin met een reflexief werkwoord met prepositie komt na de persoonsvorm eerst het reflexieve voornaamwoord en daarna er of omgekeerd:

zich schamen voor – Ik schaam me er ontzettend voor. / Ik schaam er me ontzettend voor.
Ik heb me er ontzettend voor geschaamd / Ik heb er me ontzettend voor geschaamd.
Ik weet wel dat ik me er ontzettend voor schaam. / Ik weet wel dat ik er me ontzettend voor schaam.

In een zin met een scheidbaar reflexief werkwoord met prepositie komt na de persoonsvorm eerst het reflexieve voornaamwoord en daarna er. De prepositie komt in het presens voor de prefix van het werkwoord:

zich neerleggen bij – Hij legt zich er niet gemakkelijk bij neer. / Hij legt er zich niet gemakkelijk bij neer.
Hij heeft zich er niet gemakkelijk bij neergelegd. / Hij heeft er zich niet gemakkelijk bij neergelegd.
Hij zegt dat hij zich er niet gemakkelijk bij neerlegt. / Hij zegt dat hij er zich niet gemakkelijk bij neerlegt.

Hoofdstuk 8

Dubbele infinitieven in het perfectum

Een zin met in het presens alleen een persoonsvorm krijgt in het perfectum een vorm van hebben of zijn + het participium.

Hij leert alles goed. – Hij heeft alles goed geleerd.
Hij ging naar huis. – Hij is naar huis gegaan.

Een zin met in het presens een persoonsvorm gevolgd door een infinitief, krijgt in het perfectum een vorm van hebben of zijn, gevolgd door twee infinitieven.

Ik laat mijn haar knippen. – Ik heb mijn haar laten knippen.
Hij blijft bij ons eten. – Hij is bij ons blijven eten.

De keuze tussen hebben en zijn wordt bepaald door de persoonsvorm van de zin.

Zinnen met de constructie zitten, liggen, lopen, staan, hangen + te + infinitief in het presens, hebben in het perfectum een vorm van hebben, gevolgd door twee infinitieven. In het perfectum verdwijnt het woordje te.

Hij loopt uren te mopperen. – Hij heeft uren lopen mopperen.
We stonden ook te kijken. – We hebben ook staan kijken.

In de verleden tijd gebruik je de vorm hadden of waren om een verwijt te maken. Dat had je niet moeten doen. of om een niet-realiteit te beschrijven. Je kunt een zin met Als ... maken.

Ik was gaan staken (als ik in die situatie zou zitten).

Bijlage 2
Frequent voorkomende onregelmatige werkwoorden

Deze lijst met onregelmatige werkwoorden is samengesteld op basis van frequentiegegevens. Opgenomen zijn alle niet-regelmatige werkwoorden die meer dan 500 keer voorkwamen in een CELEX-corpus geschreven taal van ongeveer veertien miljoen woorden. (CELEX = Centrum voor Lexicale Informatie te Nijmegen)

De werkwoorden zijn in zes frequentieklassen ingedeeld. De klassen hebben we genummerd; een laag nummer betekent dat werkwoorden uit die klasse weinig voorkomen en een hoog nummer betekent dat ze veel voorkomen. De verdeling is als volgt:

1 = het werkwoord komt in het corpus 500 tot 1000 keer voor
2 = 1000 - 2000
3 = 2000 - 5000
4 = 5000 – 10.000
5 = 10.000 – 30.000
6 = meer dan 30.000 (de bovengrens ligt bij het werkwoord zijn, dat zo'n 85.000 keer voorkomt)

Klasse 6

beginnen	begon	is	begonnen
blijven	bleef	is	gebleven
brengen	bracht		gebracht
denken	dacht		gedacht
doen	deed		gedaan
gaan	ging	is	gegaan
geven	gaf (gaven)		gegeven
hebben	had		gehad
houden	hield		gehouden

kijken	keek		gekeken
komen	kwam (kwamen)	is	gekomen
krijgen	kreeg		gekregen
kunnen	kon (konden)		gekund
lachen	lachte		gelachen
laten	liet		gelaten
liggen	lag (lagen)		gelegen
lopen	liep	(is)	gelopen
moeten	moest		gemoeten
mogen	mocht		gemogen
nemen	nam (namen)		genomen
spreken	sprak (spraken)		gesproken
staan	stond		gestaan
trekken	trok		getrokken
vallen	viel	is	gevallen
vinden	vond		gevonden
vragen	vroeg		gevraagd
weten	wist		geweten
willen	wilde / wou (wilden)		gewild
worden	werd	is	geworden
zeggen	zei (zeiden)		gezegd
zien	zag (zagen)		gezien
zijn	was (waren)	is	geweest
zitten	zat (zaten)		gezeten
zullen	zou (zouden)		–

Klasse 5

bieden	bood		geboden
blijken	bleek	is	gebleken
breken	brak (braken)	(is)	gebroken
dragen	droeg		gedragen
grijpen	greep		gegrepen
hangen	hing		gehangen
helpen	hielp		geholpen

kopen	kocht		gekocht
lezen	las (lazen)		gelezen
lijken	leek		geleken
rijden	reed	(is)	gereden
roepen	riep		geroepen
scheiden	scheidde	(is)	gescheiden
scheren	schoor		geschoren
schijnen	scheen		geschenen
schrijven	schreef		geschreven
slaan	sloeg		geslagen
sluiten	sloot	(is)	gesloten
steken	stak (staken)		gestoken
treden	trad (traden)	is	getreden
treffen	trof		getroffen
verdwijnen	verdween	is	verdwenen
verzinnen	verzon		verzonnen
wijzen	wees		gewezen
zoeken	zocht		gezocht

Klasse 4

bewegen	bewoog		bewogen
binden	bond		gebonden
drijven	dreef	(is)	gedreven
dringen	drong		gedrongen
drinken	dronk		gedronken
eten	at (aten)		gegeten
gelden	gold		gegolden
jagen	jaagde / joeg		gejaagd
kiezen	koos		gekozen
klinken	klonk		geklonken
lijden	leed		geleden
schieten	schoot		geschoten
schrikken	schrok	is	geschrokken
schuiven	schoof	is	geschoven

slapen	sliep		geslapen
springen	sprong	(is)	gesprongen
sterven	stierf	is	gestorven
vangen	ving		gevangen
varen	voer	(is)	gevaren
verbergen	verborg		verborgen
vergelijken	vergeleek		vergeleken
vergeten	vergat (vergaten)	(is)	vergeten
verliezen	verloor		verloren
verschijnen	verscheen	(is)	verschenen
vliegen	vloog	(is)	gevlogen
wegen	woog		gewogen
werpen	wierp		geworpen
zwijgen	zweeg		gezwegen

Klasse 3

bederven	bedierf	(is)	bedorven
bergen	borg		geborgen
bewijzen	bewees		bewezen
bidden	bad (baden)		gebeden
bijten	beet		gebeten
blazen	blies		geblazen
buigen	boog		gebogen
duiken	dook	(is)	gedoken
dwingen	dwong		gedwongen
gedragen	gedroeg		gedragen
genieten	genoot		genoten
glijden	gleed	(is)	gegleden
graven	groef		gegraven
heffen	hief		geheven
klimmen	klom	(is)	geklommen
knijpen	kneep		geknepen
kruipen	kroop	(is)	gekropen
mijden	meed		gemeden

ontbreken	ontbrak (ontbraken)		ontbroken
ontvangen	ontving		ontvangen
raden	ried /raadde		geraden
rijzen	rees	is	gerezen
schenken	schonk		geschonken
schuilen	school /schuilde		gescholen /geschuild
snijden	sneed		gesneden
spijten	speet		gespeten
stijgen	steeg	is	gestegen
strijden	streed		gestreden
strijken	streek		gestreken
vechten	vocht		gevochten
verkopen	verkocht		verkocht
verstaan	verstond		verstaan
vervangen	verving		vervangen
waarnemen	waarnam [nam waar] (waarnamen)		waargenomen
werven	wierf		geworven
wijken	week	is	geweken
winnen	won		gewonnen
wrijven	wreef		gewreven
zenden	zond		gezonden
zingen	zong		gezongen

Klasse 2

bedragen	bedroeg		bedragen
bedrijven	bedreef		bedreven
bevelen	beval (bevalen)		bevolen
delven	dolf		gedolven
fluiten	floot		gefloten
genezen	genas (genazen)	(is)	genezen
gieten	goot		gegoten
glimmen	glom		geglommen
liegen	loog		gelogen
meten	mat (maten)		gemeten

ondernemen	ondernam (ondernamen)		ondernomen
onthouden	onthield		onthouden
ontwerpen	ontwierp		ontworpen
overwegen	overwoog		overwogen
prijzen	prees		geprezen
ruiken	rook		geroken
schrijden	schreed		geschreden
sluipen	sloop	is	geslopen
smelten	smolt	(is)	gesmolten
spuiten	spoot		gespoten
stelen	stal (stalen)		gestolen
stinken	stonk		gestonken
toestaan	toestond [stond toe]		toegestaan
verbieden	verbood		verboden
verraden	verried		verraden
verzoeken	verzocht		verzocht
vreten	vrat (vraten)		gevreten
wijten	weet		geweten
winden	wond		gewonden
wringen	wrong		gewrongen
zinken	zonk	is	gezonken
zuigen	zoog		gezogen
zwellen	zwol	is	gezwollen
zwemmen	zwom	(is)	gezwommen
zweren	zwoer		gezworen

Klasse 1

aanbevelen	aanbeval [beval aan] (aanbevalen)		aanbevolen
bedriegen	bedroog		bedrogen
blinken	blonk		geblonken
druipen	droop	is	gedropen
gadeslaan	gadesloeg [sloeg gade]		gadegeslagen

hijsen	hees		gehesen
krimpen	kromp	is	gekrompen
omgeven	omgaf (omgaven)		omgeven
onderhouden	onderhield		onderhouden
ontslaan	ontsloeg		ontslagen
schelden	schold		gescholden
slijten	sleet		gesleten
smijten	smeet		gesmeten
snuiven	snoof		gesnoven
stuiven	stoof	(is)	gestoven
vriezen	vroor		gevroren
wassen	waste		gewassen
zwerven	zwierf		gezworven

Naar: A. Florijn, J. Lalleman e.a. (2004), *De regels van het Nederlands - Grammatica voor anderstaligen.* Groningen/Houten: Wolters-Noordhoff.

Bijlage 3
Alfabetische lijst van onregelmatige werkwoorden

aanbevelen 1
bederven 3
bedragen 2
bedriegen 1
bedrijven 2
beginnen 6
bergen 3
bevelen 2
bewegen 4
bewijzen 3
bidden 3
bieden 5
bijten 3
binden 4
blazen 3
blijken 5
blijven 6
blinken 1
breken 5
brengen 6
buigen 3
delven 2
denken 6
doen 6
dragen 5
drijven 4
dringen 4
drinken 4
druipen 1
duiken 3
dwingen 3
eten 4
fluiten 2
gaan 6
gadeslaan 1
gedragen 3
gelden 4
genezen 2
genieten 3
geven 6
gieten 2
glijden 3
glimmen 2
graven 3
grijpen 5
hangen 5
hebben 6
heffen 3
helpen 5
hijsen 1
houden 6
jagen 4
kiezen 4
kijken 6
klimmen 3
klinken 4
knijpen 3
komen 6
kopen 5
krijgen 6
krimpen 1
kruipen 3
kunnen 6
lachen 6
laten 6
lezen 5
liegen 2
liggen 6
lijden 4
lijken 5
lopen 6
meten 2
mijden 3
moeten 6
mogen 6
nemen 6
omgeven 1
onderhouden 1
ondernemen 2
ontbreken 3
onthouden 2
ontslaan 1
ontvangen 3
ontwerpen 2
overwegen 2
prijzen 2
raden 3
rijden 5
rijzen 3
roepen 5
ruiken 2
scheiden 5
schelden 1
schenken 3
scheren 5
schieten 4
schijnen 5
schrijden 2
schrijven 5

schrikken 4
schuilen 3
schuiven 4
slaan 5
slapen 4
slijten 1
sluipen 2
sluiten 5
smelten 2
smijten 1
snijden 3
snuiven 1
spijten3
spreken 6
springen 4
spuiten 2
staan 6
steken 5
stelen 2
sterven 4
stijgen 3
stinken 2
strijden 3
stuiven 1
toestaan 2
treden 5
treffen 5
trekken 6
vallen 6
vangen 4
varen 4
vechten 3
verbergen 4
verbieden 2
verdwijnen 5
vergelijken 4
vergeten 4
verkopen 3
verliezen 4
verraden 2
verschijnen 4
verstaan 3
vervangen 3
verzinnen 5
verzoeken 2
vinden 6
vliegen 4
vragen 6
vreten 2
vriezen 1
waarnemen 3
wassen 1
wegen 4
werpen 4
werven 3
weten 6
wijken 3
wijten 2
wijzen 5
willen 6
winden 2
winnen 3
worden 6
wrijven 3
wringen 2
zeggen 6
zenden 3
zien 6
zijn 6
zingen 3
zinken 2
zinnen 2
zitten 6
zoeken 5
zuigen 2
zullen 6
zwellen 2
zwemmen 2
zweren 2
zwerven 1
zwijgen 4

Naar: A. Florijn, J. Lalleman e.a. (2004), *De regels van het Nederlands – Grammatica voor anderstaligen*. Groningen/Houten: Wolters-Noordhoff.

Bijlage 4
Opdrachten met onregelmatige werkwoorden

Opdracht 1: onregelmatige werkwoorden uit klasse 6

Werk in tweetallen. De een stelt de vraag en de ander reageert. In de reactie moet je het werkwoord tussen haakjes in het perfectum gebruiken.

Voorbeeld:
Wanneer begint de cursus? (**beginnen**)
Die is vorige week al begonnen.

1 Wat voor pizza heb je gisteren gegeten? (**nemen**)
2 Zijn jullie naar Oostenrijk gevlogen? (**gaan**)
3 Ben je zaterdag al uit Utrecht gekomen? (**blijven**)
4 Ben je met de bus naar het station gegaan? (**brengen**)
5 Ben je deze winter ziek geweest? (**griep hebben**)
6 Wat een leuke cd! Heb je die gekocht? (**krijgen**)
7 Ben je nog bekenden tegengekomen op het feestje? (**spreken**)
8 Hoe weet je in welke zaal we moeten zitten? (**vragen**)
9 Moet de keuken nog worden schoongemaakt? (**doen**)
10 Zijn je sleutels al terecht? (**vinden**)
11 Heb jij nog contact met Debbie? (**zien**)
12 Waarom komt Maikel vandaag niet? (**zeggen**)
13 Hoe komt het dat die vaas kapot is? (**vallen**)
14 Heb je het weekend nog iets leuks gedaan? (**zijn**)

Opdracht 2: onregelmatige werkwoorden uit klasse 6

Werk in tweetallen. De een vraagt of zegt iets en de ander reageert. In je reactie moet je het werkwoord tussen haakjes in het imperfectum gebruiken.

Voorbeeld:
Hoe laat ging je naar huis? (klaar zijn)
Om 17.30 uur, toen ik met deze oefening klaar was.

1 Volgende week is er geen les. (weten)
2 Waar was je vanochtend om 7.00 uur? (liggen)
3 Waarom was je vorige week niet op de zwemtraining? (kunnen / moeten)
4 Waarom ging Klaas gisteravond niet mee naar de kroeg? (zin hebben)
5 Sorry, wat zei je? (vragen)
6 Waarom droegen vrouwen vroeger geen broeken? (mogen)
7 Hoorde je de bel net niet? (onder de douche staan)
8 Waarom ging je plotseling naar binnen? (telefoon, gaan)
9 Heb je gisteravond nog televisie gekeken? (bezig zijn met)
10 Was het feestje leuk? (vinden)

Opdracht 3: onregelmatige werkwoorden uit klasse 5

Werk in tweetallen. De een stelt de vraag en de ander reageert. In de reactie moet je het werkwoord tussen haakjes gebruiken. Bepaal zelf welke tijd het beste past.

Voorbeeld:
Hoeveel geld wilde die man betalen voor jouw oude auto? (bieden)
Hij bood 800 euro.

1 Waarom loop je met je arm in het gips? (breken)
2 Waarom kreeg Ruud een bekeuring? (rijden)
3 Heb je nog hoofdpijn? (verdwijnen)
4 Heb je dit boek van de bibliotheek? (kopen)
5 En, hoe was het vakantiehuis? Net zo mooi als in de folder? (blijken)
6 Was het lekker weer toen jullie in Griekenland waren? (schijnen)
7 Had je al een pijnstiller genomen, voordat je de dokter belde? (helpen)
8 Hoe zag die man eruit? Wat had hij aan? (dragen)
9 Hoe weet je dat? (lezen)
10 Hoorde je niet dat hij naar buiten ging? Hoorde je de deur niet? (sluiten)
11 Liggen je sleutels misschien in je slaapkamer? (zoeken)
12 Je jas is weg? Had je wel een jas bij je? Waar heb je hem gelaten? (hangen)

13 Vroeger werden honden niet zo leuk behandeld. Geef eens een voorbeeld. (slaan)
14 Kon je het vinden? Had je een kaart? Of heeft iemand je geholpen? (wijzen)

Opdracht 4: onregelmatige werkwoorden uit klasse 4

Werk in tweetallen. Je ziet een vraag waarin het imperfectum gebruikt wordt. Je moet reageren op die vraag met een zin met hetzelfde werkwoord met een perfectumvorm.

Voorbeeld:
Zweeg Paulo de hele avond?
Ja, hij heeft de hele avond gezwegen.

1 Dreef de boot naar de overkant?
2 Dronken jullie alleen sinaasappelsap?
3 Wat at Hilde?
4 Sliep je om zeven uur nog?
5 Stierf jouw opa toen jij een kind was?
6 Vergat jij vroeger vaak spullen?
7 Wie koos een opleiding voor jou, jijzelf of je ouders?
8 Wat voor vis vingen ze vroeger in de Noordzee?
9 Dit boek verscheen toch in 2002?
10 Sprong Saskia direct het koude water in?

Opdracht 5: onregelmatige werkwoorden uit klasse 3

Vul de zin aan op een logische manier. Je moet laten zien dat je de betekenis van het gebruikte werkwoord kent.

1 ________________ beet in de arm van zijn baas.
2 De dief verborg zich ________________
3 De gemeente schonk ________________ aan de school.
4 De jarige blies ________________
5 De minister ontving ________________
6 Deze situatie dwong ons ________________
7 Deze wetenschapper bewees dat ________________

8 Vorige week won hij ________________ en nu ________________
Wat een geluksvogel!
9 Door de publicatie van dit boek verwierf hij ________________
10 Er ontbrak een belangrijk onderdeel, dus ________________
11 Het speet hem heel erg dat ________________
12 Hij bad ________________
13 Zij boog diep toen ________________
14 Arnold dook in ________________
15 ________________ rees tot drie keer de hoeveelheid van het begin.
16 Hij gedroeg zich raar, want ________________
17 De kinderen gleden over ________________
18 Hij groef een ________________
19 Hij kneep ________________ om te zien of hij echt wakker was.
20 Ik meed deze mensen want ________________
21 De automobilist ontweek de motorrijder door ________________
22 Hij raadde ________________ in één keer goed!
23 Karin sneed ________________ met ________________
24 Johanna streek ________________
25 Mijn broer verkocht ________________, want ________________
26 Hij wreef ________________
27 Sylvia zond ________________ aan al haar zakenrelaties.
28 Ik verstond je niet want ________________
29 Je kon zien dat hij genoot van de voorstelling: ________________
30 Om dit te vieren, hieven wij ________________
31 Omdat hij te klein was, klom hij ________________
32 Tijdens de onweersbui scholen we ________________
33 Toen ________________, nam zijn zoon waar.
34 Twee teams streden ________________
35 Wanneer verving je Pieter? Toen ________________
36 Ze vochten om ________________
37 ________________ steeg heel snel: van € 3,50 naar € 5,-.
38 De kinderen zongen ________________
39 Zijn zoon kroop al toen hij ________________ oud was.

Opdracht 6: onregelmatige werkwoorden uit klasse 2

Werk in tweetallen. Je ziet een vraag waarin het imperfectum of perfectum gebruikt wordt. Je moet reageren op die vraag met een zin met hetzelfde werkwoord met een presensvorm.

Voorbeeld:
Spoot het water uit de leiding?
Ja, vreselijk! En als het zo hard spuit, breekt ook de leiding. En dat is wat er gebeurde!

1 Heeft hij jullie bevolen dit hek te slopen?
Ja, en wat hij ________________, moeten we doen. Zo zijn de regels.
2 Is het gebruik van woordenboeken toegestaan?
Ja, volgens mij ________________ de commissie dat wel ________________
3 Hebben jullie deze zomer veel gezwommen?
Jazeker! Wij ________________ elke ochtend, dus ook deze zomer!
4 Heb jij wel eens iets gezworen?
Nee, ________________ nooit. Dat vind ik te sterk.
5 Stonk het daarbinnen?
Nou en of! Weet je hoe het ________________ als je eieren twee jaar laat liggen rotten? Nou, zo stonk het!
6 Verried hij zijn familie?
Ja, vreselijk hè. Je kunt je toch niet voorstellen dat je je eigen familie ________________
7 Wie floot daar? Ik hoorde iets!
O, dat is de buurman. Die ________________ altijd als hij aan het tuinieren is.
8 Waaraan weet hij het verlies?
Niet aan zichzelf natuurlijk! Hij ________________ het altijd aan anderen als er iets fout gaat!
9 Weet je nog hoe het rook, vroeger op school?
Ja, als ik me goed concentreer, ________________ ik het weer.
10 Is de boot gezonken?
Ja, natuurlijk. Hij was lek! En een lekke boot ________________, dat weet iedereen.

Opdracht 7: onregelmatige werkwoorden uit klasse 2

Beantwoord de vragen en gebruik het werkwoord tussen haakjes. Bepaal zelf welke werkwoordstijd je gebruikt.

1 Je hebt een aanrijding gehad met de auto? Was er veel kapot? Was de reparatie duur? (**bedragen**)
2 Ik had een heel erge wond aan mijn arm, maar dat zie je nu bijna niet meer. Kijk maar. (**genezen**)
3 Wat heb je gedaan met de wasbenzine die over was? (**gieten**)
4 Wat vonden de critici van het boek van deze nieuwe schrijver? (**prijzen**)
5 Waarom moest hij voor de rechtbank komen? (**stelen**)
6 Mag je deze straat in rijden? (**verbieden**)
7 Wat heeft de secretaresse gezegd? (**verzoeken**)
8 Hij kon zijn lippen niet bewegen, zeg je, maar hoe dronk hij dan? (**zuigen**)
9 Kunnen we het ijs al eten? (**smelten**)
10 Waarom is zijn vriendin bij hem weggegaan? (**liegen**)

Bijlage 5
Correctiemodel voor schrijfopdrachten

Schrijfopdrachten worden door de docent voorzien van bepaalde codes. Deze codes geven aan op welk gebied er een fout is gemaakt. Je kunt daarna zelf je tekst corrigeren en opnieuw inleveren bij je docent. Fouten die er dan nog in staan, verbetert de docent.

Er is hier soms gekozen voor de internationale term, soms voor de Nederlandse. Dat laatste hebben we vooral gedaan als deze term bij de meeste Nederlanders bekend is.

L	Gebruik een (ander) lidwoord, of gebruik hier juist geen lidwoord.
?	Dit woord / deze zin is niet duidelijk.
PR	Dit pronomen (voornaamwoord) is fout.
PREP	Gebruik hier een (andere) prepostitie (voorzetsel).
SP	De spelling is niet juist.
T	De tijd van het werkwoord is niet goed. Tijd: presens, imperfectum of perfectum.
V	Hier is een woord vergeten.
VOC	Dit vocabulaire past niet in de situatie. Gebruik een ander woord.
WVO	Kijk naar de woordvolgorde. Let vooral op de werkwoorden.
WW	De vorm van dit werkwoord is fout. Kijk naar het subject of de andere werkwoorden.

Bijlage 6
Antwoorden van de opdrachten per hoofdstuk

1 Nieuwsgierig???

Opdracht 8, blz. 17

1 Ik kwam te weten dat Andreas het feest in het geheim voorbereidde, doordat ik hem hoorde bellen met een cateringbedrijf. / Doordat ik Andreas met een cateringbedrijf hoorde bellen, kwam ik te weten dat hij het feest in het geheim voorbereidde. 2 Ik schrijf me niet in voor een studie zolang ik niet precies weet of ik financiering kan krijgen. / Zolang ik niet precies weet of ik financiering voor een studie kan krijgen, schrijf ik me niet in. 3 Ik vind het leuk om naar Nederlandse liedjes te luisteren, nu ik de grapjes in die liedjes begrijp. / Nu ik de grapjes in Nederlandse liedjes begrijp, vind ik het leuk om ernaar te luisteren. 4 Die plaats is moeilijk te bereiken, tenzij je over een auto beschikt. 5 Het was ontzettend druk in het winkelcentrum, alsof alles vandaag gratis was. 6 Ik heb Diana niet meer gezien, sinds ze is verhuisd naar het zuiden. / Sinds Diana naar het zuiden verhuisd is, heb ik haar niet meer gezien. 7 Naarmate je hoger in de bergen komt, wordt de lucht ijler. / De lucht wordt ijler, naarmate je hoger in de bergen komt. 8 U moet de printer terugsturen naar de fabriek, wanneer de printer niet door onze reparatiedienst gerepareerd kan worden. / Wanneer de printer niet door onze reparatiedienst kan worden gerepareerd, moet u de printer naar de fabriek terugsturen. 9 Je hebt recht op een kaart voor de universiteitsbibliotheek, zolang je bent ingeschreven als student. / Zolang je als student bent ingeschreven, heb je recht op een kaart voor de universiteitsbibliotheek. 10 U kunt zich inschrijven voor deze cursus, mits u een diploma van de voorgaande cursus hebt.

Opdracht 10, blz 20

1 omdat, 2 doordat, 3 voordat, 4 nadat, 5 daarvoor, 6 daarom, 7 voordat, 8 nadat, 9 omdat, 10 daarna, 11 doordat, 12 daardoor

Opdracht 11, blz 21

Dit zijn mogelijke antwoorden. Bespreek alternatieven met je docent.

1 Nadat ze gezamenlijk hadden gegeten, vertok Chris voor een bespreking met het bestuur.

Ze aten gezamenlijk. Daarna vertrok Chris voor een vergadering met het bestuur.

2 Deze stoel is geheel vervaardigd uit synthetisch materiaal. Daardoor is de stoel eenvoudig te reinigen.
Deze stoel is eenvoudig te reinigen doordat hij geheel vervaardigd is uit synthetisch materiaal.

3 Nu kunnen mensen makkelijker een periode met verlof gaan. Daardoor kunnen ze werk en privé beter combineren.
Nu kunnen mensen werk en privé beter combineren doordat ze makkelijker een periode met verlof kunnen gaan.

4 Elisa woonde in Londen voordat ze was getrouwd. Voordat ze was getrouwd, woonde Elisa in Londen.

5 De overvallers verdwenen in een klaarstaande auto nadat ze de bewoners hadden vastgebonden aan de tafel.
De overvallers bonden de bewoners vast aan de tafel. Daarna verdwenen ze in een klaarstaande auto.
Voordat de overvallers verdwenen in een klaarstaande auto, bonden ze de bewoners vast aan de tafel.

6 Boeren vernietigden de oogst nadat / omdat ze hadden ontdekt dat er insecten in zaten.
De boeren hadden ontdekt dat er insecten zaten in de oogst. Daarna / Daarom vernietigden ze hem.

7 Omdat / Nadat ze zich al jaren zorgen hadden gemaakt over hun buren, schakelden ze maatschappelijk werk in.
Ze maakten zich al jaren zorgen over hun buren. Daarom schakelden ze maatschappelijk werk in.

8 Ik vind *Sneeuw voor de laatste keer* het mooiste boek omdat dat gaat over de dood van mijn vader.
Sneeuw voor de laatste keer gaat over de dood van mijn vader. Ik vind dat daarom het mooiste boek.

9 Dit type auto produceert minder CO_2-uitstoot. Er is daardoor sprake van beperking van broeikaseffecten en klimaatverandering.
Doordat dit type auto minder CO_2-uitstoot produceert, is er sprake van beperking van broeikaseffecten en klimaatverandering.

10 De meeste kinderen doen hun huiswerk, omdat dat van hen verwacht wordt.
Het wordt van hen verwacht dat ze hun huiswerk doen. Daarom doen de meeste kinderen hun huiswerk.

Tekst, Roddelpers verliest lezers, blz. 27

1 klopt, r. 6-9, 2 klopt, r. 108-112, 3 klopt niet, r. 69-73 en 115-119 en 166-169, 4 klopt niet, r. 83-85, 5 klopt, r. 125-130, 6 klopt niet, r. 139-141, 7 klopt niet, r. 156-161

Opdracht 12, blz. 30

- Dat is iets minderwaardigs, iets waar je op neerkijkt. (r. 7/8): Dat was iets om je neus voor op te halen.
- Dit wordt tot in details gepresenteerd. (r. 16/17): Dit wordt breed uitgemeten.
- We konden te lang onze gang gaan zonder dat iemand ingreep. (r. 21/22): We kwamen te lang weg met bedriegen, dingen zeggen die niet kloppen (r. 22/23): knollen voor citroenen verkopen
- Een onbelangrijk nieuwtje (r. 26): een slap gerucht
- Belangrijk, schokkend nieuws (r. 26): pittig nieuws
- Mislukkingen (r. 29): (een serie) missers
- Iets moet er waar aan zijn (r. 42/43): er moet een kern van waarheid in zitten
- Absoluut ongewoon (r. 49): volstrekt ongebruikelijk
- We willen meedoen met en gebruik maken van de nieuwe omstandigheden (r. 56/57): we willen actief inspelen op de nieuwe situatie
- Heel erg beschamend verliezen (r. 85): smadelijk verliezen
- Kwaad spreken over iets (r. 109): hekelen
- Zulke journalisten zijn er niet veel (r. 132): zijn schaars
- In een slechte relatie (r. 142/143): op gespannen voet
- Is goed, trekt publiek (r. 156): scoort
- Maakt hetzelfde mee (r. 157): maakt dezelfde inhaalslag
- Iemand die niet erg intelligent is (r. 159): sufferd

Opdracht 13, blz. 31

1a, 2b, 3c, 4a

Opdracht 14, blz. 34

1 neerleggen, 2 weerhoudt, 3 nauwkeurig, 4 opgenomen, 5 overdrijven, 6 dankt, 7 afgekeurd, 8 hecht, 9 wellicht, 10 streven, 11 volstrekt, 12 benaderen, 13 ijverig, 14 matig, 15 slordig, 16 doorgemaakt

Tekst, Olifant herkent zijn spiegelbeeld, blz. 37

1a, 2c, 3c, 4b

Tekst, Wat houdt een bloedafname in, blz. 39

1 nee, 2 nee, alleen de eerste keer, 3 nee, het kan enkele weken tot maanden duren voordat je opgeroepen wordt, 4 minimaal 40 minuten (15 minuten administratie, 10 minuten bloedafname, 15 minuten nog even blijven na de bloedafname), 5 nee, dat is afhankelijk van de bloedgroep en het geslacht (man / vrouw)

Opdracht 18, blz. 44

1 Blijkbaar vinden we het prettig (om) alles over het privéleven van bekende Nederlanders te lezen. 2 Dat gebouw leek de gemeente oud en bijzonder genoeg om op de monumentenlijst te komen. 3 Die mensen vinden het gewoon leuk (om) elke week op tv te komen. 4 Er is een werkgroep ingesteld om de juridische mogelijkheden te onderzoeken. 5 Het idee om de hele stad vol met posters te hangen, is een beetje naïef. 6 Het is belangrijk (om) deze kwestie in detail te bespreken. 7 Het Rode Kruis heeft helikopters ingezet om zo ook de mensen in de bergdorpen te bereiken. 8 Hij heeft allerlei bijbaantjes om zijn studie zelf te kunnen betalen. 9 Ieder mens vindt het aangenaam (om) positieve aandacht te krijgen. 10 Je hoeft alleen maar de link hieronder aan te klikken om abonnee van onze nieuwsbrief te worden. 11 Je moet je naam goed spellen om veel problemen te voorkomen. 12 Jullie krijgen eerst een toets om jullie actieve woordenschat te meten.

2 Verrassend!

Opdracht 3, blz. 48

De volgende zinnen zijn passief: 1, 2, 4, 5, 6, 7, 10, 11, 12, 14, 15, 18, 19

Opdracht 4, blz. 49

1 1b – 2a, 2 1a – 2b, 3 1b – 2a, 4 1a – 2b, 5 1b – 2a, 6 1a – 2b

Tekst, Schaif staait laif, blz. 50

1 Een scheve smoel wordt in het algemeen beter gewaardeerd. 2 Nee, die moeten zelf betaald worden. 3 Nee, dat onderscheid wordt niet gemaakt. 4 Wie bepaalt dat een neus zo scheef is dat hij geopereerd moet worden? 5 Die is in november 2005 uitgevoerd. 6 De vorm van een gezicht wordt bepaald door het onderliggende skelet. 7 Die asymmetrie wordt mooi gevonden.

Opdracht 5, blz. 53

1 neerkomen, 2 misverstand, 3 sowieso, 4 expres, 5 aanbevelen, 6 juist, 7 toestemming, 8 tendens, 9 ingedeeld, 10 namelijk, 11 beugel, 12 scheef

Opdracht 8, blz. 56

1 Deze boeken kunnen via onze website besteld worden. 2 Deze tekst kon niet helemaal worden opgenomen. 3 Dat was door de redactie besloten. 4 De nota moet voor het begin van de cursus betaald worden. 5 De instructies moeten nauwkeurig gevolgd worden. 6 Wellicht worden de cursuskosten vergoed door de werkgever. 7 Deze vergoeding moet voor half maart aangevraagd zijn. 8 Deze subsidie hoeft niet door de eigenaar aangevraagd te worden. 9 Deze subsidie kan door de huurder zelf worden aangevraagd. 10 De aanvraag is afgekeurd. 11 Voor studenten die later aankomen, zal er een extra introductiemiddag worden georganiseerd. 12 Dat zou door de personeelsafdeling worden geregeld. 13 Ik was benaderd om deze middag te leiden. 14 De precieze datum zal op de website gezet worden. 15 Deze test moet voor het begin van het tweede semester worden afgelegd. 16 Deze test moet worden afgelegd door alle studenten die minder dan 75% scoorden. 17 Dergelijke gevallen kunnen vermeden worden. 18 Dat moet worden geregeld door degene die officieel op dit adres woont. 19 Ben jij ingeschreven bij de gemeente? 20 Als het druk was, kon er een assistent worden geroepen.

Opdracht 10, blz. 60

1a, 2a, 3b, 4b, 5a, 6a, 7a, 8a, 9b, 10a

Tekst, Chinees rekent met ander deel van het brein dan westerling, blz. 65

1 klopt niet, 2 klopt niet, 3 klopt, 4 klopt, 5 klopt niet

3 Positief

Opdracht 3, blz. 74

1a, 2a, 3b, 4a, 5b, 6b, 7a, 8b, 9b, 10a, 11a, 12b

Opdracht 4, blz. 75

1 Als hij ergens een paar jaar woont, wil hij weer weg. Dat zit hem in het bloed. 2 De cultuurverschillen waren te groot voor haar, ze kon daar niet aarden. 3 Deze groep fungeert als experimentgroep. 4 Deze nieuwe functie is voor mij een uitdaging. 5 Hij groeide op in Amersfoort. 6 Ik had een abonnement op *Dutch for you* maar ik heb het opgezegd. 7 Paul reist niet veel voor zijn werk. Het aantal reizen per jaar is op één hand te tellen. 8 Ik zal je altijd helpen. Je mag me desnoods ook 's nachts bellen. 9 Kun jij het alfabet van achter naar voor opzeggen? 10 Ook al heb je jaren niet gefietst, het voelt meteen weer heel vertrouwd als je op een fiets stapt. 11 We zien elkaar misschien één keer per vijf jaar, maar toch hebben we een goede band met elkaar. 12 De groep kreeg 15 minuten extra voor de toets vanwege het lawaai op de gang.

Opdracht 5, blz. 76

Je hebt een nieuwe baan. Op je eerste werkdag word je rondgeleid door een collega. Hij laat je het gebouw zien en stelt je voor aan allerlei mensen. Maar of je een positieve indruk krijgt?

We beginnen hier, met het gebouw waar we nu zijn. Dit gebouw, dat 'het hart' genoemd wordt, is het centrale deel van het bedrijf. Hier zitten de mensen die voor het management werken, en elk besluit dat genomen wordt, komt hiervandaan. En natuurlijk zit hier ook onze directeur, met wie je al kennisgemaakt hebt in je eerste gesprek. Als er zaken zijn waarmee je het niet eens bent, moet je hier zijn: de juridische afdeling. In de kamer daarnaast zit de afdeling personeelszaken. Daar zitten mensen bij wie je terecht kunt met vragen over je contract, vakantiedagen, salaris en dergelijke. Zij hebben ook mensen in dienst die bemiddelen bij serieuze conflicten, die helaas steeds vaker voorkomen.

Het gebouw dat hier tegenover staat, is het gebouw waar(in) de andere afdelingen gevestigd zijn. In dat gebouw is ook de grote kantine waar je 's middags een warme maaltijd kunt krijgen, wat heel handig is voor mensen die 's avonds nog moeten werken. Zij hoeven dan 's avonds laat niet meer voor hun eten te zorgen. Overwerken is iets wat hier regelmatig voorkomt, maar waarover nooit iets wordt gezegd in de sollicitatiegesprekken. In de kantine gelden ongeschreven regels waaraan iedereen zich houdt: de tafel waaraan je gaat zitten, de groep waarmee je eet, de gesprekken die je hebt tijdens het eten. Dat zijn dingen die je zelf moet ervaren, ik kan je die regels niet uitleggen.

Hier in deze gang is een ruimte waar(in) gerookt mag worden, voor de mensen die het echt niet kunnen laten. Het is een ruimte waarover veel discussie is geweest. Het was namelijk de ruimte die gereserveerd was voor vrouwen die hun baby daar borstvoeding konden geven. Nu moeten die vrouwen daarvoor zelf maar een plek zoeken op hun eigen afdeling, wat altijd weer veel problemen oplevert.

Bij de ingang zitten de mensen van de receptie, die werkelijk iedereen kennen die hier werkt. De receptie is een afdeling die een belangrijke rol vervult in ons bedrijf. Er is iets belangrijks waarvoor ik je moet waarschuwen: ruzie maken met de receptionisten is het stomste wat je kunt doen. Ze verspreiden dan roddels over je, die natuurlijk niet waar zijn maar die anderen graag geloven en doorvertellen.

Dan gaan we nu naar de afdeling waar jij gaat werken, althans de eerste weken. Ik zal je voorstellen aan de mensen met wie je te maken hebt, en de collega's met wie je een kamer deelt.
Dit is Hans, die het bureau bij het raam heeft. Degene die bij de deur zit, heet Nico. Zij zullen je introduceren in het werk waarvoor je bent aangenomen. Naast Nico zit Marjanne, die drie maanden stage loopt bij ons.

Hans, Nico, Marjanne, mag ik jullie voorstellen aan jullie nieuwe collega, die jullie komt helpen bij jullie zware taken? Dit is .... eh, sorry. Hoe heet je eigenlijk?

Tekst, Het Koningshuis is een sprookje, blz. 85

1a, 2a, 3b, 4b

Opdracht 16, blz. 91

1 die, 2 zonder welke, 3 van wie de, 4 die, 5 van wie de, 6 die, 7 volgens welke, 8 van wie het, 9 die, 10 van wie hij wordt geacht de werkzaamheden waar te nemen.

Tekst, Even snel met Donny een goed doel steunen, blz. 93

1c, 2c, 3b, 4a

4 Agressief

Opdracht 2, blz. 102

1 schuldig aan – 2 zich schamen voor – 3 verdenken van – 4 zich overgeven aan – 5 vloeken met

Opdracht 6, blz. 105

1a , 2b, 3a, 4a, 5b, 6b, 7a, 8 a / b, 9 a / b, 10a
Soms zijn zowel a als b mogelijk, afhankelijk van je interpretatie van beschrijvend / informerend.

Opdracht 7, blz. 106

1 ... toen het alarm afging. 2 ... heb ik een alarminstallatie aangeschaft. 3 Nadat hij een docent had bedreigd / bedreigd had ... 4 ... ontstonden er veel misverstanden / ... zijn er veel misverstanden ontstaan. 5 ... doordat het mistig was. 6 ... doordat het 's ochtends mistig was geweest / geweest was. 7 ... ontdekte ik dat ik de verkeerde trein had genomen / genomen had. 8 ... want de werkgever had ze verstrekt. 9 ... streeft / streefde de directie naar vergroting van de groe-

pen. 10 Zij heeft haar baas uitgescholden, ... 11 Omdat hij niet op tijd had opgezegd / opgezegd had ... 12 Omdat ik twee jaar geleden een cursus zelfverdediging had gevolgd / gevolgd had, ... 13 ... waarin gevloekt werd / werd gevloekt. 14 ..., had hij geslagen en geschopt. / sloeg en schopte hij.

Opdracht 9, blz. 111

1 verontschuldigde, 2 afgeleid, 3 afgemaakt, 4 overgekomen, 5 bespuugd, 6 (be)hoort, 7 beledigd, 8 verwijten, 9 (be)hoort, 10 nageschreeuwd

Tekst, Mannen zien een boze blik het eerst, blz. 117

1b, 2c, 3a

5 Ongelooflijk

Tekst, Apple werkt hier al 20 jaar aan, wij pas 2, blz. 124

1 klopt niet, 2 klopt, 3 klopt niet, 4 klopt, 5 klopt niet, 6 klopt niet.

Opdracht 3, blz. 129

1 Ik voel me daar niet echt op mijn gemak. 2 Deze kortingsactie is gericht op studenten. 3 We zijn erin geslaagd dat contract te krijgen. 4 Zijn broertje en hij hebben vaak ruzie maar als het nodig is, komen ze ook voor elkaar op. 5 Deze gegevens worden automatisch opgeslagen. 6 Ik heb alle muziekwinkels afgelopen maar die ene cd hadden ze niet.

Opdracht 4, blz. 129

1 ... die moet je aanvoelen. 2 ... want ik voldoe niet aan de eisen. 3 Daar hoef ik niets aan toe te voegen. 4 Toen was die nog niet uitgevonden. 5 ... dat doet er niet toe. 6 Volgende maand wordt het gelanceerd.

Opdracht 7, blz. 130

1 voorstel – 2 beleefde vraag – 3 belofte – 4 toekomst – 5 beleefde vraag – 6 voorstel – 7 waarschijnlijkheid – 8 wens – 9 beleefde vraag – 10 belofte – 11 droom – 12 droom – 13 waarschijnlijkheid – 14 wens – 15 belofte – 16 beleefde vraag – 17 waarschijnlijkheid – 18 toekomst

Tekst, Biografie van M.C. Escher, blz. 134

1 klopt niet, 2 klopt niet, 3 klopt niet, 4 klopt, 5 klopt

Opdracht 10, blz. 137
1 uitbreiden, 2 aanschaffen, 3 ontbreken, 4 wonderlijk, 5 ophouden, 6 ontworpen, 7 getuige, 8 gedurende, 9 in de war, 10 beroemd, 11 toegelegd

Opdracht 13, blz. 139
Hieronder staan de meest voor de hand liggende interpretaties; variaties zijn mogelijk.
1a voorstel, 1b herinnering aan afspraak
2a voorstel, 2b belofte
3a toekomst, 3b herinnering aan afspraak
4a herinnering aan afspraak / advies, 4b wens
5a waarschijnlijkheid, 5b herinnering aan afspraak, 5c belofte
6a mogelijkheid, 6b advies
7a inleven, 7b toekomst, 7c waarschijnlijkheid
8a mogelijkheid, 8b onzekere informatie

Opdracht 14, blz. 140
'Weet je al dat Marian over een maand een jaar naar Amerika gaat? Ze zou een missverkiezing hebben gewonnen.'
'Nu je het zegt, ze zou daar inderdaad aan meedoen. Ik zei nog tegen haar: 'Zou je dat wel doen?' Maar zij moest en zou er aan meedoen.'
'Ik begrijp het niet maar zij zal zoiets wel leuk vinden. Ik moet er niet aan denken. Je zult maar Miss-Nederland of zoiets zijn. Afschuwelijk!'
'Wanneer vertrekt zij precies?'
'28 mei.'
'Dan zal ik haar van tevoren nog even bellen. Zullen wij elkaar trouwens vanavond ook even bellen? Dan kunnen we een afspraak maken, we zouden dat werkstuk toch samen schrijven? Nu moet ik er als een haas vandoor, het is bijna zes uur en ik zou de boodschappen doen.'

-'Zou ik u iets mogen vragen?'
-'Ja natuurlijk, zegt u het maar.'
-'Is het boek *Een brug te ver* al in deze bibliotheek?'
-'Ik zal even kijken. Nee, dat is er niet en ik denk dat dat boek er voorlopig ook niet zal komen. We zouden namelijk de eerste tijd geen oorlogsboeken meer aanschaffen. Maar als ik u was, zou ik naar de bibliotheek in het zuiden van de stad gaan. Die zullen het wel hebben. En anders zou u het kunnen proberen bij de boekhandel in de Poelestraat.'
-'Oké, dat zal ik doen. Bedankt voor de informatie.'
-'Geen dank.'

Opdracht 15; blz. 141

1 zou, zou - 2 zal / zult, zou - 3 zouden, zal - 4 zou, zal - 5 zou, zal - 6 zal, zou, zou - 7 zal - 8 zal - 9 zouden, zou - 10 zou - 11 zult - 12 zouden - 13 zouden, zou, zou - 14 zal

Tekst, Voorwaarden reparatieopdracht, blz. 143

1 Simkaart, accuklep en eventuele accessoires verwijderen. Kopje: Gereedmaken toestel voor verzending
2 Achter op het toestel (na verwijdering van accu). Kopje: Productgegevens
3 € 39,- Kopje: Kosten
4 3 maanden. Kopje: Garantie
5 Deel B en C. Kopje: Algemeen
6 Negen weken na ontvangst door de reparateur. Kopje: Aflevering

Tekst, Met oudere broers eerder homo, blz. 150

1b, 2d, 3a, 4a

6 Geïntegreerd

Opdracht 6, blz. 169

1 leidt, 2 aan overgeleverd, 3 invoering, 4 inkomen, 5 staat, 6 voortaan, 7 inspanning, 8 kan - aan, 9 voorlichting, 10 eveneens

Opdracht 11, blz. 175

1 Ik ben ervan overtuigd dat de opkomst voor de verkiezingen groot is. 2 Ik heb hem erop gewezen dat zo'n groot cadeau overdreven is. 3 Ik verlang ernaar in zee te kunnen zwemmen. 4 Je moet er rekening mee houden dat de mensen kritisch reageren. 5 Ik ben me ervan bewust dat dit resultaat matig is. 6 Ik heb er behoefte aan een paar dagen vrij te hebben. 7 Ik vertrouw erop dat alles goed afloopt. 8 Hij heeft er moeite mee zich te verontschuldigen. 9 Hij is er verantwoordelijk voor dat de cijfers kloppen. 10 Ik reken erop dat er niets ontbreekt.

Opdracht 13, blz. 176

1 Ik kom eraan! 2 Je ziet er mooi uit. 3 Ik ga ervandoor. 4 Ik ben er wel aan toe. 5 Dat hangt ervan af. 6 Ik ben het er niet mee eens. 7 Wat is er gebeurd? 8 Wie is er aan de beurt? 9 Is er iets? 10 Mag ik er even langs?

Tekst, We dig Gerard Reve, blz. 179

1a, 2b, 3c, 4b

7 Verstandig

Opdracht 2, blz. 191
1a/b, 2a, 3b, 4a/b

Tekst, Des-dochters krijgen eindelijk genoegdoening, blz. 209
1 nee – om miskramen te voorkomen, 2 ja – de bijverschijnselen traden vooral op bij de dochters van de vrouwen, 3 nee – met wisselend succes geprobeerd gerechtelijke procedures te rekken, 4 nee – resulteerde in overleg, kwamen beide partijen een schikking overeen, 5 nee – het geld werd gestort door de farmaceutische industrie en schadeverzekeringen, 6 ja – tien jaar nodig geweest voor onderhandelingen over uitkeringscriteria, 7 ja – zo'n tienduizend, schat hij, 8 nee – het collectieve karakter is doorbroken, tweehonderd, dat ze niet mee willen doen, 9 ja – ze moeten zich melden; doen ze dat dan staat het de industrie vrij af te zien van uitkeringen, 10 nee – wil zich niet mengen in de actie van die tweehonderd gedupeerden.

Opdracht 17, blz. 212
De gegeven antwoorden zijn zoals ze in de tekst (op internet) gevonden zijn. De vormen tussen haakjes zijn alternatieven.
1 waarvan, 2 hierop (daarop), 3 waaruit, 4 eraan, 5 waarvoor, 6 daaraan (eraan / hieraan), 7 daarop (hierop), 8 hiermee, 9 hierbij, waarvan, 10 daarmee (hiermee / ermee), 11 waaruit, ervan (daarvan), 12 daarover, 13 hieronder, waarvoor, 14 hiernaar (ernaar), hiervoor, 15 ernaar (hiernaar), 16 waarnaar, 17 hierover (daarover), 18 ertoe, 19 daaraan (hieraan), 20 hiermee, hierover

8 Kritisch

Tekst, Ik blijf Mercedes rijden, blz. 219
1 *Ik doe niet mee aan de maatregelen tegen het broeikaseffect* versus *ik geloof in de door mensen gemaakte broeikas.*
2 Zou (functie: onzekere informatie), misschien, het was niet duidelijk
3 Zo weinig mogelijk autorijden, zo veel mogelijk op de fiets, verwarming niet te hoog (nog geen 18 graden), deuren dicht (niet in het hele huis de verwarming aan).
4 Niets.
5 Iedereen doet alsof het broeikaseffect een volstrekt nieuw idee is en men wil actie voeren om dit te stoppen.
6 Hij vindt dat hij genoeg gedaan heeft; nu moeten anderen maar zuinig doen met energie, terwijl hij lekker veel energie gaat / blijft gebruiken.

7 Ik heb gedaan wat ik kon, ik weiger nu verder iets te doen. Ik wacht maar af wat er gebeurt, de toekomst interesseert me niet.
Hij bedoelt hier: ik heb genoeg gedaan voor het milieu, ik doe niet meer mee met die acties, laat maar gebeuren wat er gebeurt. Dat maak ik toch niet meer mee.

Opdracht 5, blz. 223

1 Uit voorzorg worden alle mobieltjes ingenomen tijdens het tentamen. 2 De mollenplaag wordt veroorzaakt door deze planten. 3 Ik geef het op. 4 Het bleek dat de boekhouder jarenlang ongehinderd geld uit de kas had genomen. 5 Het is wel aannemelijk dat er een verband is tussen kaalheid en voedingspatroon. 6 ... maar het drong niet echt tot hem door. 7 Manisch-depressieve mensen vertonen vaak stemmingsschommelingen. 8 ... maar na wat gesputter accepteerde hij het toch.

Opdracht 8, blz. 226

1 Ja dat had je ook anders kunnen doen. 2 Ja, ik heb hem zien weglopen. 3 Nee, dat had je niet mogen zeggen. 4 Ja, jullie hadden dat boek moeten kopen. 5 Ja hoor, u had wel wat mogen eten voor de operatie. 6 Ja, je had kaarten moeten reserveren. 7 Nee, ik heb je niet horen roepen. 8 Ja, hij heeft de hele tijd lopen bellen. 9 Ja, hij heeft daar lang staan wachten. 10 Nee, ik heb het nergens kunnen vinden.

Opdracht 16, blz. 238

1 (Ook) al zegt hij het niet, hij ergert zich ontzettend aan dat lawaai. / Hij ergert zich ontzettend aan het lawaai, (ook) al zegt hij het niet. 2 (Ook) al is dit boek mooi vormgeven, het is geen handig boek. / Het is geen handig boek, (ook) al is het mooi vormgegeven. 3 (Ook) al ga je op je kop staan, je krijgt je zin niet. / Je krijgt je zin niet, (ook) al ga je op je kop staan. 4 Nauwelijks was hij binnen, of de telefoon ging. 5 We waren nauwelijks onderweg, of een van de kinderen werd ziek. 6 Nauwelijks was hij met zijn studie bezig, of hij had een conflict met een docent. 7 Hij is vegetariër. Hij eet noch dieren noch producten waarin dieren zijn verwerkt. 8 Ik heb noch in oktober noch in maart tijd om examen te doen. 9 Als topsporter moet je gezond leven. Je mag noch roken noch drinken. 10 De politie ondervroeg het bestuur over de fraude. Zowel de voorzitter als de penningmeester ontkende alles. 11 Deze cursus is voor Duitstaligen. Dat betekent dat we studenten uit zowel Duitsland als Oostenrijk krijgen. 12 Je kunt psychologie zowel in Groningen als in Amsterdam studeren. 13 Hoe meer je televisie kijkt, des te / hoe beter je de cultuur van een land leert kennen. 14 Hoe meer studenten er in een stad wonen, des te / hoe aantrekkelijker het voor ons bedrijf is. 15 Hoe meer natuurlijke grondstoffen een land heeft, des te / hoe sterker de onderhandelingspositie is.

Bijlage 7
Checklist Portfolio niveau B2

B2 Luisteren

- ☐ 1 Ik kan live-gesproken of opgenomen teksten in de standaardtaal (geen dialect) over minder bekende onderwerpen en over specifieke onderwerpen in het eigen vakgebied begrijpen.
- ☐ 2 Ik kan een ingewikkeld betoog volgen als ik met het onderwerp vertrouwd ben en het goed is opgebouwd.
- ☐ 3 Ik kan de hoofdzaken van lezingen, voordrachten en verslagen over vakspecifieke onderwerpen volgen, ook als de argumentatie en het taalgebruik ingewikkeld zijn.
- ☐ 4 Ik kan aankondigingen en mededelingen begrijpen over concrete en abstracte onderwerpen die in standaardtaal en in normaal tempo gesproken worden.
- ☐ 5 Ik kan de meeste radio- en tv-programma's waaronder documentaires, actualiteitenrubrieken, talkshows en films volgen als de standaardtaal wordt gesproken.
- ☐ 6 Ik kan met behulp van strategieën (zoals het herkennen van hoofd- en bijzaken en het gebruik van aanwijzingen in de context) allerlei teksten beter begrijpen.

Als je 5 van de 6 dingen kunt, kun je B2 invullen in het talenpaspoort bij luisteren.

B2 Lezen

- ☐ 1 Ik kan zelfstandig een tekst lezen waarbij ik mijn manier van lezen en de leessnelheid aanpas aan het soort tekst en het leesdoel.
- ☐ 2 Ik kan selectief gebruik maken van woordenboeken om niet vaak voorkomende woorden op te zoeken.
- ☐ 3 Ik kan brieven over onderwerpen die mij interesseren lezen en er snel de belangrijkste informatie uit halen.

☐ 4 Ik kan snel relevante details in lange en ingewikkelde teksten opzoeken.
☐ 5 Ik kan bij allerlei soorten nieuwsberichten, artikelen of verslagen snel bepalen of het de moeite waard is deze nader te bestuderen.
☐ 6 Ik kan artikelen en verslagen begrijpen over hedendaagse problemen waarin de schrijvers bepaalde standpunten innemen.
☐ 7 Ik kan artikelen over heel specifieke onderwerpen begrijpen als ik een woordenboek mag gebruiken.
☐ 8 Ik kan met behulp van strategieën (zoals het herkennen van hoofd- en bijzaken en het gebruik van aanwijzingen in de context) allerlei teksten beter begrijpen.

Als je 6 van de 8 dingen kunt, kun je B2 invullen in het talenpaspoort bij lezen.

B2 Spreken

☐ 1 Ik kan aan gesprekken deelnemen over algemene onderwerpen en mijn gesprekspartners goed begrijpen als zij de standaardtaal spreken, zelfs als er veel achtergrondlawaai is.
☐ 2 Ik kan aan een gesprek met meer sprekers van de taal deelnemen als zij in hun taalgebruik rekening met mij houden.
☐ 3 Ik kan contacten met sprekers van de taal onderhouden, waarbij ik mij niet belachelijk maak of irritaties oproep.
☐ 4 Ik kan afhankelijk van de situatie mijn gevoelens over gebeurtenissen die mij raken onder worden brengen.
☐ 5 Ik kan in discussie gaan met gesprekspartners en daarbij mijn meningen en ideeën duidelijk naar voren brengen en argumenten noemen.
☐ 6 Ik kan een probleem helder uiteenzetten en daarbij oorzaken en gevolgen, voor- en nadelen of verschillende oplossingen ter overweging bieden.
☐ 7 Ik kan in discussie gaan over zaken als een onterechte bekeuring of beschuldiging,
☐ 8 Ik kan een probleem uitleggen of duidelijk maken dat ik recht heb op genoegdoening of compensatie.
☐ 9 Ik kan informatie en argumenten uit verschillende bronnen samenvatten en erover rapporteren.

☐ 10 Ik kan complexe informatie en adviezen uitwisselen over alles wat mijn werk betreft.

☐ 11 Ik kan vaste uitdrukkingen gebruiken om tijd te winnen en aan het woord te blijven.

☐ 12 Ik kan een discussie over een vertrouwd onderwerp in goede banen leiden door te laten merken dat ik het begrepen heb en anderen uit te nodigen deel te nemen.

Als je 10 van de 12 dingen kunt, kun je B2 invullen in het talenpaspoort bij spreken.

B2 Schrijven

☐ 1 Ik kan informatie en meningen duidelijk onder woorden brengen en ingaan op de meningen van anderen.

☐ 2 Ik kan mijn gevoelens over gebeurtenissen die mij raken onder woorden brengen en commentaar geven op hetgeen de schrijver van een tekst mij meedeelt.

☐ 3 Ik kan heldere en gedetailleerde teksten schrijven over verschillende onderwerpen waarvoor ik mij interesseer en daarbij informatie en argumenten uit verschillende bronnen samenvatten en op hun waarde schatten.

☐ 4 Ik kan een recensie schrijven over een boek, film of toneelstuk.

☐ 5 Ik kan heldere gedetailleerde beschrijvingen geven van echte of verzonnen gebeurtenissen en ervaringen waarbij ik een samenhangende tekst schrijf en waarbij ik rekening houd met het soort tekst (essay, brief, verslag, etc.).

☐ 6 Ik kan een essay of verslag schrijven waarbij ik een redenering opbouw en argumenten vóór en tegen een specifieke standpunt geef en voor- en nadelen van verschillende mogelijkheden uiteenzet.

☐ 7 Ik kan informatie en argumenten uit verschillende bronnen samenvatten.

Als je 5 van de 7 dingen kunt, kun je B2 invullen in het talenpaspoort bij schrijven.

www.taalportfolio.nl

Bijlage 8
Register vocabulaire

In deze lijst verwijst het eerste getal naar het hoofdstuk, het tweede getal naar de tekst waarbij dit woord (in het vocabulaire) behandeld wordt. Bijvoorbeeld 4-2 betekent dat het woord te vinden is in het vocabulaire van hoofdstuk vier, tweede tekst.

Tracklist dvd Nederlands op niveau

Hoofdstuk 1
1 Hoe? Zo!

Hoofdstuk 2
2 Electriek
3 Je neus achterna

Hoofdstuk 3
4 Op weg naar het Lagerhuis (1)
5 Op weg naar het Lagerhuis (2)
6 Therapeutisch schrijven

Hoofdstuk 4
7 De toekomst van Nederland

Hoofdstuk 5
8 Wat zou jij doen?
9 Mobiele telefoon

Hoofdstuk 6
10 Vooroordelen

Hoofdstuk 7
11 De avond van de grote vakantie

Hoofdstuk 8
12 Tegenpolen